U0709011

贾平凹 作品精选

名家作品精选

贾平凹 著

长江出版传媒　长江文艺出版社

图书在版编目（ＣＩＰ）数据

贾平凹作品精选 / 贾平凹著. -- 武汉 ：长江文艺出版社， 2019.11
（名家作品精选）
ISBN 978-7-5702-1066-4

Ⅰ. ①贾… Ⅱ. ①贾… Ⅲ. ①中篇小说－小说集－中国－当代②短篇小说－小说集－中国－当代 Ⅳ. ①I247.7

中国版本图书馆 CIP 数据核字(2019)第 188659 号

责任编辑：秦文苑　雷　蕾		责任校对：毛　娟	
封面设计：沐希设计		责任印制：邱　莉　胡丽平	

出版：长江出版传媒　长江文艺出版社
地址：武汉市雄楚大街268号　　邮编：430070
发行：长江文艺出版社
http://www.cjlap.com
印刷：长沙鸿发印务实业有限公司

开本：640 毫米×970 毫米　　1/16　　印张：20.25　　插页：1 页
版次：2019 年 11 月第 1 版　　2019 年 11 月第 1 次印刷
字数：236 千字

定价：35.00 元

版权所有，盗版必究（举报电话：027—87679308　　87679310）
（图书出现印装问题，本社负责调换）

目　录

听来的故事 / 1

猎人 / 3

小楚 / 18

制造声音 / 20

太白山记 / 26

玻璃 / 63

黑氏 / 69

天狗 / 102

任氏 / 148

烟 / 155

美穴地 / 176

饺子馆 / 212

阿尔萨斯
　　——一千四百年前发生在姑臧的故事／233

库麦荣／241

读《西厢记》／252

晚雨／264

听来的故事

　　第一个故事，是在很古很古的时候，世上有位英雄，他来到一个村庄问有没有需要他帮忙的事。村人说山上有只猛虎一直祸害着他们。英雄就去了山上，与猛虎搏斗了三天三夜，猛虎被除了。他剥下虎皮回到村中，问还有什么祸害，村人说："海里有条龙，你去杀死它吧。"英雄又赶到海里，苦战了七天七夜，提着龙头回来了。村人设下酒宴款待他，英雄喝下那壶酒，又问还有什么祸害只管说吧，英雄就是为民除害的！村人说："是还有一个祸害，如果消灭了就天下太平了。"英雄问："是谁？"村人说："是你。"英雄疑惑不解："怎么是我？"村人说："因为你是英雄啊！"英雄低头想了想，站起来要离开这个村庄，但刚一迈步，却一头栽在地上气绝身亡。他喝下的酒里早放了毒药。

　　第二个故事发生在六十年前，一个人渡河时溺水，被另一个人救起。溺水者为了感激救命恩人，认了搭救人为干爹。一年后，这位被救过命的人路过山道，正遇到一只狼追赶一个人，他奋力赶走了狼，那人又认他为干爹。此后五年，干儿子逢年过节都要去拜会干爹，日子过得平静友好。一九四四年和日本人作战，日本人进山围剿游击队的时候，抓住这三个人带路。经过一片雷区，需要中国人先去踩雷开道，这三个人中必须有一个去死。日本人就指了那个溺水者说："你的说话，让谁去？"他看看被他救过的人，又看看曾经救过他的人，最后说："他去。"他指的是他的干爹。

　　第三个故事就简单了，是现在的故事。说的是一个单位有个叫来子的人，经常打扫厕所，年终就被评为先进分子。这个人从此就每日去打扫厕所，以致厕所稍不干净，大家就有了意见：来子，来

1

子!来子呢?后来厕所的下水道堵塞,需要打开大粪池下去疏通,大家说这肯定是要来子下去疏通的,来子就下去了。结果下去没有上来,来子被沼气熏死在粪池里。

猎 人

　　戚子绍在礼拜五的下午去秦岭打猎时要带上一个叫夏清的女子。王老板问是不是情人。戚子绍说才认识的，应该是熟人，女熟人。王老板就认为打猎带女人不好，又累又不安全，而且三天里住宿也不方便。戚子绍噎了一句："你舍不得花钱了?!"王老板便不再嘟囔，将车开到 A 路 B 楼外的花坛边按喇叭，一长一短地按得生响。楼道里跑出来的却是两个女人，打头儿的是个胖子，四肢短短的，跑起来像是鸭子。戚子绍迎着阳光，把眉头皱成一疙瘩，等胖子跑过来了，一边替后边的夏清拿了大包小包，一边却对着胖子笑。

　　"怎么个给你拨电话也联系不上！我还担心你不能去呢？"戚子绍说。

　　"怕不是吧，"胖子做着鬼脸。胖子做鬼脸的时候很性感。"认识了夏清就不想见我了？这我知道。可我和夏清是笼沿连着笼攀儿，不拆伴的！"

　　夏清站在车尾，抿着嘴笑，戚子绍又一次笑了。

　　"我怀疑你俩是同性恋！"

　　"或许是吧！"

　　王老板已经把车门打开，胖子的一只腿伸进去，又取出来，哇地叫了一下，瞧见了装在里边的长舌帽，爬山鞋，军用水壶，雨伞，毛毯，一袋子矿泉水和三支长长短短的猎枪。说："戚处长，你还真的是个猎人了！"

　　"干啥就要像啥么！"戚子绍在后车厢帮夏清将一个大旅行袋放好，这是一顶军用的野营帐篷。戚子绍低声说："是你通知了她？"夏清说："你打电话过来时她就在旁边，我不能瞒了她。"戚子绍说：

傻女子！夏清说，我是傻。蓝底碎白花的裙子在阳光下一抖，戚子绍觉得满地都是坠落的花瓣了。胖子在问王老板："这是你的三菱吉普？多有个性的车，我就喜欢红颜色的！"王老板说："是小了点，但爬山功能好。"戚子绍关了后车厢盖，悄悄说：他是我的客户。揩了夏清手背上的一点土，夏清忙把手塞进了口袋里。戚子绍却冲了胖子说："车不错吧，老王可是个大老板喽！"胖子说："你净结识大老板！"戚子绍说："也结识美女哇！"走到前面，为胖子拉开车门，很绅士地说："请！"胖子却说："是要我坐在前边，你们坐后边呀？我也偏坐在后边！"把吃的喝的用的东西，往前边座位上堆，堆成一个小山。

"不愿意我坐后边？"胖子让戚子绍坐在后座位的中间了，自己挤进来。戚子绍说："这盼不得，东宫西宫，我过的是皇帝生活么！"故意摇晃着身子，将手在胖子的膝盖上拍了一下，便问："最近做啥哩？"胖子说："啥也没做，只做爱。"四个人都噗地笑了，戚子绍说："这话说得好！王老板，你瞧我这女熟人有意思吧？"胖子说："我可告诉你，下次再出来玩不首先通知我，我会生气的。你要待我好些，我可以继续给你批发美人。我是胖了点，我的女朋友却没有不漂亮的！"

戚子绍确实是先认识了胖子，然后通过胖子认识了夏清的。那日他在一个朋友家搓麻将，麻将桌上有胖子，她是一家公司的职员，询问他们银行能不能采用她经销的 UPS 不间断电源器，这是微机上使用的配件，一旦使用上了就能长期使用。"这有什么问题呀，"戚子绍是当场拍了腔子，"用谁的配件都是用，辞掉别的供货用你们的就是了！"但过后他却没有动静。有一天胖子又来了，领着的是夏清，夏清是一个瘦高瘦高的女子，戚子绍就有些拘谨。戚子绍是见着了漂亮的女人就拘谨的。"你是上海来的？"他舌头硬硬地说了普通话。女人说："鄂不是。"一听把我念成鄂，戚子绍才知道夏清是本城人，他就说西安还能有这么漂亮的女人呀，而且气质好。那天戚子绍说了许多话，都很幽默，简直是妙语连珠，胖子说你爱上她了？他说：哪里？胖子说，这你瞒不了我的感觉，瞧你想象力多好！

第二天戚子绍就约了夏清去茶楼吃茶，夏清应约而来，来的还有胖子。戚子绍是有了许多话想要给夏清说，但胖子老在旁边，她们总是一块来一块去。戚子绍没有了机会，但戚子绍还是帮忙推销了。

秦岭在城南五十里外，车行驶了半小时，进了沣峪口，路就在峡谷的半崖上蜿蜒盘旋，每每车在拐弯处就倾斜，坐在座位中间的戚子绍就一会靠在胖子的身上，一会挤着了夏清，夏清被挤得嗷嗷地叫。戚子绍说："这是身子要倒的，与道德品质无关啊！"头与头要挨上的时候，戚子绍瞧着夏清的眼睛说贴这么长的睫毛，夏清说不是贴的。戚子绍用手去拔了一下，果然不是贴的，就感叹什么叫天生丽质。王老板故意把车开得很猛，三个人就颠得像在舞蹈。戚子绍就势用双臂搂住夏清和胖子，却叮咛王老板把反光镜拧上去，专心开车。王老板真的把反光镜拧了上去，声明他不会看的，他什么都没见。就听着他们在后边说女人的高跟鞋和香水。戚子绍的观点是高跟鞋是世界上最伟大的一项发明，但香水却破坏了女人特有的体味。这话惹得胖子坚决反对，因为她今天没有穿高跟鞋而喷洒了强烈的香水。夏清立即将双腿收缩在身下。戚子绍也就说了一句胖子的丝袜好，丝袜是女人的第二层皮肤。胖子说："只许看不许摸！你们常进山打猎吗？"戚子绍说："当然喽，差不多的礼拜都来！"胖子说："有钱有权的人真会生活！政府不是禁止民间有枪吗，你长长短短三支枪？"戚子绍说："这办了许可证呀！你需要办不？我可以帮你办一张。"王老板说："这可是真的，在西安市里戚处长没有什么事情他搞不定的！"夏清说："这我信的，你就是要颗原子弹，戚处长就说你要圆头的还是方头的？"车突然地一个急刹，胖子和夏清从座位上滚下去，而戚子绍一个前倾头撞在了前边的椅背上，哎哟叫了一声。一辆车从拐弯的对面擦身而过，在后面发出了剧烈的机器响。戚子绍脸色愠怒，遂之解嘲说："王老板你是牺牲我呀?！瞧见了吗，刚才那辆车上坐着一位少妇！"

"你眼睛那么尖的？"胖子重新坐好，但她的丝袜被座位上的硬垫角剐破了。

"这就是猎人的眼睛！"戚子绍说，"看女人瞥一眼就知道什么

模样了！那少妇倒有些姿色。"

三个人扭过头了，看见那辆车在后边二十米远停住，先是司机下来查看轮胎，接着是一个女人也下来，腰身很好，但脸是刀把脸。两个女人同时地噢了一声，汽车也已转过了弯道。

"戚处长是这样个欣赏水平呀？！"

戚子绍似乎也不好意思了，从前边的座位上拿起了一支枪，向窗外做着瞄准的姿态。

"我是侧面看她的，"戚子绍说，"侧面看了想犯罪，正面看了想自卫。"

"我现在也不能不怀疑你的枪法了。"胖子说。

"可以说，来秦岭打猎的没有谁能和我比枪法的！"戚子绍说，"我曾经一枪打下两只鸟的！"

"是两只鸟，"王老板做证，"鸟落了一树，一枪放上去，掉下来了一只，过一会儿，又掉下来了一只。"

"第二只是吓昏了的吧。"夏清说。

"不打鸟而让鸟掉下来才是高手！"戚子绍说。

两个女人却听不懂这样的话，相视着咯咯地笑。

"你瞧着吧，这次打猎我不往崖鸡子身上打一枪，却要猎到十只八条的！"

两个女人还是在笑。

戚子绍就给女人讲他和王老板上次猎崖鸡子的经历。如何潜伏在一个土沟里，看着对面崖畔上落着一群崖鸡子，咚地朝天放一枪，崖鸡子就扑楞楞地起飞了，飞过沟就落在这边崖畔上，咚地朝天又是一枪，崖鸡子又飞落到那边崖畔上。"崖鸡子是没脑子的，就像是夏清。"戚子绍趁机敲了一下夏清的鼻子。夏清回击了，捏了戚子绍的鼻子。戚子绍的鼻子被捏得发红，他继续说，他和王老板不停地朝天放枪，崖鸡子就不停地飞过来又飞过去，崖鸡就累死了，接二连三地从空中像石头一样掉下来。

"哦。"

两个女人终于相信戚子绍是个猎人，一个真正的猎人了。

车愈往秦岭的深处去，景色愈好。山有开有合，云忽聚忽散。两个女人兴奋不已，后悔着从来没有进过深山，这般好的去处，住十天八天也不想回城了。戚子绍说那就不回去了，咱们就住在山里，到时候咱们六个人……胖子说，四个人怎么成了六个人？戚子绍说，那还有孩子呀！胖子说："想了个美！"车从一个隧道里穿过去，一阵黑暗，隧洞外是一个小的山村。

　　山村河的这边有几户人家，河的那边有几户人家。河这边的人家除了路边高高地架着皮管子接引了山泉里的水，为过往车辆冲洗外，又都开着饭馆。洞开的土窗外挂着酱黑色的腊肉，干蕨菜和酱条串成的卤汁豆腐干。卖饭的男人或女人圪蹴在门口的石头上。刚才车到的时候，一个肥胖的女人从厕所里出来，站在公路中间，一边系裤带一边乍了一下腿，车就地停了。肥胖女人趴住车窗往里一看，就乐了。

　　"是戚处长呀，不挡车你还不停哩？又来打崖鸡子啊！"

　　"打崖鸡子！"

　　"守着凤凰还要崖鸡子呀？"

　　"凤凰只能看不能吃么！是漂亮吧？"

　　"漂亮得像是狐狸变的。"

　　夏清低声说了句"你是猪托生的！"下了车和胖子看这看那，看啥都稀奇。戚子绍觉得很得意，提醒着山里路不平，走路脚要抬高点，继续和肥胖女人搭讪："近来打猎的多不多？"

　　"来得少了，你不知道吧，山顶上有了狗熊啦！都怕啦！"

　　"狗熊有啥怕的，以前又不是没出现过狗熊？!"

　　"这狗熊可是成了精了！上一个月来了个打猎的，也是开着辆小车来的，遇着了狗熊。狗熊一巴掌把半个屁股挖去了，人昏迷不醒地抬了下来，醒来说狗熊会说人话哩！"

　　"人会学着野物的声叫，哪里会有野物学人的话？"

　　"人都能学着野物的声叫，野物又怎么不能说人的话？"

　　"他一定是没打败狗熊，脸面上不能下来，胡诓哩。"

　　"反正是风声传得紧，来打猎的人少了。

名家作品精选

"那你就看着我怎么收拾这狗熊了!"

夏清和胖子听到他们说狗熊,已围过来听,听得面色都苍白了。待到戚子绍说他能收拾狗熊,就问:你打过狗熊?戚子绍说当然打过狗熊的,不管是什么厉害的野物,你只要摸清它的习性,没有猎不了的。狗熊么,也是个笨,它只会直线扑,你就只拐着弯儿和它斗。如果你碰到了一群狗熊,那你就更好打了。你只需藏在一个地方向它们开枪,一枪或许撂倒一只,另一只便顺着子弹也冲过来,你姿势不动地一个一个打。再如果你能引诱着一只向你扑来,一闪身让它扑下崖畔,后边的也就一条线地扑下崖畔。你可以直接到崖畔下收获罢了!两个女人眼里闪动了惊异的光,说道:这太精彩,太刺激了,咱们不打那些崖鸡子了,一定要到山顶去猎狗熊!

王老板用油布一直在擦拭着车身,他不愿意把车继续往山顶上开。

"怎么能不去呢?"戚子绍说,"咱们不是打过熊吗?"

王老板含糊地点着头,说要去的话只能是他和戚子绍去,两个女人就留在这儿。这儿有吃有住的,又好玩,若去山顶遇见狗熊了,是该打狗熊呀还是顾及她们呀?

"咱是老猎手,还保护不了两个女人吗?"

两个女人欢喜跳跃,说:"要去么,我们一定要去!"

车重新发动起来,向深山钻去。两个小时后,路拐着之字形向秦岭的主峰爬。两边都是大的松树,路面上不时地出现了松鼠,但都是影子般地穿过公路。两个女人又是大呼小叫,要汽车停下来,王老板没有听使唤,用力扳动着方向盘,因为弯道很大而路面又窄。突然间汽车油门加大,人似乎都飘起来,车的前面一只野兔在拼命地跑,不一会儿,车嘎地一声刹住了。戚子绍首先下去,从路上捡起了一条兔子的尾巴,兔子则泥浆般贴在地上。

到了道班,天就黄昏了。山顶道班是全程公路上最小的一个道班,只是一幢三间木屋,两个上了岁数的养路工。两个女人麻雀一般地喳喳乱叫,说这里是童话的世界,就在松树林子里拣蘑菇,采繁星般的小花。夏清说:"我相信这里有各种各样动物的,动物都会说着人的话!"胖子噎道:"你相信你也会长翅膀的!"两个女人闹起了小小的别扭。

可能是养路工寂寞得太久了,他们应允了客人就歇在这里,又提供吃的和喝的,但言语不多。尤其两个城市的女人向他们问这样那样的时候,显得手脚无措。木屋分两个小房间,原本两个养路工分住着,现在腾出一间来睡胖子和夏清,而在路的北边撑了军用帐篷,只有戚子绍和王老板去睡了。夏清对睡帐篷感兴趣,但帐篷里毕竟潮湿,保不住夜里又有什么野物闯进来。胖子便把木房里的旧的被褥抱出来,替换了带来的毛毯。"如果被褥上有虱子,"她说,"让吸有钱有权人的血去!"

戚子绍换上了一身的猎装,在林子里踱过来踱过去,感觉非常的好。后来采着了一朵红色的七瓣花回到木屋,夏清已烧了一盆水洗脸洗手。戚子绍将花插在她头上了,说:让我也洗洗。手伸进盆了,在水里抓住了一双嫩手。夏清往出抽,抽不动,拿眼睛看了一下帐篷边的胖子,不动了,手觉得越来越小。

"要是只来你一个人多好。"

"这不可能。"

"为什么?"

"第一次见你的时候,她并不想让我见你的,后来想了想,才领我上去……"

"你要是没上来,我也不用她的配件了。"

"……"

"她真会利用你!"

"她也保护我。"

"傻姑娘!"

"……她也漂亮哩。"

"是吗?我没感觉。"

帐篷边胖子在嘎嘎地笑,王老板在系帐篷门口的绳子时说了什么趣话,胖子拿拳头捶王老板的背,嚷叫:"你坏,你坏!"夏清再次要把手抽出来,戚子绍低下头去,迅速地吻了一下那根中指,夏

清就鹿一样地跑去了，叫喊着："打牌，打牌呀！"

帐篷里的光线已经幽暗，四个人并没有玩"升级"，戚子绍要教给大家一种扑克算命法。他光是默想了一个念头算了一次，情绪颇高。胖子问你算的是什么，他笑而不答。胖子说你不说我也知道，是谋算着夏清吧。戚子绍说："即便爱夏清，那也是我的权利，这没什么错呀！"夏清已经脖脸彤红，把扑克拨乱，说："都胡说，胡说！"戚子绍趁机张狂了，当场挑明他就爱上了夏清，爱上了夏清但能不能离掉现在的老婆，会不会最后娶了夏清，这得看天意了。就以某种牌代表能结婚，以某种牌代表不能结婚，重新洗牌起牌。大家都屏了气息看翻牌的结果，竟然是代表能结婚的牌首先便翻了出来。戚子绍就说："夏清，你也是亲眼看了，你要等着我！"夏清一时无语，眼睛扑忽扑忽地闪。胖子说："夏清真老实，你以为他说的真话？"戚子绍："信不了我也该信牌呀！"王老板就让给他的房地产生意算一下，算出来的结果也是好的。王老板就说既然做房地产能成功，你得支持我了。戚子绍没有回应，却问："你觉得夏清怎么样？"王老板说："好么。"戚子绍问："怎么个好？"王老板说："五官好，身架子也好。"戚子绍说："夏清有综合之美！"胖子说："呀呀，世上还有什么好词？可别忘了，这么好的人是谁给你介绍的？"戚子绍说："这一句话你说得好，得感谢你，晚饭咱要喝酒，炒熊掌吃！"

当戚子绍从帐篷里出来，似乎觉得夏清差不多已经是他的人，哼着小调往木屋去，一进门就喊："晚饭吃什么呀？"

木屋里烟雾腾腾，锅灶边只看到养路工汗油闪亮的脑袋，他在把面条往开水锅里煮。

"没有炒熊掌吗？"戚子绍说。

"哪儿会有熊掌。"养路工说。

"别的野味呢，譬如黄羊，果子狸，崖鸡子？"

"用菌子做了汤。"

"只有菌子？"

这使戚子绍很丧气。

胖子说:"瞧,他的话落实不了吧?"拉了夏清到房间里去了。戚子绍听见夏清在房间里还说了一句:"我就要吃熊掌么!"故意提高了声音和养路工说话:"听说山上又有了狗熊呀?"

"是有吧。"养路工说。

"怎么不打了狗熊吃呢?"

"我们都在这山上。"

"你们?你是指你和狗熊吗?"

"是吧。"

戚子绍进了房间,说两个养路工是素食主义者,他们常年待在山上认那些野物都是同类了。"我现在明白了,"他说,"山下边嚷道狗熊成精了,会说人话,一定是他们传出来的,为的是不让别人捕猎。你们没注意他们的模样也差不多快要像狗熊了,腰粗屁股圆的,行动迟缓,还不停地吭哧吭哧着。"

戚子绍说没有道理,夏清却仍在说:"我偏要你给我熊掌吃!"

"我会的,小姐!"

"戚处长,这可是你说的,"胖子说,"吃不到熊掌我们就不走啦!"

吃过面条,两个女人就在房间的炕上歇下了,她们光着脚,披散了头发,脱去了外套,而紧窄的内衣使身体该瘦的地方都瘦下去,该胖的地方都胖起来。戚子绍和王老板在房里赞美了一通女人形体的艺术,对面房间里的养路工就起了鼾声。屋外十分地安静,偶尔有车辆呼啸地从公路上驶下山去,听到的就是松塔落地的声音。说好的今晚上都不要睡,直聊到天亮,两个女人却很快就显出倦容。慵懒的姿态是特别惹人爱怜的,戚子绍满嘴的口水,言语开始放荡,王老板就说他是困了,打了哈欠去了帐篷。王老板一走,两个女人就并排靠在炕头上和戚子绍说话,越说身子越往下溜,后来就躺下去,而且胖子的眼睛也合上了。戚子绍真想胖子是睡着了,他就敢去和夏清接近一番。但胖子偏是躺在炕的边上,让夏清躺在靠墙的里边,又不知道胖子是真的睡着了还是假睡,他不敢造次。

"养路工在山上待久了,真的能和野物和平共处吗?"夏清说,

名家作品精选

"那么,山上所有的野物都能认识他们了?"

"动物都是有灵性的。"

屋外有什么鸟在叫,一声长一声短,长长短短的。

"听见了吗,鸟在说话了!"

"你能听懂它们的话?"

"我是猎人呀!"

"这鸟在说什么?"

"一个说:你在哪儿?一个说:在你心里。一个说:干啥哩?一个说:想你哩!"

夏清挤了一下眉眼,她知道戚子绍在给她骚情。戚子绍却走过来,一下子捏住了她伸在炕边的脚。她吓了一跳,用手指指胖子。胖子睁开眼来,说:"你去睡吧,我可困得不行了!"

"那你怎么就不睡着呢?!"

戚子绍说了一句,离开了房间,胖子猴一样跳下炕就把房间门关了。戚子绍听见了快速的关门声,心里有些不悦,站在门外了发现山顶上的夜黑,黑得伸手不见五指。这时候,公路上有一辆车驶过,他往路边闪了闪,但车依然挂了他的衣服就跌倒了。车剧烈地刹住,司机从车窗探出头来,看见他已经爬了起来,问:没事吧?戚子绍勃然大怒:"你是怎么开车的?你要把我轧死了,我再和你小子说!"但车却忽地一声开走了。

王老板闻声从帐篷里出来,瞧着真的没事,就说:"真把你轧死了你怎么和人家说?!"戚子绍气咻咻又骂了一句,自己也笑了。

第二天早上,四个人又坐在车里往山上行驶了一段路,戚子绍和王老板就拿了枪往树林子深处走。胖子和夏清不愿意留在车里,也要厮跟着,和王老板吵了一架。戚子绍没了办法,就叮咛王老板要寸步不离她们。他们走过了一面斜坡,草丛里就发现了熊粪。胖子不相信是熊的粪,戚子绍便用树棍拨着粪讲解。扭头见王老板和夏清还在后边,就趁势抱了一下胖子的腰。胖子说:"你不爱我,你爱夏清的。"戚子绍说:"也爱的。"胖子说:"我这腰粗,你抱不住的。"戚子绍用力抱了一下,放下了,说:"你要不是我乡党的老婆

我肯定就把你……"戚子绍知道自己在应付,但胖子也是女人,需要安慰的,果然瞧见胖子高兴了,在说:"我其实不是胖,是丰满哩。"

夏清去了坡下的崖坎后小解。三个人坐在坡上等了一会儿,夏清还是没有上来,却有了一声尖叫。戚子绍立即让王老板拉了胖子往坡上去,自个就跑下崖坎。原来是夏清也发现了一堆熊粪,而且熊粪是湿的。戚子绍就又喊王老板快把两个女人送回到车上,不管发生了什么事情都不要开车门下来。夏清才一走,他就提枪继续往坡上走,走了一里,果然就看见了一只狗熊,狗熊正蜷成一团在蒿草丛里睡觉哩。

"叭!"戚子绍瞄准着放了一枪。

狗熊翻了一个滚儿,滚出了草丛,窝在一块长满了苔藓的石头后。

戚子绍兴奋地跑过去,他没有想到今天打猎是这么顺当和容易,在他动手去提狗熊的后腿要把它翻过来的时候,他想到这只狗熊的掌真大,是让养路工来烹饪呢还是拿到山下那个小饭馆去爆炒?"不,养路工是反对吃荤的,"他自言自语道,"让肥胖女人做,要做得没一点腥味。"但是,戚子绍刚刚提住狗熊的后腿,狗熊却忽地站了起来,黑乎乎的一座小山一样,他被压住了,那只熊掌就踩在他的胸口,他有些喘不过气来。

"你想死还是想活?"

戚子绍听见了一句人声,扭头看看周围,周围并没有人,声音是从狗熊的口里发出的。狗熊真的会说人话呀,戚子绍眼前一阵漆黑,他知道他是遇见了那只传说中的成了精的狗熊。

"想活。"他说,他还能说什么呢?

"想活?那让我把你干一下。"

戚子绍脑子里还没有转过弯来,他已经被狗熊提起来翻了个身,而且裤子就被抓了下来。他感到了屁眼非常地痛。然后,眼看着狗熊顺着一行白桦树一步步走远了。

戚子绍狼狈地返回来,他的衣衫肮脏不堪,屁股撅着,一跛一

跛的。大家忙问怎么着，是碰着狗熊了吗。戚子绍说他和狗熊突然遭遇了，他打了一枪，把狗熊的前腿打折了。他去追时狗熊却一抱头从荆棘丛里往沟下滚，他也滚，滚在半坡被树茬挡住了，只好回来。

他们回到道班的木屋里吃饭。王老板和两个女人为戚子绍敬酒，虽然没有猎到狗熊，但他们已为他的不凡的身手而佩服了。戚子绍是喝了很多酒，心里郁闷，脑袋就晕晕乎乎，说要睡觉就睡下了。一觉醒来，又是个黄昏，但这个黄昏比不得昨天的黄昏，月亮早早地就挂在西边山峰上。戚子绍听见王老板和两个女人在房间的土炕上打扑克，他就提了枪往山上去了。

越往山上去，越是风清月明，露水已经潮上来，渐渐湿了裤腿。戚子绍在林子里的一块草坪上长长吁了一口闷气，看见了狗熊在一口山泉边喝水。忙呸了一口，呸出了半截咬断的牙齿，同时开了一枪。狗熊在枪响中一只脚栽倒在了泉里，接着脑袋也栽倒在了泉里，不一会儿整个熊都栽倒在了泉里，水哗啦地扑溅出泉沿。戚子绍跑近去，才要想着怎样才能把死了的狗熊从泉里弄出来，狗熊忽地又从泉里腾跃而起将他压在熊掌下了。

"你是想死还是想活？"狗熊又在说人话。

"想活。"他说。

"那让我再把你干一次。"

戚子绍自个翻了个身，把裤子拉下来，他听见了水声，屁眼更是钻心地痛。

戚子绍是踉踉跄跄地赶回来，王老板和两个女人还在木屋土炕上打扑克。他们不知道戚子绍又出去打猎了，也没有听到枪声，当戚子绍进了木屋，他们嘲笑着戚子绍一醉竟能醉大半天，睡起来还是形容憔悴，衣衫不整！戚子绍只好笑笑，说他也要打牌的。

"你走路怎么啦！"夏清说，"匡着腿？"

"上了火，痔疮犯了。"

"烂尻子！"

两个女人哈哈笑起来，她们开始用一种暗语对话，音调极轻极快,戚子绍觉得是外语,听起来嗡嗡一团。

"请说汉语!"戚子绍有些难堪,他听不懂她们的对话,但他猜想一定是在说着他的坏话了。

"我们说的是重叠音。"夏清说。

两个女人又对话了一番,戚子绍听出是把每个字音重复一次,但因为说得轻而快,他只能听出前边一句,后边的又不知说什么了,而夏清的脸顿时绯红。

"你们再这样说话,我得抽你们舌头了!"

"他俩合伙欺负我!"夏清说。

"是王老板喜欢上你的搭档了?"

"是喜欢上了,戚处长,"胖子说,"但你一定不会吃醋的,因为我们决定要牺牲夏清了!"

说罢,王老板竟揽了胖子的腰走出了木屋。

"哎哎,"戚子绍故意地叫着,却把木屋的房间门掩了,笑笑说,"再不牺牲,贷款和推销的事恐怕就吹了。"回过头来,夏清却端端直直坐在炕上。戚子绍去摸了一下她的脚,她的脚缩了,又去拉她胳膊,她往炕角退,说:"他们要牺牲我,我却不愿意哩。你坐好,咱们说说话不行吗?"

但戚子绍一时没话可说。

"说狗熊的事吧。"夏清说。

"那就说狗熊吧,"戚子绍说,"狗熊是世上最丑的野物,也是最坏的野物,我和它不共戴天。我一定要把它打死,我一定能把它打死!"

"戚处长,你怎么啦?"

"你应该叫我戚哥!"

"戚哥,你怎么突然恨起狗熊啦?"

戚子绍哦了一声,恢复了平和,说:"我是有过猎狗熊的经历的。那一年我们猎狗熊,我是没经验的,放了一枪,它竟顺着枪子朝我扑来。狗熊的掌只要抓一下你,就会抓下你一个膀子的。旁边人就喊快趴下装死!我告诉你,狗熊是不吃尸体的,但它不知道人

会装死。我就趴下装死了。狗熊过来拨我的腿,我不动。狗熊又过来拨我的头,我还是不动。狗熊就把鼻子凑近我的鼻子试,还有没有气儿,我闭住了气,仍是不动。我是猎人,我斗不过狗熊吗?!狗熊真以为我就是尸体了,就坐在那里发呆。我开始摸枪,拉动了枪栓,但拉动枪栓要出响声的,我必须在它扭头过来的瞬间一枪打死它,要不然狗熊即使不挖我,它一屁股坐在我身上我也会被压死的。狗熊果然扭过了头,瞧我还活着,就张开了嘴要来咬我,我的枪响了,这一枪就打进它的嘴里,把它打死了。你不信?你到我家去,我家地上铺着一张熊皮,那就是我打死的狗熊的皮。"

"我信的,戚哥!"夏清说。

"好了,我可以把那张熊皮送你了!"

夏清简直视戚子绍是英雄了,她的身子放松开来,一双脚从屁股下伸开来,直直地在炕上。戚子绍口里又汪出了水,但他的手没有敢过去。"我真的送给你!"他再一次说。

突然有了一声奇怪的嚎叫,寂静的夜里十分响亮,似乎山林里有了回音,加长了音节和嗡声,传递着一种神秘的恐惧。两个人立即停止了说话,戚子绍侧耳又听了一下,叫道:"狗熊来了!"脸色寡白,随之彤红,像喝过了酒,一下子跳起来就要往外走。夏清也跳下炕,炕下边却一时寻不着鞋,而在帐篷里的王老板和胖子已经跑了过来,他们拿了枪,惊慌地说狗熊就在附近。

"来了好!"戚子绍极快地把子弹装上膛,说,"我须报仇不可,这回我再不打死它,我就再不来打猎了!"从屋里跑了出去。

两个女人也要去。王老板这回发怒了,哐当把门拉闭,又在门栓上插上了木棍儿,提枪去撵戚子绍。夏清隔着门缝喊:"我真的要吃上熊掌了!"

戚子绍是听到了夏清的喊声,他朝林子的深处跑,他的屁股还火烧火燎地痛,仍疯了一般地跑。山坡上没有狗熊,草坪上也没有狗熊。戚子绍又跑到山泉边,狗熊还是没有。王老板是一直追着他的,但王老板没能追上,他自叹不如,就坐下来等待枪响而辨别戚子绍的方位。

戚子绍像一只没头的苍蝇，四处乱撞，越是寻不着狗熊越是复仇的火焰熊熊，又翻过一个崖嘴，终于发现了一个黑影在前边移动，他知道那是狗熊了。但这一次的戚子绍发誓要打死狗熊，又汲取了前两次的教训，他爬上了崖嘴。在崖嘴，他瞧见了月光下的一块平台石上，狗熊在那里蹭身子，就静静地瞄准着放了一枪。

"叭！"

这一枪是百分之百地打中了，狗熊是从平台石上跌了下去。戚子绍并没有立即下了崖嘴，他又瞄准了跌下去的狗熊放了一枪，狗熊就动也不动了。

"我要打烂你的×！"戚子绍骂着从崖嘴下去，站在了狗熊的面前，狗熊是四脚朝天地躺着，他踢了一下，已经不会动了，他端起了枪瞄准狗熊后腿中间的部位准备打三枪，不，打四枪，打它个稀巴烂！

但是，这一次仍和上两次的情况一样，当戚子绍刚刚把四颗子弹装进了膛，狗熊却一下子扑上来抱了他在地上了。这次狗熊不是一只掌压着他，而是两只掌压着了他。

"你是想死还是想活？"

戚子绍是彻底地绝望了。他想起了夏清，不能给她吃熊掌，也不能送给她一张熊皮了。狗熊张合着满是牙齿的大嘴，锋利的掌爪搭在他的脖颈，月亮下他瞧见爪甲闪闪发着白光，戚子绍没有再说"想活"，其实他哪里不想活下去，也没有主动去拉脱裤子，他知道狗熊即使不侮辱他，也不会再让他活着离开了。

"随便吧，"他说，"要干要吃你随便吧，我只是想问你一句：你到底是狗熊还是魔鬼，这么厉害？！"

"你问我？"狗熊说，"我正想问你呢，你到底是猎人还是卖屁股的？！"

这个时候，趴在木屋窗口上的胖子和夏清听见了连续的两声枪响，欢叫如雀，急切地盼望戚子绍回来，她们可以吃到稀罕的熊掌了。

2001.10.24 下午写毕

小 楚

　　小楚是一只狗，走狗。它被买到圈圈家之前，圈圈是饲着一只猫的。猫很漂亮，有些狐相。圈圈的老婆就把猫装在纸盒里扔到垃圾车上去了。圈圈和老婆再去宠物市场，老婆却一定要买了小楚回来。小楚是哈巴族的，短短的腿，嘴脸可笑，老婆偏说她爱嘛。

　　圈圈家的饭是圈圈做的。他下班回来得再晚，老婆也要坐在沙发上等他，还要说：饿死我了，饿死我了！但小楚却顿顿定时有猪肝吃，是老婆亲自上街买的。老婆有买时装的嗜好，圈圈最怕的就是逛商店，但不能不陪了去。现在，老婆在街上走，左边厮跟的是小楚，右边厮跟的是圈圈，小楚和圈圈都戴着墨镜。

　　小楚眼长腿短，有时会直起上身来朝床上看，趔趔趄趄地要上去。老婆就嚼泡泡糖逗小楚，叭，叭，泡儿吹得很大了，沾在了鼻尖上。圈圈顿时没了兴趣，翻身坐在了床沿上恨小楚，说：你狗东西，狗东西！小楚也恨他，说：汪！

　　圈圈在洗衣服的时候，有时就发脾气，将老婆的内衣扔出盆子。老婆说：别人想洗还不让呢！圈圈想想，也是，就高兴了。洗好的衣服晾在凉台上，圈圈偏把内衣挂得高。每当老婆唤小楚去收了内衣来穿，小楚在衣绳下一跳一跳地抓不着，他就得意的，而且装着什么也不知道，坐到厅里去看报纸。小楚最能效力的是替老婆叼鞋子，它看不见老婆梳了什么发型，穿了什么上衣，目光唯一看到的是鞋子，所以一有空就把有高跟的鞋子全叼在沙发上玩。

　　一次圈圈又陪老婆上街，当然还有小楚。街上的人很多，圈圈发现后边有一个也穿着同老婆一样鞋子的女人，就故意缓下步来，待和那女人一起了，他突然亲昵地把老婆抱起来，指点一家商店橱窗里的时装，两人就在橱窗前站住。小楚竟不知，跟着那个女人的鞋只往前走了。两人看了一会儿衣服，老婆唤：小楚小楚。没有回应，扭头张望，小楚已跟着那个女人，欢碎着步儿正穿过马路。一辆车就急驶而来，女人一跃身闪过了，小楚腿短，也一跃，却正好跃在车轮下，便被轧死了。

在郊外掘坑埋小楚的时候，圈圈的老婆把自己的那双鞋也埋进去。圈圈没反对，只是想：狗到底不如人，只会跟鞋走。

制造声音

我去采访这个州刚刚离休的专员。采访结束后我们坐在客厅喝茶，他却放了一段录音问我听到什么。我说是风里的树声。是树声，他说，你听得懂这树声吗？

有树风就有了形状，但风里的树是要说话的。

你知道，这个州是一个贫困的地区，但因处在交通要道上，过往的官员就特别多。我已经是上些岁数的人，实在不宜干那些恭迎欢送的事。当组织上安排我来，我就想提前离休，或者调往省城寻一个清闲的部门，拈弄笔墨句读里暗度春光罢了。但到任后的那年秋天，我改变了心态，就一直在州里干了五年。

秋天的这一日，因下乡崴了左脚，在专署里调养。正读一册闲书，上有"留此一双脚，他日小则拜跪上官，胼胝民事；大则跨马踢鞍，驰驱天下"句，嘿然而笑，却接到通知：省上又要来一位官员。差不多成了定规，大凡省城、京城来了重要人物，除了布置安全保卫措施，州城的社会环境得治理，卫生得打扫。公安局长就将城中的小商小贩全集中到城南角一条巷中，城里几条主要街道两旁都摆上了花盆。而一些破烂地段无钱改造，就统统砌了大幅广告。他们在向我汇报时，特意指出已将一个长年在城中上访的疯子用车拉到城外五十里地方去了。因为这疯子形状肮脏，而且叫嚣省上来了大官他要拦道喊冤呀。

省城的官员到了，他十分的年轻。我的左脚打了封闭针，和地委书记汇报了我们的工作，再听取和认真记录了他的指示，然后陪他参观几个点。那个下午，我们从城南××县回来，才要步行去视察我们的商厦，十字路口那里就拥了一堆人，听得很嘶哑的喊声：

"树会说话的！树真的会说话的！"我立即知道出了事，脸都气红了，公安局长就跑过来拉我在一旁说，那个疯子谁也没有料到又出现在了城里，而且抱着那电杆拉不走，围观的群众就很多。他向我检讨着他的工作过错，我没时间去训责他，忙鼓动着省上的官员从另一条巷子转过去，但我仍听到那个嘶哑的喊声"树会说话的！树真的……"后边的话"唔"了一下，可能是被手捂住了。地委书记在介绍着那条巷里的明清建筑，我趁机退后，招手让公安局长过来，问疯子怎么喊树会说话的？公安局长说，他是为一棵树疯了的，就为一棵树多年在城里上访，满城人没有不认识他的。我说我来这么久了，怎么不知道？公安局长说一个疯子他怎能进了专署大院？我说，你去告诉他，让他不要找省上人，天大的冤枉，晚上到我办公室来说。

晚上，安排了省上官员在宾馆休息后，我虽然累着，但心轻松下来，也并没有睡意，在办公室等待那疯子。左等右等没来，我开始练书法。我这身份不可能去歌舞厅，不可能与人打麻将，下班之后就把自己关在办公室读书练字，我业余惟有这爱好。写了一幅古人句："死之日，以青蝇为吊客；使天下有一人知己，死不恨。"公安局长就亲自坐车把疯子拉了来。疯子竟是下午被关进了拘留所的。我对公安局长大为光火，并且赔情道歉。疯子是一个七十岁左右的老头，个子高大，但枯瘦如柴，头发和胡子已成毡片，浑身散发着一股难闻的酸臭味。老头进拘留所似乎并未介意，对公安局长的道歉也无动于衷，只嚷道："树会说话的！树是一九四八年栽的！"公安局长说："你嚷什么呀？这是专员！"老头说："专员，树会说话的！"公安局长就吓唬了："你再嚷?!"老头偏梗着脖子，脖子上暴起了几条青筋："树就是会说话的！"我说："好吧，树会说话的。"老头得意地看了公安局长一眼，一颗清涕就吊在鼻尖，一把捏下来要揩向桌腿，后来还是揩在身上的裤腰处。我让他坐，他说他不坐，公安局长说："让你坐你就坐！"按他在椅子上。我摆摆手让公安局长出去，开始询问老头。

你叫什么名字？

杨二娃。

哪个县里的？

××县××乡东洼村。

多大岁数了？

不大，才七十还差十天。

你有什么冤枉事？

树是一九四八年栽的，不是一九五二年栽的。怎么能是一九五二年呢？不是一九五二年，是一九四八年。树会说话的。

就为这事吗？

就为这事。

你告了多少年了？

十五年零三个月。

为一棵树值得告十五年？

可树就是一九四八年栽的，为什么要说是一九五二年栽的？

这点事村里就可以解决嘛！

德贵是坏人！

德贵是谁？

村长。他谋算这棵树哩，他想收回去再买了给他爹做棺材的。

你找过乡长吗？

人家在一个壶里尿！

一个壶里尿？

德贵的婆娘是个卖×的，她和乡长……

住嘴！你怎么这样骂人？

我不骂了。

你说吧。

乡长我找过三十二次，他派人打我。我到县上去，县上的父母官我都找过，父母官两年就换了人。张县长说要解决，但他调走了。又来了陆县长，他让乡里解决，乡里不解决，向上反映我是刁民。我不是刁民。我又找刘县长，王县长，马县长，他们都不理我了，说我是疯子。我是疯子吗？

不是疯子。

不是疯子！树是一九四八年栽的就是一九四八年栽的，我要是疯子我能记得树是一九四八年栽的？

你说树是一九四八年栽的，那树还在吗？

在的。它今年老了，身上有一个洞，东边那个枝丫枯了。那原先上边有个鸟窠的，八月初三的夜里刮风，窠就掉下来，这窠应该归我的。村长的儿子却捡了去，那是能做三天饭的柴火哩，我去……

你说树是一九四八年栽的，你有什么证明？

我老婆证明。一九四八年春上我和我老婆去她娘家，当天回来我栽的。栽了树老婆给我擀的宽片杂面，调的干辣面，没有盐的，老婆说你将就将就吃。

那你老婆怎么不出来证明？

她死了。这娘儿们害了我一辈子，该她作证的时候，她就上吊死了！这狗娘儿们，她死了我懒得给她烧倒头纸，别人家的老婆都是帮夫运，她却猪一样要我养活！

还有什么证明？

拴狗那老髌能证明。我栽树时他正在地头捡粪哩，但他瞧别人都说树是一九五二年栽的，他就说他记不住陈年老事了。拴狗老髌我瞧不起他！没人作证明，可树会说话呀，他们就是不去听！

家里还有什么人？

一个儿子，死了。儿子是好儿子。他像我，村人都说我们是一个模子倒出来的。儿子陪我去县上上访，回来搭的拖拉机。拖拉机翻了，我没事，拖拉机却压在他肚子上，肠子就压了出来。我那老婆向我要儿子，我骂了她，她就死在绳上的。

嗯。

专员，树肯定是一九四八年栽的，不是一九五二年栽的，你去听听，树会说话的。

杨二娃——

在的。

就这样吧，你拿上这点钱，明日去车站买了票回去。不要再跑了。我派人很快去给你落实，是一九四八年栽的就是一九四八年栽的，是一九五二年栽的就是一九五二年栽的，我给你个结果。

是一九四八年栽的！如果你们硬要说不是一九四八年栽的，我还要告的。你叫什么名字？

惠世清。

那好。那我就告德贵，乡长，王县长张县长陆县长刘县长马县长，还有你惠世清，惠专员！

送走了省上的官员，我打电话给××县的马县长，托他把有关杨二娃的档案材料送上来。马县长亲自来州城向我汇报。杨二娃竟没有什么档案材料，但马县长知道这件事。说这棵树是在东洼村南头，树下的那块地1949年前属杨二娃的地，后来土地收公，树却归私人。那时树小，谁也没在意。后来树大了，杨二娃说树是一九四八年栽的，树权归他私人。村里人说树是一九五二年栽的，一九五二年栽在地头的树应归村里。村里每年要伐，杨二娃都护树。他把旧屋拆了重新盖在树下，现在树身就长在屋当堂里。

就为这棵树，能值几个钱？马县长说，农民爱认死理，杨二娃疯疯癫癫告了十五年，活得真没个意思！

那你说，怎么活着有意思呢？

我训斥着我的部下，命令他们组织个专案组，去东洼村落实这件事。树是有年轮的，可以请一些专家考证一下树到底是一九四八年的还是一九五二年的。

专案组很快就回来了，考证出树是一九四八年栽的。我做了批示：树归属于杨二娃。

这件事就这样结束了。

第二年春天，××县旱象严重，我下去检查灾情，突然想起了杨二娃和那棵一九四八年栽下的树。我和马县长坐车往东洼村，打问杨二娃。村人说，杨二娃吗，早死了！

杨二娃死了。这老头瘦是瘦，精神头儿还好，而树被断定为一九四八年栽的，又归属于他，冬天里他就病倒了。一开春，地气上升，病又加重，不知什么时候咽气在家里。村人发现了的时候，人已经僵硬。

马县长说，这老头，他要是继续上访，可能还要活着。

马县长的话是对的，这么说，是我害死了这老头。

嗐，朝闻道，夕死可矣。这是孔子说的吧？马县长指着一个小虫子，小虫子是从树上吊一条丝下来的，但小虫子是死的：这小虫子也闻道了！

这树要是不断定为一九四八年栽的，老头就一百年一千年地活下去吗？

树依然活着。树是常见的那种椿树，确是老得身上有了洞，除了东边的枝丫枯了，西边的枝丫也枯了，树身三分之一在一间歪歪斜斜的屋子中间。杨二娃因是孤人，死后村人就以他家的柜做了棺材，在屋中掘坑下葬，这房子也锁了门，让它自废自塌了将来就是坟丘。

我说，给老头奠奠酒吧。

秘书去买了一瓶酒，我就把酒全浇在屋前。这时起了风，风是看不见的，但椿树枝叶摇摆，嘎嘎作响，风就有了形状，树也有了声。老头给我说过树会说话的，树会说什么话呢？我听不出来，便用录音机录了。

多少年里，我一直在企图听懂这树声，你听听，这树在说什么话呢？

太白山记

寡　妇

　　一入冬就邪法儿的冷。石块都裂了，酥如糟糕。人不敢在屋外尿，出尿成冰棍儿撑在地上。太白山的男人耐不过女人，冬天里就死去许多。

　　孩子，睡吧睡吧，一睡着权当死了，把什么苦愁都忘了。那爹就是睡着了吗？不要说爹。

　　娘将一颗瘪枣塞进三岁孩子的口里，自己睡去。孩子嚼完瘪枣，馋兴未尽又吮了半晌的指头，拿眼在黑暗里瞧娘头顶上的一圈火焰，随即亦瞧见灯芯一般的一点火焰在屋梁上移动，认得那是一只小鼠。倏忽间听到一类声音，像是牛犁水田，又像是猫舔糨糊。后来就感觉到炕上有什么在蠕动。孩子看了看，竟是爹在娘的身上，爹和娘打架了！爹疯牛一般，一条一块的肌肉在背上隆起，急不可耐，牙在娘的嘴上啃，脸上啃；可怜的娘兀自闭眼，头发凌乱，浑身痉挛。孩子嫌爹太狠，要帮娘，拿拳头打爹的头，爹的头一下子就不动了。爹被打死了吗？孩子吓慌了，呆坐起定眼静看，后来就放下心，爹的头是死了，屁股还在活着。遂不管他们的事体，安然复睡。

　　天明起来，炕上睡着娘，娘把被角搂在怀里。却没见了爹。临夜，孩子又看见了爹。爹依旧在和娘打架。孩子亦不再帮娘，欣赏被头外边露出的娘的脚和爹的脚在蹭在磨在蹬，十分有趣。天明了炕下竟又只是娘的一双鞋和他的一双鞋。

　　又一个晚上，娘与孩子坐上炕的时候，孩子问爹今夜还来吗？

娘说爹不会来，永远也不会来了。娘骗人，你以为我没有看见爹每夜来打你吗？娘抱住了孩子，疑惑万状，遂面若土色，浑身直抖。他们守挨到半夜，却无动静，娘肯定了孩子在说梦话，于门窗上多加了横杠蒙头睡去。孩子不信爹不来的，等娘睡熟，仍睁着眼睛。果然爹又出现在炕上。爹一定是要和儿子捉迷藏了，赤着身子贴墙往娘那边挪。爹，这样会冷着身子的！因为爹的头上没有火焰。但爹不说话，腮帮子鼓鼓的。爹在被人抬着装进一口棺木中时口里是塞了两个核桃的。爹，那核桃还没吃吗？爹还是不说话，继续朝娘挪去。孩子就生气了，恨恨爹，继而又埋怨娘，怎么还要骗我说爹永远不会回来呢？孩子想让爹叫出声来，让娘惊醒而感到骗人的难堪，便伸手在炕头摸，摸出个东西向爹掷去。掷出去的竟是砖枕头，恰砸在爹身子中间的那个硬挺的东西上。娘醒过来。娘，我打着爹了。爹在哪儿？灯点亮了，却没有爹，但孩子发现爹贴在墙上的那个地方上，有一个光溜的木橛。你这孩子，钉一个木橛吓娘！娘在被窝里换下待洗的裤衩，挂在那木橛上。木橛潮潮的，娘说天要变了，木橛上也潮露水。

翌日，娘携着孩子往山坡上的坟丘去焚纸，发现坟丘塌开一个洞。惊骇入洞，棺木早已开启，爹在里边睡得好好的，但身子中间的那个东西齐根没有了。

孩子在与同伴玩耍时，将爹打娘的事说了出来。数年后，娘想改嫁，人都说她年轻，说她漂亮，人却都不娶她。

挖参人

有人家出外挖药，均能收获到参，变卖高价，家境富裕竟为方圆数十里首户。但做人吝啬。惟恐露富，平日新衣着内破衫罩外，吃好饭好菜，必掩门窗，饭后令家人揩嘴剔牙方准出去，见人就长吁短叹，一味哭穷。

此一夏又挖得许多参，蒸晾干后，装一烂篓中往山下城中出售，临走却在院门框上安一镜。妇人不解，他说这是照贼镜，贼见镜则

退,如狼怕鞭竹鬼怕明火。妇人奚落他疑神疑鬼,多此了一举,他正色说咱无害人之意却要有防人之心,人是识不破的肉疙瘩,穷了笑你穷,富了恨你富,我这一走,肯定有人要生贼欲,这院子里的井是偷不去的,那茅房是没人偷的,除此之外样样留神,那些未晾干的参越发藏好,可全记住?妇人说记住了。他说那你说一遍。妇人说井是偷不去的,茅房没人偷,把未晾干的参藏好。他说除了参,家里一个柴棒也要留神,记住了我就去了。妇人把他推出门,他走得一步一回头。

妇人在家里果然四门不出。太阳亮光光的,照在门框上的镜子上,一圆片的白光射到门外很远的地方,直落场外的水池,水池再把圆片的白光反射到屋子来。妇人守着圆片光在屋中坐地,直待太阳坠落天黑,前后门关严睡去。睡去一夜无事,却担心门框上的镜子被贼偷了,没有照贼的东西,贼就会来吗?翌日开门第一宗事,就去瞧镜子,镜子还在。

镜子里却有了图影。图影正是自家的房子,一小偷就出现在檐下的晾席上偷参,丈夫与小偷搏斗。小偷个头小,身法却灵活,总是从丈夫的胯下溜脱。丈夫气得嗷嗷叫,抄一根磨棍照小偷头上打,小偷一闪,棍打在捶布石上,小偷夺门跑了。妇人先是瞧着,吓得出了一身汗,待小偷要跑,叫道我去追,拔脚跨步,一跤摔倒在门槛,看时四周并不见小偷。觉得奇怪,抬头看镜子,镜子里什么也没有了,一个圆白片子。

又一日开门看镜子,镜子里又有了图影。一人黑布蒙面在翻院墙,动作轻盈如猫。刚跌进院,一人却扑来,正是丈夫。蒙面人并不逃走,反倒一拳击倒丈夫,丈夫就满口鲜血倒在地上。蒙面人入室翻箱倒柜,将所有新衣新裤一绳捆了负在背上,再卸下屋柱上的一吊腊肉,又踢倒堂桌,用镢挖桌下的砖地,挖出一个铁匣,从匣中大把大把掏钱票塞在怀里。妇人看着镜子,心想丈夫几时把钱埋在地下她竟不知?再看时,蒙面人已走出堂屋,丈夫还躺在地上起不来,眼看蒙面人又要跃墙出去了,丈夫却倏忽冲去,双手在蒙面人的交裆里抓,抓住一嘟噜肉了,使劲捏,蒙面人跌倒地上,动弹不得。丈夫将衣物夺了，将腊肉夺了，将怀中的钱票掏了，再警告蒙面人还敢不敢再来偷？蒙面人磕头求饶，丈夫却要留一件东西，拿了剪刀一铰，铰下蒙面人的一只耳朵。遂扯着蒙面人的腿拉出来，把门关了，那只耳朵还在地上跳着动。妇人瞧得心花怒放，没想丈夫这般英武，待喊时，镜子里的一切图影倏忽消失。

以后的多日，妇人总见镜子里有自家的房子，并未有小偷出现，而丈夫却始终坐在房前，威严如一头狮子。妇人不明白这是一面什么镜子如此神奇？既然丈夫在门框上装了这宝物，家里是不会出现什么事故的，心就宽松起来，有好多天已不守坐，兀自出门砍柴，下河淘米。家里果真未有失盗。

一日，开门后又来看镜子，镜子里又有了图影。一人从院门里进来，见了丈夫拱拳恭问，笑脸嘻嘻，且从衣袋取一壶酒邀丈夫共饮。丈夫先狐疑，后笑容可掬，同来人坐院中吃酒。吃到酣处，忽听屋内有柜盖响动，回头看时，一人提了鼓囊囊包袱已立于台阶，一边将包袱中的参抖抖，一边给丈夫做鬼脸，遂一个正身冲出门走了。丈夫大惊，再看时屋后檐处一个窟窿，明白这两贼诡秘，一人从门前来以酒拖住自己，一个趁机从后屋檐入室行窃。急伸手抓那吃酒贼，贼反手将一碗酒泼在丈夫眼上，又一刀捅向丈夫的肚子，转身遁去。丈夫倒在那里，肠子白花花流出来，急拿酒碗装了肠子反扣伤处，用腰带系紧，追至门口，再一次栽倒地上。

妇人骇得面如土色。再要看丈夫是死是活，镜子里却复一片空白。

三日后，山下有人急急来向妇人报丧，说是挖参人卖了参，原本好端端的，却怀揣着一沓钱票死在城中的旅馆床上。

猎　手

从太白山的北麓往上，越上树木越密越高，上到山的中腰再往上，树木则越稀越矮。待到大稀大矮的境界，繁衍着狼的族类，也居住了一户猎狼的人家。

这猎手粗脚大手，熟知狼的习性，能准确地把一颗在鞋底蹭亮的弹丸从枪膛射出，声响狼倒。但猎手并不用枪，特制一根铁棍，遇见狼故意对狼扮鬼脸，惹狼暴躁，扬手一棍扫狼腿。狼的脚是麻秆一般，扫着即折。然后拦腰直磕，狼腿软若豆腐，遂瘫卧不起。旋即弯两股树枝吊起狼腿，于狼的吼叫声中趁热剥皮，只要在铜疙瘩一样的狼头上划开口子，拳头伸出去于皮肉之间嘭嘭捶打，一张皮子十分完整。

几年里，矮林中的狼竟被猎杀尽了。

没有狼可猎，猎手突然感到空落。他常常在家坐喝闷酒，倏忽听见一声嚎叫，提棍奔出来，鸟叫风前，花迷野径，远近却无狼迹。这种现象折磨得他白日不能安然吃酒，夜里也似睡非睡，欲睡乍醒。猎手无聊得很。

一日，懒懒地在林子中走，一抬头见前边三棵树旁卧有一狼作寐态，见他便遁。猎手立即扑过去，狼的逃路是没有了，就前爪搭地，后腿拱起，扫帚大尾竖起，尾毛拂动，如一面旗子。猎手一步一步向狼走近，眯眼以手招之，狼莫解其意，连吼三声，震得树上落下一层枯叶。猎手将落在肩上的一片叶子拿了，吹吹上边的灰气，突然棍击去，倏忽棍又在怀中，狼却卧在那里，一条前爪已经断了。猎手哈哈大笑，以迅雷不及掩耳之势将棍再要磕狼腰，狼狂风般跃起，抱住了猎手，猎手在一生中从未见过这样伤而发疯的恶狼，棍掉在地上，同时一手抓住了一只狼爪，一拳直塞进弯过来要咬手的狼口中直抵喉咙。人狼就在地上滚翻搏斗，狼口不能合，人手不敢松。眼看滚至崖边了，继而就从崖头滚落数百米深的崖下去。

猎手在跌落到三十米，崖壁的一块凸石上，惊而发现了一只狼。此狼皮毛焦黄，肚皮丰满，一脑壳桃花瓣。猎手看出这是狼的狼妻。有狼妻就有狼家，原来太白山的狼果然并未绝种啊。

猎手在跌落到六十米，崖壁凹进去有一小小石坪，一只幼狼在那里翻筋斗。这一定是狼的狼子。狼子有一岁吧，已经老长的尾巴，老长的白牙。这恶东西是长子还是老二老三？

猎手在跌落到一百米，看见崖壁上有一洞，古藤垂帘中卧一狼，瘦皮包骨，须眉灰白，一右眼瞎了，趴聚了一圈蚊虫。不用问这是狼的狼父了。狡猾的老家伙，就是你在传种吗，狼母呢?

猎手在跌落到二百米，狼母果然在又一个山洞口。

……

猎手和狼终于跌落到了崖根，先在斜出的一棵树上，树咔嚓断了，同他们一块坠在一块石上，复弹起来，再落在草地上。猎手感到剧痛，然后一片空白。

猎手醒来的时候，赶忙看那只狼。但没有见到狼，和他一块下来已经摔死的是一个四十余岁的男人。

杀人犯

某年的春季，鸡肠沟一位贫农被杀。村人发现时满屋鸡毛，尸无首级，只好在脖颈倒插了葫芦，炭画眉眼，哀而葬去。

十八年后，山下尤家庄有后生十五岁，极尽顽皮，惹是生非，人骂之"野种"。后生挨骂倒不介意，其母却以为受欺，欲与村人厮斗。此户三代单传，传至四代，仅存一女，招纳了女婿上门，虽生下后生维系了门宗，终是根基不纯，最忌被人揭短。丈夫竭力劝慰，一场事故，善罢甘休。也从此，村人念及这上门婿忠厚，再不下眼作践。

上门婿善木工，制器精美绝伦，箍木盆木桶日晒七天风吹七夜盛水不漏，故常被村人请去做工。做工从不收费，饭食也不挑拣，只是合卯安楔时需鸡血蘸粘，最多有一碟鸡肉就是。

木匠唯有一癖好，珍视一只木箱，每出外做工，随身携带，无事在家，箱存炕角。平日寡言少语，表情愁苦，便要独自一人开箱取一物件静观，然后面部活泛，衔一颗烟于暖和和的阳坡上仰躺了坦然。箱中的物件并不是奇珍异宝，而是分开两半的头壳模型。后半是头的后脑壳，前半则是典型的面具。面具刻作十分精致，老人面状，长眼、撮嘴、冲天短鼻，额皮唇上纵横皱纹。后生的娘一见面具就要说是自己的丈夫刻的，木匠却否认。不是你刻的谁能有这

等手艺？瞧瞧这是木质吗，是垢痂做的。妇道人拿在手里端详，果然是垢痂做的。垢痂竟能做面具，垢痂简直和土漆一样了！问哪儿能弄到这么多垢痂，做面具好是好，却肮脏死人了！扬手就要撂出门去。木匠却赶忙夺了，安放箱中，且加了铁锁，一脸严肃，再不示外人看。

　　后生长至十七，依然不肯安生。四月初八太白山祭祖师爷，村中照例要往山上送"纸货"，做了许多山水、人物、楼阁的纸扎，又皮鼓铜锣中出动千姿万态的高跷、芯子。更有戏谑之徒扮各类丑角，或灶灰抹脸，或男着女装，或以草绳绕头作辫，或股后夹扫帚为尾，呼呼隆隆往山上三十里远的庵中拥去。木匠家的后生不甘落后，回家扭开父亲木箱上的锁，取了那半个头壳的面具覆在脸上，挤入队列。到了山上，庵前庵后放满了别的村舍送的"纸货"，不乏亦有各种竹马、社虎在演动，进香的和瞧热闹的更是人多如蚁。这后生戴面具舞蹈，一个小儿身却有老头脸，人群叫好，后生愈发得意忘形。恰鸡肠沟有人也来进香，忽见一人酷像当年被杀的老贫农，遂上前一把抱住叫说我爷你怎地活着？后生取下面具说爷我就没死！那人方知不是被害的贫农，却一口认定这面具是二十年前被杀的贫农的头脸。于是后生被扭到山下公安局。木匠遂也被传来，稍一问，木匠供认贫农是他所杀，但强调他并未要了贫农老头的命。

　　那天夜里我安木楔没鸡血，便去他家偷鸡，鸡已经抓到手了，被他发现。我放下鸡就走，他拉住我说要把贼交给公社去斗争，要叫人人知道我是贼，以后娶妻生子，也要让人知道妻是贼妻子是贼子，叫我永远揭不下贼皮。我说你这么狠，不给我一条活人路吗？他说贫农对你这富农成分的儿子就要狠，水不容火，天不共戴。我想他是铁了心，我也只有咬咬牙，杀人灭口。一斧子砍在他头上，头立即断了，又裂成两半。用衣服包了头逃，一路上真后悔，无论如何我也不该杀了他的头啊！我坐下来，决意要给那颗头忏悔，然后自杀谢罪，可解开衣包看时，那竟不是他的头。阿弥陀佛，亏他长年不洗头不洗脸结了一层垢痂，我砍来的是垢痂壳。我没罪的，我把他的垢痂壳砍了还他一个白净的头脸，所以我没有去自首投案，所以我活了二十年。

香　客

　　太白山顶有一池。池围三百六十五丈，不漏不泄，四季如然。池水碧清如玻璃，但凡有落叶漂浮，便有水鸟衔走，人以为神事。于是池左旁建一道观，太白山上下方圆求神祷告避灾去邪的人都来进贡，香火自是红火。

　　一日，道观的香客厢房住下了两位男人，本是陌路人，磕头上香，将大把的钱扔进布施箱后，天向晚各蒙被睡下无话。天将明，一人睡梦中被哭声惊醒，坐起听哭者正是对面床上那人。

　　这人问睡起来你哭什么呀？

　　那人说我才睡醒一摸头不见了。

　　这人大惊，拉开窗帘，看见对面床上那人被子裹体坐着，果然没有头。说你没了头怎么还能说话呀？

　　那人说我现在是用肚脐窝儿说话。说着掀开被子，真是用肚脐窝说话，且两个乳长长流泪。

　　这人知道那人的乳也已作了双眼。便说你不要哭看头是不是掉在被窝里？

　　那人将被子抖开，没有头。

　　这人说你到床下看看是不是掉到床下了？

　　那人跳下床，爬着进去看了一会儿，没有头。

　　这人说你半夜上茅房尿尿是不是掉到茅房了？

　　那人披衣去茅房查看，没有头。用长竿搅动粪水也没有头。哭着回来了。

　　这人说不要哭你好好想想昨日天黑时你去过哪儿？

　　那人说我去大殿里给神磕过头。

　　这人说那去殿里找找说不定掉在殿里。

　　那人便去殿里，刚要出门，这人说我也糊涂了怎么能去殿里你在殿里磕头当然是头还在肩膀上的不会掉在殿里了。

那人就又回坐床上。

这人说你还去过哪儿?

那人说擦黑月亮出来我去池边看水中的月亮。

这人说这就好了肯定掉到池边了我帮你去找。

两人跑到池边把每一块石头都翻了,每一片草都拔了,没有头。掉到池里是不可能的,因为水鸟不允许有杂物落进去,要掉在池里水鸟会衔出来扔到岸上的。两人又往来路上往回找,仍是没有头。回到厢房那人又哭,这人瞧见那人哭,也觉伤心,后来就也哭起来。哭着哭着,那人却不哭了,反倒笑了一声,还劝慰这人也不要哭。

这人说你没头了你还笑什么呀?

那人说你这么帮我让我感激不尽我还从来未遇过你这好人我怎能也让你哭我没头我也不找了我不要我的头了!

那人说罢,头却突然长在了肩膀上。

丈　夫

过了馒头疙瘩峁,漫走七里坪,然后是两岔沟口穿越黑松林,丈夫挑着货郎担儿走了。走了,给妇人留一身好力气,每日便消耗在砍柴、揽羊,吆牛耕耘挂在坡上的片田上。

货担儿装满着针头线脑,胭脂头油,颤悠,颤悠,颤颤悠悠;一走十天,一走一月。转回来了,天就起浓雾,浓得化不开。夜里不点灯,宽阔的土炕上,短小精悍的丈夫在她身上做杂技,像个小猴猴。她求他不要再出去,日子已经滋润,她受不得黑着的夜,她听见猪圈里猪在饿得吭吭。他说也让我守一头猪吗?丈夫便又出门走。丈夫一走,天就放晴,炸着白太阳。

又是一次丈夫回来,浓雾弥漫了天地,三步外什么也看不见,呼吸喉咙里发呛。雾直罩了七天七夜,丈夫出门上路了,雾倏忽散去,妇人第三天里突然头发乌黑起来,而且十分软,十分长,像泻出黑色瀑布。她每日早上只得站在高凳子上来梳理。因为梳理常常耽误了时光,等赶牛到了山上,太阳也快旋到中天了。她用剪刀把长发剪下，第二天却又长起来。扎条辫子垂到背后吧，林中采菌子又被树杈缠挂个不休。她只得从后领装在衣服里，再系在裤带上，恨她长了尾巴。

丈夫回来了，补充了货品又出门上路。妇人觉得越来越吃得少，以为害了病。却并不觉哪儿疼，而腰一天天细起来，细如蜂腰。腰一细胸部也前鼓，屁股也后撅，走路直打晃，已经不能从山上背负一百四十斤的柴捆了。天哪，我还能生养出娃娃吗？

丈夫在九月份又出动了。妇人的脸开始脱皮。一层一层脱。照镜子，当然没有了雀斑，白如粉团，却见太阳就疼。眼见着地里的荒草锈了庄稼，但她一去太阳光下锄蓐，脸便疼，针扎地疼。

丈夫一次次回来，一次次又出去，每去一趟，妇人的身子就要出现一次奇变。她的腿开始修长。她的牙齿小白如米。脖颈滚圆。肩头斜削。末了，一双脚迅速缩小，旧鞋成了船儿似的无法再穿，无论如何不能在山坡上跑来跑去地劳作了。妇人变得什么也干不成，她痛苦得在家里哭，哭自己是个废人了，要成为丈夫的拖累了，他原本不亲热我，往后又会怎样嫌弃呢？

妇人终在一天上吊自尽。

丈夫回来了，照例天生大雾。雾涌满了门道，妇人美丽绝伦地立于门框中。丈夫跑近去，雾遂淡化，看见了洞开的门框里妇人双脚悬地，一条绳索拴在框梁。丈夫嚎啕大叫，恨自己生无艳福，潸然泪下。泪下流湿了脸面，同时衣服也全然湿淋。将衣服脱去，前心后背竟露出十三个眼睛。

公　公

夏天里，长得好稀的一个女人嫁给了采药翁的儿子。采药翁住在太白山南峰与北峰的夹沟里，环境优美，屋后有疏竹扶摇，门前涧水潺潺。傍晚霞光奇艳，女人喜欢独自下水沐浴，儿子在涧边瞧着一副耸奶和浑圆屁股唱歌，老翁于门坎上听着歌声，悠悠抽烟。八月份的第七个天，儿子去主峰上采药，炸雷打响，电火一疙瘩一

疙瘩落下来撵。儿子躲进三块巨石下，火疙瘩在石头上击，儿子就压死在石头下。女人孝顺，不忍心撇下公公，好歹伺候公公过。

公公是个豁嘴，但除了豁嘴儿公公再没有缺点。

夜里掩堂门安睡。公公在东间卧房，女人在西间卧房，唯一的尿桶放在中间厅地。公公解溲了，咚咚乐律如屋檐吊水，女人在这边就醒过来。后来女人去解溲，当当乐律如渊中泉鸣，公公在那边声声入耳。

日子过得很寡，也很幽静。

傍晚又是霞光奇艳，女人照例去涧溪沐浴。涧边上没有唱歌人，公公呆呆在门坎上抽烟叶，抽得满口苦。黎明里，公公去涧中提水，水在他腿上痒痒地动，看见了数尾的白条子鱼。做了钓竿拉出一尾欲拿回去熬了汤让女人喝，却又放进水。公公似乎懂得了水为什么这么活，女人又为什么爱到水里去。

公公告诉女子他要到儿子采过药的主峰上去采药，一去没有回来。女人天天盼公公回来，天天去涧溪里沐浴。女人在水中游，鱼也在水中游，便发现了一条娃娃鱼。娃娃鱼挺大，真像一个人，但女人并不觉得害怕。她抱着鱼嬉戏，手脚和鱼尾打溅水花，后来人和鱼全累了，静静地仰浮水面，月光照着他们的白肚皮子。

女人等着公公回来告诉他涧溪中有了这条奇怪的娃娃鱼，但公公没有回来。十个月后，女人突然怀孕，生下一个女孩来。孩子什么都齐全，而嘴是豁唇。女人吓慌了，百思不解，她并没有交接任何男人，却怎么生下孩子来？且孩子又是个豁嘴？！女人在尿桶里溺死孩子，埋在了屋后土坡。

又十个月，女人又生下一个豁嘴孩子。女人又在屋后的土坡埋了。再过了三个十月，屋后的土坡埋葬了三个孩子。三个孩子都是豁嘴。

公公永远不会回来了吗？或许公公明日一早就回来。

女人已经极度地虚弱了，又一次将孩子埋在屋后土坡时，被散居于沟岔中的山民瞧见。他们剥光了她的衣服，用鞋底扇她的脸和她的下体。然后四处寻觅采药翁，终在溪边的泥沙中发现采药翁的药镢，哀叹他一定是受不了这女人的不贞而自溺。山民便把女人背负小石磨坠入涧溪。水碧清，女人坠下去，就游来了许多鱼，山民们惊骇着有一条极大的似人非人的鱼。

自此，娃娃鱼为太白山一宝，归于重点保护。

村　祖

山北砭子坪的村里，一老翁高寿八十九岁，村人皆呼做爷。爷鸡皮鹤发，记不清近事能记清远事，爱吃硬的又咬不动硬的，一心欲尿得远却常常就淋在鞋上。因为年事高迈，村人尊敬，因为受敬，则敬而远之，爷活得寂寞无聊，兀自将惟独的一颗门牙包镶的金质牙壳取下来，装上去，又复取下。

过罢十年，算起来爷是九十九岁。一茬人已老而死去，活上来的又一茬人却见爷头发由白转灰，除那颗门牙外又有槽牙。再过罢十年，一茬人再皆死去。另一茬活上来的人见爷头发由灰为黑，门牙齐整。如果不是镶有金牙，谁也不认为他是那个爷的。不能算作爷，村人即呼他伯。又过十年，又是一茬人见他脸色红润，叫他是叔。又又十年，又又又十年，八十年后，他同一帮顽童在村中爬高下低，闹得鸡犬不宁。一个秋天，太白山下阴雨，直下了三个月。一切无所事事，孩子们便在一起赌钱。正赌着，村口有人喊：公家抓赌来了！孩子们赌得真，没有了耳朵，只有凸出的眼泡。他已经输尽了，同伴欲开除他的赌资，他指着口里的那枚金牙，这不顶钱吗？执意再赌。抓赌人到了身边，孩子们才发觉，一哄散去。他又输给一顽童，顽童要金牙。他赖着不给，再赌一次，三求二赢。顽童说没牌了怎个赌？划拳赌。抓赌人在后边追，他们在前边跑，口里叫着拳数。抓赌人追不上不追了，他却还是又输一次。输了仍不给金牙。两人就绕着一座房子兜圈子。忽听房子里有妇人在呻吟，有老妪将一个男人推出门，说生娃不疼啥时疼。他忽地蹲上那家后窗台，不见了。追他的顽童撵过墙角不见人。瞧瞧树，树上卧只鸟儿。掀掀碌碡，碌碡下一丛黄芽儿草。猛地转过身，身后也没有。

顽童呆若木鸡。恰屋里又扑地有响,产妇呻吟声止,老妪喊生下了生下了。这顽童骂过一句,烦恼忘却,便爬后窗去瞧稀奇。土炕上血水汪汪,浸一个婴儿,那婴儿却不哭。老妪说怎个不哭,用针扎人中,仍不哭。用手捏嘴,嘴张开了,掉出一枚金牙壳,哭声也哇地出来了。

多少年后。

这个村一代一代的人都知道他们的村祖还在活着,却谁也不认识。自此他们没有了辈分。人人相见,各生畏惧,真说不得面前的这位就是。

领　导

　　县上领导到太白山检查工作,乡政府筹办了土特山货,大包小包地堆放在办公室,预备领导走时表示一点山区人民的心意。不料竟失盗。紧张查寻,终于捉到小偷,欲让派出所拘留时,小偷请求立功赎罪,问如何立功,说是身怀特异功能,能数十米外知道屋中人的活动,若能饶恕,往后可协助派出所缉拿别的罪犯。领导生了兴趣,同意明日一早来验证。

　　明日,领导收了礼品,马上坐车要返回了,记起那个小偷,提来问道:"你既然有特异功能,我问你,我昨夜一更天做什么事?"小偷说:"回答领导,昨夜一更天领导没有休息,还是抓紧时间和妇联主任谈工作。领导是坐在床上的,后来不小心掉到床下。"领导说:"胡说!我一个大人,怎么会掉到床下?"小偷说:"那我怎么听见妇联主任说:'上来,上来。'这不是领导掉到床下了吗?"领导想想,点了头,说:"那么,二更天我干什么了?"小偷说:"二更天领导吃夜宵,吃的是螃蟹。"领导说:"胡说,我从不吃夜宵,我的肠胃不好,吃了睡不着觉的。"小偷说:"那我听见领导说:'掰腿。'这不是吃螃蟹是干什么呢?"领导想了想,嗯了一声,说:"那三更天我干什么了?"小偷说:"三更天是领导为了进一步了解山区群众生活状况,特意请来了妇联主任的母亲问情况。"领导说:

"真是胡说！白天我了解情况了，晚上压根没请妇联主任的母亲。"小偷说："我听见妇联主任叫了一声'哎哟妈呀'！"领导不言语了，问："那四更天呢？"小偷说："四更天领导谈工作谈累了，用凉水洗脸，清醒头脑哩！"领导说："又在胡说了！根本未洗脸！"小偷说："如果没洗脸，领导怎么说：'你擦了，给我擦一下。'"领导若有所思地咕嘟了数语，说："五更天，五更天干什么？"小偷说："五更天工作谈完，领导真会调剂生活，与妇联主任下起棋了。"领导说："胡说胡说！什么时候了还下棋？"小偷说："我明明听见领导说：'再来一回，再来一回。'这不是下棋吗？"领导嘎地笑了起来，说："还行，有特异功能，我让派出所免你的罪了！"

自此，小偷被太白山派出所器重，据说协助参与了几起破案工作。

饮 者

太白山北侧有一姓夜人家，娶妻欢眉光眼，智力却钝，不善操持，家境便日渐消乏，夜氏就托人说情租借了桠树坳一块门面开设饭馆。因要生意顺通，自然不敢怠慢地方，常邀乡政府的人来用膳。

中秋之夜，月出圆满，早早掩了店门，特摆酒菜与乡长在堂中坐喝，两人都海量，妻就不住地筛酒炒菜。吃过一更，乡长脖脸通红，说："你也是喝家！让我老婆替我几盅。"便趴在桌上，手蘸酒画一圆圈。圆圈中出来一个妇人，肥壮短脖，声明用大杯不用小盅，随之一杯，仰脖灌下。夜氏吃了一惊，也用大杯。连喝五杯，妇人醉眼蒙眬，摆手说："我喝不过你呢，你却不是我儿子的对手！"遂也蘸酒画圈出来一个青年，英气勃勃，言称闷酒不喝，吆喝划拳。夜氏甚精拳术，划毕常拳，又划广东拳，复又划日本拳，老头拳。青年善饮，但败于拳路，喝得脸色煞白，说："让你瞧瞧我妻弟的拳吧！"又画圈出来一少年。少年腿手奇瘦，肚腹便便，形若蜘蛛，说："让我先吃些菜垫底。"低头一阵狼吞虎咽。夜氏妻就又一番烧火炒菜。两人对过一杯，相互要检查杯底里是否干净，规定滴一点

罚三杯,一来二往竟将桌上三四瓶酒喝完。又启一罐,少年举杯过来要碰,酒杯哗啦落地,已立站不稳,说句:"我服你了,你敢与我小姨子对杯吗?"酒圈刚画毕,人就呕吐。夜氏也早头重脚轻,待要去扶少年,却见一个窈窕少女已坐在了桌边,笑吟吟地说:"你不陪我吗?"夜氏说:"几杯淡酒,怎能不陪的,姑娘你喝好!"少女说:"咱不划拳,联连成语定输赢。"夜氏应允,无奈肚中文墨欠缺,少女说"恭喜发财",夜氏说"财源茂盛",少女说"盛情难却",夜氏却连不上来,输酒便喝了。如是一个旽时,输喝十杯,醉倒桌底,说:"失礼了,失礼了。"不省人事。少女笑道:"我喝酒还没有人能陪到底的。"兀自入了酒圈不见。又,少年入了青年酒圈不见,青年入了妇人酒圈不见,妇人也入了乡长的酒圈不见。乡长笑眯眯对夜氏妻说:"在咱这儿开饭馆,没酒量不行哩!"邀其再喝。

天明,夜氏酒醒,见满屋酒瓶,倏忽记得昨夜事,忙呼叫其妻。妻未回应,却见一人跳窗而走,似乎是乡长的身影。翻坐起视,妻竟沉醉床上,被褥狼藉,不觉心中森然,掀开被子看时,果然床上留有一脱壳之物,尖硬如牛犄角。便打醒妻子,令其速去屋后阴沟里小解。妻去一会儿回来,喜悦说:"尿出来了,尿出来了,果然是个小乡长!"夜氏去阴沟查看,阴沟的一块松沙被尿水冲开一坑,正有一只螃蟹往外爬,行走横侧着身子,口吐泡沫,似乎还有酒气。夜氏一石头将螃蟹砸烂,用沙埋了叮咛妻子不能外漏,遂返回店去,一身轻快。

儿　子

山北侧的沟里磨了四十年的寡,熬到独儿长大了读书了干事了做上某县的一个主任了,跟儿享享福去啊,城市中待半个月却害红眼,口舌生疮,大便干燥,还是回居太白山。太白山的空气可以向满世界出售,一日绿林里出一个太阳,太阳多新鲜。

孝顺的主任叹一口气,送回来一只波斯猫为娘解闷。

猫长至数月,本事蛮大,或妖媚如狐或暴戾如虎,但不捉鼠。

大白日里要叫春，声声殷切，沟中人家的鸡和狗就趋来，乱哄哄集在门口，猫却懒坐篱笆前作洗脸状，遂以后爪直竖，蹒跚类似人样，倏忽发尖利之声。鸡狗则狂躁安静，一派驯服，久而悄然退散。娘初觉有趣，而以后鸡狗常来便生厌烦，知道这全因了猫叫春的缘故，遂将猫挑阄作兽中寡。但鸡狗依然隔三间五日必来，甚至来了，狗要叼一根木棒鸡要生一颗热蛋。木棒枯黑，分明是从哪儿的篱笆上弄的，鸡常常小步跑来将鸡蛋生在路上，是特意要来贡献的。娘好生奇怪。木棒拿去烧了饭，蛋却不敢吃，提着去沟中人家问谁家鸡不在家中生蛋，竟所有的都荒窝，遂计算日期退还蛋数。娘博得贤惠人缘，沟中人家无事要来聊天，每有妇人抱了小儿，小儿拉屎，猫则立即去舔屁股。狗舔屎，猫怎的也舔屎？娘顿生恶心，不让它再跳上案板去吃剩饭。到后来，有大人去茅房，猫竟也去舔，被一巴掌打落进茅坑。这是什么猫呀，该猫干的不干，尽干不该猫干的，避！娘夜里把猫关在门外，猫哀叫了一夜，娘不理睬，狠心嫌弃。猫到第三日就发疯，狂叫不已，且咬断屋檐下吊笼绳，一笼豆腐坠落灰地。将院中的花草捣碎。在厨房的水瓮中撒尿。娘终于大怒，把猫用裤带勒死。

丑　人

儿子常常发呆，寻找着那个火球。

娘是凶死的，村人看见她站在凳子上，将脑袋套进了绳圈里，凳子就蹬翻了。那绳圈套的正是地方，舌头没有伸出来：灵魂遂出了窍，是一个火球，旋转着进了树林子。后来在很长的日子里，火球就出现，或在谁家的院墙头，或在巷口的碾盘上，或在树梢上，坐着像一只鸟。人们都在说，娘是挂牵着她的儿子的。

任何孩子都有爹，他没有爹。美丽的娘因为美丽而世上一切东西都想做他的爹，娘终于在一次采菌子的时候于树林子贪睡了一会儿，娘就怀孕了。他的爹是树精？还是土精？这始终是个谜，待他生出来的时候娘就羞耻地死去了。

儿子长大，逐渐忘却了身世，与村中顽童在夏日的艳阳下捉迷藏，他的影子特别深重。他肯定不是一位年迈精衰的老头的野子，因为精疲力竭所留下的孽种是没有影子的，但他也不是哪一位年少者的种子，他的影子的浓黑为人罕见。这一切也还罢了，奇怪的是他的影子还有感觉。偶然一次，一个孩子踩住了他的影子，他立即尖锐地痛叫，并且不能行走，待那孩子松了脚，他一个踉跄就扑倒了。这一秘密被发觉之后，他从此就不自由了。他常常进门后随手关门时影子就夹在门缝，像夹住了尾巴。他在树林子里追捕野兔时，树杈和石头就挂住了影子。恶作剧的人便要在他不经意地行走时突然用木楔钉住他的影子，他就立即被钉住，如拴在了木桩上的一头驴，然后让他做什么就得做什么，大受其辱。

他想逃脱他的影子，逃不脱。他想挽袍子一样要把影子挽在腰间，挽不成。他开始诅咒天上的太阳和月亮，害怕一切光亮；阴雨连绵的白天和三十日的夜晚是他最欢心的时期，他在雨地里大呼小叫地奔跑，在漆黑的晚上整夜不睡。

但是，太阳和月亮在百分之九十的日子里照耀在天空，生性已经胆怯的儿子远避人群，整响整响寻找着那个火球，他要向他的娘诉苦。火球却一次未被他寻见。

有一次他听村人议论，几十年前有一群人从城市里逃到太白山的黑松峡去避难。不知怎么，他总觉得他应该到那里去，那里似乎有他的爹，娘的灵魂的那个火球也似乎是从那里常来到村中的。他独自往黑松峡去，走了很远很远的路，终于在一片黑松林子里发现了一些倒坍的茅舍和灶台，一块巨石上斑驳不清地写着"逃□村□"字样。但没有人。他住下来，捡起茅舍中已经红锈了的斧子和长锯砍倒了松树伐解成木板要背负到山下去换取米面油盐。当他伐解开了木板，木板中的纹路却清晰的是一个完整的人形。他吃惊地伐解了十多棵树，每一棵树里都有一个人形纹。他明白了黑松峡里为什么最后还是没有人的原因，骇怕使他把斧子和长锯一起丢进了深不见底的峡谷去。

村人都知道他出走了，良心使他们忏悔了对这个丑陋人的虐待，他们没有侵占和拆毁他曾居住的那三间房子，企望着他某一日回来，但他没有回来。只是空荡的房子里，屋梁上有了一只很大的蝙蝠，白日里便双爪倒挂，黑而大的双翼包裹了头和身，如上吊的丑鬼，晚上就黑电一般地在空中飞动。

少　女

这一个冬季，太白山还不到下雪的时候就下雪。下得很厚，又不肯消融，见风起舞濛濛，只好泼上水冻一夜，结一层一层冰块，用锨铲到阴沟去。年关将近，还不曾停止。有人蓦地发现雪不是雪，没有凌花，圆的方的不成规则，如脂溢型人的头屑，或者更像是牛皮癣患者的脱皮。人们就惊慌了：莫非是天在斑驳脱落？

天确实在斑驳脱落。

脱过了年关，在二月里还脱，在四月里还脱。

害眼疾已失明了一目的娘在催促着儿子，没日子了，快去山顶寨求婚吧。后生把孝顺留下，背着娘的叮咛，直往山顶寨去。

三年前，后生相中了山顶寨的一个少女，在山屹崂里两人亲了口。当少女感觉到一个木橛硬硬地顶住她的小腹时，一指头弹下去，骂道："没道德！"戴顶针的手指有力，木橛遂蔫下去，原是没长骨的东西。后生却琢磨了那三个字，便正经去少女家求婚。但少女的娘掩了门，骂他是野种，你娘是独目难道也要遗传给我个单眼外孙？甚至还骂出一句不共戴天。

现在，天要斑驳脱落了，还共什么天呢？

勇敢的后生来到寨上。正是晚上，一群鸡皮鹤发的年迈人在看着天上的星月叹息，说天上的月亮比先前亮得多了，也大得多了。原来月亮是天的一个洞窟，一夜比一夜有了更多的星星，这是已经薄得不能再薄的天裂出的孔隙了。后生知道年迈人已无所谓，他没有时间参与这一场叹息，只是去找他的少女。但寨子里没有一个年轻人，打问之后方得知他们差不多于一个晚上都结婚了，这个还算美好的夜里，不愿辜负了时光，在寨后的树林子里取乐。他一阵心

名家作品精选

灰,却并未丧气,终于找到了少女。少女披散着长发,长发上是一个腊梅编成的花环,妖妖地在树林子里骑着一头毛驴,一边唱着情歌,一边焦急地朝林外探询。他们碰在对面的时候,都为着对方的俊俏而吃惊了。

他说,你是结婚了吗?

她说当然是结婚了。

他没了力气地喃喃,那么,你是在等着你的丈夫了。

是等我的丈夫,她说,也是等所有爱过我的人。说罢了,又诡秘地笑,同时后生听到了一句"我知道你也会来的"。仅这一句话,后生勃发了狼一样的无畏,他们在毛驴的上下长长久久地接吻了。

后生高兴的是少女毫无反抗,当看见她首先将外衣脱下铺在地上,还说了一句"能长在手心多方便,一握手就是了",他倒微微有一些吃惊。世上最急不可待的莫过于此了,但她却一定要他使用她带来的避孕套,他不愿意,他希望不合法的妻子能为他生出一个儿子来。她严肃异常,谁还生儿子,让自己的儿子降生下来受罪吗?这么争执着并没有结果。其实一切都发生了,他们几乎是昏过去几次,几次又苏醒过来。在少女的头脑里,满是一圈一圈的光环,她在光环中出入,喝到了新启的一罐陈年老醋,吃到了上好的卤猪肉,穿着一双宽鞋走过草地。她说:我的花骨朵儿绽了,我不亏做一场人人人了了……声音由急转缓,高而滑低,遂化作颤音呻吟不已。

从此后生被安置在树林里,少女天天送来吃的,吃饱了他的肚子,也吃饱了他的眼睛,吃饱了他的心。不免要想起那个古老的故事,说是一个男人被劫进女人的宫中,享受着王子一样的待遇,最后却成为一堆药渣。现在的后生没有药渣的恐惧,倒做了一回王子。他在树林子里跳跃呼叫,如一头麝,为着自身的美丽和香气而兴奋。他甚至不再忧天,倒感念起天斑驳脱落的好处,竟也大大咧咧地走到寨子里,不害怕了少女的娘,还企望见一见少女的那一位小丈夫。寨子里的人并不恨他,并且全村人变得平和亲热,不再殴斗和吵架,忏悔着以前的残酷是因为制造了钱币。钱币就弃之如粪土了。善心的发现,将一切又都看作有了灵性,不再伐木,不再捕兽,连一棵草也不砍伤。

天继续斑驳脱落，肤片一样的雪虽然已经不大了，但终还是在下。

少女日日来幽会，换穿着所有的新衣。在越来越大而清的月亮下，他们或身子硬如木桩，或软若面条，全然淫浸于美妙的境界。他们原本不会作诗，此时却满腹诗意，每一次行乐都捡一蓬槲叶丛中，或是一株桦下，风前有鸟叫，径边乱花迷。后生在施爱中，看见雪似的天之肤片落在少女的长发上，花花白白地抖不掉，心中有一股冲动，想写些什么，便用她的发卡在桦皮上写道：

　　谁在殷勤贺梨花
　　昨也在撒
　　今也在撒

他还要再写下去，但已经困倦之极没一点力气，他软软地睡着了。少女小憩后首先醒过来，她没有戳醒后生，她喜欢男人这时候的憨相，回头却瞧见了桦皮上的诗句，竟也用发卡在下面写道：

　　假作真来真作假
　　认了梨花
　　又恨梨花

末了便高望清月，思想哪一日天不复在、地壳变化，这有诗的桦皮成为化石，而要被后世的什么什么动物视为文物了。

不知过了多久，后生听见深沉的叹息而醒了，身边的少女，亲吻时粘上的那节草叶还粘在额上，却已泪流满面，遂拥少女在怀，却寻不出一句可安慰的言语。

咱们数数那星星吧。后生寻着轻松的事要博得少女的欢心。这夜里只有星月，他不说明那是天斑驳后的孔隙。

两个人就数起来，每一次和每一次的数目不同，似乎越数越多，

他们怨恨起自己的算术成绩了。

后生的想象力好,又说起他和老娘居住的房子,如何在午时激射有许多光柱,而每个光柱都活活地动。少女却立即想到了房顶的窟窿,没有笑起来,却沉沉地说:你要练缩身法的。

是的,他的一切都是她所爱的,惟独怨恨的是他的个子,他的个子太高了。后生并不解她的意思,自作了聪明,说不是有个成语,天塌下来高个子撑吗?她狼一样凶恶地撕裂了他的嘴,咆哮着说不许再胡说八道,因为寨子里人都习练这种功法了。

后生自此练功,个子似乎萎缩下去。而不伐的树木长得十分茂盛,不捕的野兽时常来咬死和吃掉家畜家禽,不砍伤的荒草已锈满了长庄稼的田地。老鼠多得无数,他一睡着就要啃他的脚丫子;有一次帽子放在那里三天,取时里面就有了一窝新生的崽仔。后生有些愤恨,它们在这个时候,竟如此贪婪!这么想着,又陡然添一层悲哀,或许将来没有了天的世界上,主宰者就是这些东西吧?

一日,少女再一次来到树林子,他将他的想法告诉了少女。少女没有说话,只是领他进寨子里去。寨子里再没有一个人,巷道中、墙根下到处是一些奇形怪状的石头。他疑疑惑惑,少女却疯了一般地纵笑,一边笑着走一边剥脱一件件衣服,后来就赤条条一丝不挂了,爬到一座碾盘上的木板上,呼叫着他,央求着他。等后生也爬上去了,木板悠晃不已,如水石滑舟,如千秋送荡,他终于看清碾盘上铺着一层豌豆,原是寨中人奇妙的享乐用具。他们极快进入了境界,忘物又忘我,直弄翻了木板,两个人滚落到碾盘下的一堆乱石上。乱石堆的高低横侧恰正好适合了各种杂技,他们感到是那样的和谐,动作优美。他说,寨中的人呢,难道只有咱们两个人在快活?她说他们就在身下,在快活中都变成石头了。后生这才发现石头果然是双双接连在一起的。他想站起来细看,少女却并不让停歇,并叮咛着默默运作缩身的功法。后生全然明白了,于是加紧着力气,希望在极度的幸福里昏迷而变成石头,两个在所有石头中最小的连接最紧的石头。

天仍在斑驳脱落。斑驳脱落就斑驳脱落吧。

后生和少女已经变化为石头了,但兴奋的余热一时不能冷却。嘴是没有了,不能说话,耳朵仍活着并灵敏。他们在空阔的安静的山上听到了狼嚎和虎啸。听见了天斑驳脱落下来的肤片滴沥,突然又听到了两个人的吵架声。少女终于听出来了,那不是人声,是鬼语。一个鬼是早年死去的老村长,一个鬼是早年死去的副村长。他们两位领导活着的时候有路线之争,死了偏偏一个埋在村路的左边,一个埋在村路的右边,两个鬼就可以坐在各自的坟头上吵,吵得庄严而有趣。

少　男

　　一个人出去采药再没有回来,以为已经滚坡横死,他却在一个晚上给村里人托梦:他是在鸡肠沟的瀑布崖上作仙了,让村里的人忘记他的好处,也让他的家妻忘记曾嫌弃过她的坏处。第二天,村人都在议论这个梦,那人的家妻却忘不了丈夫,哭天嚎地,央求人们帮她去找回自己的男人。

　　村里的人就一起去鸡肠沟。鸡肠沟乱石崩空,荆棘纵横,他们以前从未去过,果然在一处看见了那个崖。崖很高,仰头未看到其顶,长满了古木,古木上又缠绕了青藤。此时正是黄昏,夕阳映照,所有的男人都看见了崖头有一道瀑布流下来,很白,又很宽,扯得薄薄的如挑开的一面纱,风吹便飘。从那古木青藤的缝隙里看进去,却是许多白艳的东西,似乎是一群光着身子的人在那里洗澡,或者是从水中才沐浴出来坐卧在那里歇息。如果是人,什么人能有这么丰腴、这么白艳呢?托梦人说他是成了仙,仙境里没有这么多丰腴、白艳何以称作仙境呢?天下的瀑布能有这般白这般柔?于是,男人们的神色都变化,一时沉醉于非非之想中,样子发愁发痴。男人的变化,女人们觉察到了,但并未明白他们是怎么啦,因为她们未看懂隐在古木中的东西。但她们体会最深的是自己只有一个丈夫,当男人们一步步往崖根下走时,她们各自拉住了属于自己的那一个。

　　一位勇敢的少男坚持往前走,他是新婚不久的郎君。他往前走,

名家作品精选

新娘往后拖，郎君的力气毕竟大，倒将新娘反拖着越来越走近崖根，奇妙的事情就发生了。远远站定的男女看见他们在崖根下的那块青石板上，突然衣服飘动起来，双脚开始离地，升浮如两片树叶一样到了空中，一尺高，三尺高，差不多八九尺高了，但他们却又定止了一刻，慢慢落下来。落下来也不容新娘挣扎，再一尺高，三尺高升浮空中，同样在七八尺的高度上定止片刻再落下来。这次新娘就一手抓住了石板后的一株树干，一手死死抓住丈夫的胳膊，大声呼救；帮帮我吧，难道你们看着我要成为寡妇吗？村人同情起这新婚的少妇，她虽然并不漂亮，但也并不丑到如托梦人的那个家妻，年纪这么轻，真是不忍让她做寡。并且，男人们都是看见了古木内的景象，那是人生最美好的仙境，而自己的妻子已死死阻止了自己去享乐，那么，就不能允许和自己一样的这个男人单独一个去，况且他才是新婚，这个不知足的家伙！于是乎，所有的男人在女人的要求下一人拉一人排出长队拖那崖根的夫妇，将那郎君拉过来了。新娘开始咒骂他，用指甲抓破了他的脸。他们在劝解之中，真下了狠劲在郎君的身上偷击一拳或暗拧一把。

少年郎君垂头丧气地回来，从此不爱自己的新妇。每日劳动回来，脱光了衣服躺在床上抽烟，吆喝新妇端吃端喝，故意将自己的那根肉弄得勃起，却偏不赐舍。新妇特别注意起化妆打扮，但白粉遮不住脸黑，浑身枯瘦并不能白艳。有时主动上来与他玩耍，但只是灰不沓沓，偶尔干起来，怀着仇恨，报复般地野蛮击撞，要不也一定要吹灭了灯，满脑子里是那丰腴白艳的想象。

这少男实在活得受罪了。

他试图独自去一次鸡肠沟，但每次皆告失败。村中所有的女人都在监视着自己的男人，所有的男人也就在监视着其他的男人。这少男的行动每次刚要实施就被一些男人发觉，立即通报了新娘。新娘就越发仇恨那个已经作仙的男人，她联合了村中的女人，用灰在村四周撒一道灰线，不让那作仙男人的灵魂到村中游荡；各自将七彩绳儿系在自己丈夫的脖子上，以防作仙男人托梦诱惑。而且，她们仇恨仙人的遗孀，唾她，咒她，甚至唆使自己的丈夫去强奸她，使她成为村中男人的公共尿壶，而让那作仙男人的灵魂蒙遭侮辱。

但少男还是偷偷地去了鸡肠沟。他背了猎枪和猎刀，说是去山林打猎而出走。他果然逆着鸡肠沟的方向去了山林，新娘和男人们暗中跟踪了半日后放心地回来，但少男在走出了遥远的路程之后又绕道去了鸡肠沟。他走到了崖根，也恰是一个黄昏，那古木青藤之内的东西看得真真切切。当他一走上那青石板，顿感到一种极强的吸力，身体为之轻盈，衣服鼓起犹如化羽，头发也水中浮草一样竖直摇曳。这一种美妙的体验使他立即想到了新婚夜的感觉，还未真正进入仙境就如此令人酥醉，他深深悟到了托梦人为什么宁肯抛弃家妻的缘由。他还未来得及捡起石板上的猎枪，双脚已离地三尺高了，他有点后悔不该将猎枪遗在这里，将来一定会被村人发觉他是到了仙境中去了而仇恨他。但这想法一闪即逝，他听着耳边的风声，甚至伸手抚摸了一下擦身而过的白云，身心透满了异常的幸福感。在愈来愈高的空中，那些丰腴白艳的东西越来越清晰了，突然觉得不应在背上还背着长长的猎刀，想拔下来丢到很远的洞中去，但他没有了力气，吸引力陡然增强，似乎是大坝底窟窿里的急流将他倏忽间吸了去。

少男自然再没有回到村中去。首先是新娘惊慌了，接着是所有的男人都惊慌了。他们又是手拉手，甚至各自腰上系了绳索互相牵连着去了鸡肠沟。果然远远看见了青石板的猎枪，他们统统哭了，新娘为丈夫的抛弃而哭，男人们为自己的命薄而哭，哭声遂变为骂声，骂得天摇地动。但是当他们集体站到了青石板上，谁也没有一点要升浮的感觉。先以为是大家连在一起分量太重，慢慢撒开手，解开绳索，还是没有感觉。大家都觉得奇怪了，男人们怀疑这一定是仙境中去了两个男人后已不需要更多的男人了，就吼叫着这世道的不公，而仙境也不公！有人喊：咱毁了这个崖！立即群情激愤，动手烧崖。崖上的草木燃烧了三天三夜，但因为有瀑布，仍有未烧尽的，而大火中那些黄羊、野猪乱跑乱窜，有的掉下崖来皮开肉绽，却没有什么人的惨叫。男人们背负了利斧开始登崖，见草就拔，逢木便砍，然后垂下绳索让别的人往上攀登。这项工作进行得十分艰

巨，但无一人气馁，发誓攀到崖顶，彻底捣毁这个最美好也最可恶的地方。

他们终于爬到了崖顶，四处搜索，就在瀑布旁的崖头上，发现了一个天然的洞窟。火并未烧到这里，但一片刺鼻的腥臭味。走进去，一条巨大无比的蟒蛇腐烂在那里，在蟒蛇的腹部有一把刀戳出来。人们剥开蟒腹，里边是一个人尸，一半消化模糊，一半依稀可辨，正是那位少男。

在洞后形成瀑布的山溪道上，满是一些浑圆的洁白的石头。

阿 离

阿离在太白山上打猎，整个冬天一无所获，老听到山上烦乱吵嚷之响，疑是人声，却四下里不见人影。一日，又甚嚣尘上，鼎沸如过千军万马的队伍，且有锐声喊："数树，数清山上的树！"树能数清？阿离觉得荒唐，不禁开笑，忽感后脑壳一处奇痒，有凉风泄漏。用手去摸，灵魂已经出窍，倏忽看见了坡下黑压压一片人正没入林中，一人抱定一棵树，彼此起伏着吆喝有没有遗漏，又复返坡下，一须眉皆白人物状若领袖，开始整队清点，一面坡的树数便确定了。阿离惊叹这真是个好办法，却蹊跷这是哪儿来人？前去询问，来人冷淡不理，甚至咒骂：避！你是哪儿来的？！阿离很窘，不再多言。后，山上的人一日比一日多，长什么模样的都有，穿什么服装的都有，不但多如草木，几乎没有了空闲之处。原来阿离独自孤寂，现在常常被挤到某一隅，有时守坐，他觉得脚痒，抱起一只脚来抓，竟抱起的是别人的脚。出去小解，鞋跟便磕了睡卧在地上的人的牙齿。阿离不停地要赔笑，说：对不起！对不起！

这么拥挤着，阿离终于与周围的人熟悉了，终于有了对话：

"你们是从哪儿来的？"

"风从哪儿来我们就从哪儿来。"

"还到哪儿去吗？"

"脚到哪儿去，我们就到哪儿去。"

"这儿真挤。"

"可不,市场上什么都贵了!"

阿离这时方知道了在山林后的洼地里,有一个好大的市场。

阿离去赶市,市场上更是人多如蚁,物价火苗似的蹿,一根蒜苗已经卖到一元,一只碟子也涨到五元。饭馆的门口,一人吃馒头,数十人涎着口水看,忽有乞丐猛地抢过一位食客手中的馒头,边吃边跑,食客去撵,眼瞅着要抓住了,乞丐却呸呸直往馒头上吐唾沫,食客便不撵了,娘骂得云山雾罩。阿离正感叹万分,一人挨近身来说:"先生,可要眼镜?"一只手在襟下一抖,亮出一副眼镜,又收缩回去。阿离说:"不要。"那人俯耳道:"这是好石头镜哩,值一百八十元。不瞒先生,这是我偷来的,我只想急于出手,你给几个钱就是。"阿离说:"你要啥价?"那人牵了他,走到避背处,四下观望后,拿出眼镜让他看,说:"二十元,等于我送你了!"阿离说:"十元。"那人说:"这不行。"阿离起身就走,那人头勾了一会儿,闷闷地说:"好了,先生,就给你吧!"阿离付钱拿货,回坐到一棵古木下,直唱一首歌子,突然一阵晕去,醒来自身横躺在一堆落叶上,苍茫山林,涛声正紧,面前峡谷寒溪色暗,鸟鸣凄清,远近并无一人,恍惚如隔世。

阿离寻思前事,明白了自己去了一趟幽灵世界;阳界的人有生有死,阳界总还平衡;灵魂不灭,难怪冥界那么拥挤了。急按口袋,口袋有硬硬的东西,掏出来果然是一副眼镜,便欣喜捡得冥界便宜,就无心再打猎,下山回家,要倒卖眼镜的好价钱了。阿离去了眼镜行,眼镜行的人却说,这根本不是石头镜,纯粹的有机玻璃片儿。阿离顿足捶胸,骂鬼也骗人,羞得数日不出门。又作想,我吃了鬼的亏,何不也去骗鬼?便也做了大批的有机玻璃镜重新上山,也就是先前的地方独坐,听到浮嚣之声,仰首开笑,果然后脑壳有了凉风泄漏之感,不觉置身到市场上。他大声叫嚣着出售石头镜,第一天便赚得许多钱币。第二天,生意正好,有二人前来闹事,说眼镜是假的。阿离矢口否认,那二人就拉了阿离的领口去见官,阿离被推搡着走,已经面如土色,但忽然想到鬼怕唾沫,唾沫唾之让变什

么就可变什么。便一口浓痰唾在一人头上，说声："变棵核桃树！"那人立即不见，就地生一核桃树来。另一人则骇然痴呆，阿离说："你也认为这是假货吧？他变成了核桃树，结了果就砸着吃，我让你变个漆树，割漆时可以受千刀万刀！"那人伏地求饶。阿离说："那好，你帮我一块推销吧！"那人真的一直帮阿离，眼镜卖得十分快。后来，有知道阿离的货是假的，谁也不敢说；不知道的，都来买，阿离赚了一麻袋的票子。

阿离终于又恢复了真身，把钱袋背下了山。当夜同家人一起清点钱数，却发现钱币上都按有"冥国银行"的章印。家人生气，说："这就是你做的营生？！都送给阎王爷去吧！"一把火就烧了。

钱烧了，阿离就死在炕上了。

阿离见到了阎王爷，阎王爷告诉说："这里灵魂已经够多了，但无功不受禄，得了你这么多贿赂，再有难处我还是要了你。"从此，阿离的灵魂再没有回到窍里，永远在已经拥挤的灵魂中拥挤了。

观　斗

阿兑十八岁时上太白山捡菌子，太阳很好，坐地解衣逮虱子，腰带便挂在身后的矮树丛上。太阳西斜，红嫩似一枚蛋柿，忽然那矮树移动，将那腰带带去，看时竟是一头美角的鹿，急忙呼喊穷追。鹿跑得快，阿兑未能追上，拐过一个山嘴，却见草坪上有两只虎在搏斗。一条白额，一条赤额，皆庞然大物。草坪上乱花已碎，土末飞扬，两虎翻扑剪腾，正斗得难分难解。阿兑吓了一跳，返身逃躲，但虎仍在厮斗，却总是挡了去路，他向哪个方向跑，虎都在前边斗，阿兑急得双目流泪，说："难道是让我观虎斗吗？"两虎同时大吼，旁边树叶簌簌坠地。阿兑便不再逃走，坐在那儿观看。虎愈斗愈凶，身上绒毛片片脱落，飘散如絮，竟落了阿兑一头一身。一虎斗得发狂处，竟分不出阿兑是虎还是人，便扑向了阿兑。阿兑也看得心热，忘了骇怕，跳将起来迎之而斗，另一虎则坐地观看。那虎扑来之时，阿兑侧身一闪，顺之一脚踢中虎眼，虎咆哮纵起，举爪打过来，阿兑早已跳开，没想虎尾接连一扫，砰的一声如棍磕在阿兑面门，血顿时肆流，跌坐地上。那虎嗷嗷长啸，若得意状，阿兑急中单手撑地，双脚蹬去，恰在虎的前右腿，虎一个趔趄退卧在那里一时难起。另一虎呼地扑到，又与阿兑搏斗。阿兑想，我要死了，也不能便宜了你这么死去，强忍着疼痛跳起，拳脚并用，腾挪躲闪，使虎不能近身。此虎恼羞成怒，一直逼阿兑到山嘴根，已无法脱身，双爪搭上了阿兑双肩，血盆大口来吞头颅。阿兑说："你吞吧！"竟猛地将头直塞虎口，顶到喉咙。虎无法合齿，气息难通，人虎便寂然相持，看得那一条虎也呆了。如此一个时辰，虎终支持不住，松口倒在地上。阿兑满头血糊，双耳已没有了，定神了片刻，嘿嘿大笑，说："我怕虎吗？我也是虎了！"两虎却同时又扑起共斗阿兑，阿兑又迎斗，前打后挡，左拦右防，终气力渐渐不支。绝望之际，见旁有一株大树，疾速攀上。两虎上望树端苦不能上，遂在树下又相互搏斗。阿兑居高临下，反复看虎的斗法，明白了自己失利有原因，且看出许多从未见过的技巧，一时也忘了后怕和疼痛，渐渐进入观赏艺术之境。不知过了多久，肚子饥饿，摘树上野果来吃，一边吃一边下观，却见两虎渐渐缩小，已经形不是虎，是相斗的两犬。后，犬又在缩小，形若斗鸡。最后竟是两条蟋蟀了，跳跃敏捷，却声鸣细碎。阿兑遂觉得没了意思，说："我是不是看得太久了？"从树上下来回村，村人皆不识他，屋舍全已更新，惟村口那口井还在，井口石盘上磨出了四指深的绳痕。

母　子

娘在树林子里采蕨，突然天裂了缝，又合起，落下一疙瘩雷来。娘躲在槲下，雷把槲顶决了，娘逃到窝崖去，窝崖是佛龛，雷还是撵进来。娘不跑了，说："龙你抓了我去！"轰然一声，光火飞腾。娘并没有烧成一截黑炭，鞋尖上绣的那朵绒花还艳艳红；崖壁上的石佛没了头。

娘的胆便破了，吐很苦的唾沫，再不采蕨，挨门守望儿子。儿

名家作品精选

子去太白的深处围猎,山深似海,儿子是最勇敢的猎手。世界的一切都又安静,娘去河边提水,一篙之水流动浠浠,心不敢兢,冷看落日里飞鸟已远,一朵云滞留屋上,就回坐堂前。这时候,却听见了蚂蚁叫,又听见了蚯蚓叫,叫声如枯木上长喙的鸟,三下快,三下慢;有草的涩味,有土的咸味;还有类似七星瓢和萤火虫又不是七星瓢和萤火虫的气味;接着有敲门声。

娘将门打开,门口并没有人,关上又听见敲门声,再打开,还是没人。娘疑惑了半刻,立即骇怕,很苦的唾液从口里流出来,门牢牢地关上了。

笃,笃,笃。谁又在敲门,门响着金属声。

"谁?"

"把门开开。"

"你是谁?"

"我。"

"我是谁?"

娘就是不开门。数天数夜的时间里,她把家中所有的竹竿都截了,做成一节一节的竹管,套在了手指上和脚趾上,担心那门终有被敲破的时候,有什么人要来捉她,她的手脚可以从竹管里抽掉。

终于儿子回来了,是个晚上,门还是不开;娘不信是儿子。

"娘,是我。"

"是我?"

"我是你儿。"

"我是你儿?"

儿子把佩带的长剑从门下缝伸进半截,说娘识得儿的剑,娘说不是剑是一道月,但却闻出了儿子膝盖上的那一片垢痂的味,说你是我儿,儿从后窗你进来。儿子进来,肩上是枪,腰间是剑,提了十三只黄皮狐狸。问娘为什么不开门,娘说总有敲门的。说话间,娘又说谁敲门,儿子说没有,娘说有,儿子说没有就没有,把门开开。门很沉重,门口没有人,门扇却比先前厚了儿倍。

54

"你瞧，多亏这门！他们没能进来，影子全留在上面。"

门的厚度果然是一层一层奇形怪样的图影的印叠。

儿子豪气顿生，在屋中燃起火堆，拔刀剥下一层图影，图影是一个高瘦的人，面目并不熟悉，一刀劈二，丢进火堆烧了，娘说有人肉的焦糊味，也有牛肉的味。儿子用刀又剥下一层，图影是一只模样怪异的熊，却生有人之脚。儿子将熊身烧了，断下人脚，用刀尖划出一节，拿手往下捋，像剥柳皮一样。儿子在春天里有剥柳皮做口哨的手艺，但脚皮没有剥下来，一气乱刀斩成碎末。再剥一层，是三只眼的奇物。再剥再剥，剥下的有野猪有马有蛇舌的女人和长角的男人。儿子说："我怕你吗？不怕！"一层一层丢在火堆去烧，屋里充满了难闻的臭味，但没有血和肉。儿子是懂得只要有肉煮在锅里，漂上来的油珠即可知这些是人还是兽。

"人油是半圆珠，兽肉的油珠儿才圆。"

儿子心情激动，遗憾没有刺激到一个猎手的强烈的快感。如果一刀砍下去，是人是兽，肥嘟嘟的肉分开，殷红的血渍在墙上如一个扇面，在火光的映照下鲜亮发明，或者血如红色的蚯蚓沿着皮肤往下滑移，那该是奇艳无比的景象！儿子剥到最后一层了，不甘心地叫道："来一个活的！"图影突然凸出，还未看清是人是兽，那物已张口向儿子扑来。儿子一刀剁去，哐嘟滚下头来，果然是颗人头。待去捡拾，那没头的身子却压过来，儿子被压在下边了。儿子被压得喘不过气来，肋骨咔咔地发出欲断的声音。急一脚勾踢，身子飞起来撞在木柱上，再跌下去不动了。这却是猪的身子，还是母猪，十八个奶头紫红肿大，如两串熟透的葡萄。而同时有四只五爪般的脚在方向不定地乱跑。儿子笑道："往火堆中跑，往火堆中跑哇！"四只脚便果然入火，已经成炭团，发出爆响。

儿子将刀提起来，用衣襟揩上边的血，叫道："娘，你儿子怕谁呢？门不要再关，我要看看谁敢来敲门?!"将刀哐地扎在门扇上，一扭头，火光将自己的影子正照在墙上，兀然吓死。

人草稿

　　太白山一个阳谷的村寨人很腴美，好吃喝，性淫逸，有采花的风俗，又听得懂各种鸟鸣的乐音，山林中得天独厚的资源，熊就以熊掌被猎，猴就以猴脑丧生。凡是有毛的不吃鸡毛掸子外都吃了，长脚的见了板凳不发馋其余的都发馋。结果，有人就为追一只野兔而累死，有人被虎抓了半个脸，而瞄准一只黄羊时枪膛炸了常常要瞎去某人一只眼睛。吃喝好了，最大的快乐是什么呢？操×。其次的快乐呢？歇一会儿再操。下来呢？就不下来。喂了自家的猪，又要出外枭糠。一个男人是这样了，别的男人也是这样，于是情形混乱。到了某年的某月，一家的小儿突然失踪，另一家的人在吃包子时被人发现馅里有了半枚手指甲，凶犯查出来，凶犯说人肉其实并不好吃，味儿发酸。六十二岁的老公公强吮了儿媳的奶头被儿子责骂，做父亲的竟勃然愤怒，说你龟儿子吮我老婆三年奶头我没说一句话，我吮一回你老婆的奶头你就凶了?! 终于召开了村寨全体村民的会议，实行惩治邪恶，当宣布凡是有过乱伦，扒灰，或做了情夫或做了情妇的退出会厅中堂靠于墙角去，中堂竟没有留下一个人，大家就全哭了。这不是某个人的道德问题，一定是这个村寨发生了毛病，由馋嘴追索到贪淫，末了便悟出是水的不好。

　　村寨中是有一眼趵突泉的，围绕着泉屋舍辐射为一个圆。"这是一个车轮哩！"年老的人坐于山头的时候会这么说，年轻人便想入非非：大深山中哪儿会有车呢？既是一个车轮，那一定是天王遗落，而另一个车轮就是孤独的太阳了。或许是平面的水轮，旋转着才使泉水趵突出来。现在泉水成了万恶之源，再不食用，于村外重新凿井。井凿七十三丈，辘轳庞大，须十二人合力起绞，村寨中便有了固定时间打水。若没有赶上这时间去打水，那就一整天炒爆豆吃。

　　半年后，村寨安然无事，人已无欲，目不能辨五色，耳不能听七音；口鼻不能识九味。慢慢，田地里不种了香菜、葱、蒜、花椒和辣子。到后也不种菜，只是五谷。饭食明显地简单了，一日三顿片片面、面片片，记不起面粉还能做什么麻食、饺子、馄饨。狐狸进村拉鸡，麝坐于村口翻弄脐眼，废了的泉池里滋生了虾，也有了声如婴啼的鲵。人都懒起来，生活就贫困，连面片也开始懒得做，懒得吃。先是孩子们不吃，大人说吃呀，不吃怎么活命呀！孩子说吃为了能活吗，宁愿不活也怕出那份力。大人就还理智地去吃，要把东西洗净，做熟，一口口塞进嘴，不停地嚼，冬天冷，夏天一碗饭一身水。他们不明白原先怎么馋吃呢，吃饭是多么繁重的劳作呀！也不好好吃了。村寨的人都失了腴美，卧于阳坡晒暖暖，怨这天长。

　　夜里，他们更懒得性交，怀孕的极少。年老的就抱怨年轻人："怎么还不生个崽呀，怎么传种续代呀？！"儿女说："怎么个传种续代呢？！"那事体还需要教授吗，但夜夜听儿女的房，房内安静，真恨儿女不教不行，就编出男的阳具是鸟，女的阴器是窝，要鸟进窝，进窝了又不停让鸟出鸟进几十次，数百次，询问鸟是否屙在窝里？儿女们就火了，说指头在腿上按数百次皮肉都疼，何况那种大面积的摩擦哩！儿女们不愿干那劳作，老年人自己干，但也是苦不能言，奇怪先前怎么有那样大的兴趣呢？

　　到后来，他们发现人在说话、笑、吃饭、劳作时，口鼻竟然在不停地呼吸，想想，日日夜夜不停地一呼一吸，多紧张，多痛苦呀！怎么长这么大就全然不晓得呢？现在晓得了，何必再去从事这愚蠢的工作？！不再呼吸，这个村寨的人便先后死去。

　　太白山的一个阳谷中的村寨就这么消失了，天上的太阳真正成了孤独的车轮。太白山下有人偶尔到了这里，看见似乎是有人住过的村寨，而到处是如人形状的石块和木头。石头生满了苔藓，冬夏春秋更变绿黄红黑，木头长着木耳。这人返回后却写了数十万字的书，说他发现了人之初，论证女娲造人不是神话，确有其事，这些石块和木头就是当时女娲所造的人之草稿。以此又阐述，人为石木所变，一部分人为石，一部分人为木，为石虽还未有根据，但木所变确凿，说他亲眼见那木头上不是木耳，是驻落着蝴蝶，历史上不是庄子曾化蝶吗？不是梁山伯祝英台化蝶吗？这人遂成为人类学家。

小 儿

"×俊!"

×俊抬起头来,老泪纵横,并没应声,又俯下身在新拢的土丘上哭泣;又觉得不对,疑惑地乜视着面前这个小儿,甚至有些愤愤然了。

"×俊,你耳聋了吗?"

×俊又瞪了一眼,要抓起土坷垃打过去,但止住了,土坷垃在蒲扇般的手里捏得粉碎。要不是×俊现在心中充满了剧痛,他绝不会饶过这个乳臭未干的缺乏家教的小儿!他哽咽着说:

"×贵,你就这么生不见面、死不见尸地走了吗?常言说,当你知道你身上某一个部位的时候,这个部位就生病了;当你懂得一个人的好处的时候,这个人就死了。×贵,你真的是死了?可你死在了哪儿呢?我真后悔没能珍惜我们的交情!还是昨日,你要我翻几个跟头给你看,我说七老八十的了,硬胳膊硬腿的,翻跟头惹人笑话,我没翻。现在,我为你修了这个坟,盼你灵魂到来,我要给你翻个跟头了!"

×俊果真用手扫去地上的乱石,脑袋着地翻了个跟头,那骨架咯咯响着,像要散裂了似的。

五岁的小儿格格格地笑起来,肥嫩的手鼓着几片掌声,说:"翻得好,翻得好,再来一个要不要?要!"

×俊终于忍无可忍,一巴掌将小儿扇远了。

"×俊,你疯了,你敢打我?"

×俊吼道:"你是谁?谁是你爹?小王八羔子!"

"唉,×俊真的是认不得我了。"

×俊停止了打骂,觉得蹊跷,但他真的不认识这小儿,村里也从未见过这小儿。

"我是×贵啊,狗日的!"

×俊简直吃了一惊:这个小儿竟是×贵,×贵活着的时候,口头禅就是"狗日的",声音一模一样。可这五岁的小儿怎么会是×贵?

"我真的是你×贵哥!"

×俊却还是摇摇头。

小儿说,中午吃过饭,他准备睡一觉后就去找×俊喝茶,就和衣睡了。睡起来又觉得该换一身新衣服去,就开始脱身上旧衣。脱下一件,怎么还有一件;脱了,还是有一件;竟越脱衣服越多,脱到最后,才发现他是个小孩,原来那么高大的个头都是衣服穿成的!这时候的他突然明白那过去的七十多年是一个悠长的梦。

"胡扯淡!"×俊说,"×俊这么长胡子的人了,不是像你这样的小儿好哄!"

由小儿的话又想到了死去的×贵,×俊扑在坟上嚎啕起来。

小儿任×俊恸哭,却开始讲他的过去的长梦。他说,他小的时候就和×俊要好,他们恨村口老妪在桑葚树干上涂抹粪尿而咒骂,将老妪家长在地里的南瓜切了口,屙进一泡屎去,又将切口封好,使南瓜疯长到筛子大而臭不可闻。他说,是你×俊四十岁的时候与方×的媳妇偷情被方×发觉并盖头浇下一桶凉水,是我在喊:快跑,跑出一身汗来!你才跑的,你才免了一场寒病。他说,×贵还知道×俊的左腿根下有一颗豆大的痣。

×俊不哭了,他觉得这小儿句句讲得都对:"你真是×贵哥吗?"

"×俊!"小儿手伸出来,亲昵地在×俊的头上抚了一把。

×俊却又疑惑了,这哪儿可能呢,一个七十多岁的老头怎么会是五岁的小儿?突然,脸色大变:"你是鬼!"

小儿说:"你唾唾。"

一口唾沫唾上去,小儿还是小儿。

"你还在梦里哩!"小儿可怜了×俊,"你信也罢,不信也罢,反正你还在梦中。"

"我做梦?做七十八年的梦?"

"梦里几代人的事常有哩。"×俊用指甲掐自己的脸,怪疼的。

"是梦怎的还疼?疼也疼不醒?"

小儿不知怎么说服他了。

"你要在梦里就在梦里吧!我告诉你,我还知道你将来要长条尾巴的,等长出尾巴了,你就信我是不是唬你。"

×俊回到家去,从此再没有见到×贵老汉,便一阵儿信那小儿就是×贵,一阵儿又不信起来,好像很羞涩的样子拿不了主意。他每天大小便时,手却不自觉地去摸摸屁股,看有没有尾巴长出来。五天过去了,没有尾巴。十天过去了,觉得屁股上胀胀的不舒服,有一块发硬的东西。又十天,那硬东西似乎又长大了些,终于在一个月后,一条小小的没毛的尾巴长了出来。

父 子

儿呀,爹要走了,谁都要走这步路的,爹想得开,儿你也不要难过。爹咽了一口气后,你把爹埋到尖峰上你就是孝子了。

儿子一直伏守在爹的床前,泪水婆婆,想爹是患的脑溢血,或者心肌梗塞就好,爹无痛苦地走,儿女们也不看着爹的难受而难受。脑子清清楚楚的,就这么在爹的等待下和儿女的看护下,一个人绝了五谷,痛失原形,肿瘤慢慢地消平了呼吸。爹有过千错万错,现在的爹全剩下好处了,儿子咬着牙,再不让眼泪流到脸上,他却不停地去上厕所。厕所在檐廊那头。天正下着雨。

十五年前,儿子是爹的尾巴,父子俩一块到集市上去。太阳红光光照着,爹脱了毡帽,一颗硕大的剃得青白的脑袋发亮,两只虱就趴在后脑处,而且相叠在一块了。"爹,虱在头上××哩!"爹正要与熙熙攘攘的熟人打招呼,狠劲地一甩,将儿子牵襟的手甩掉了。"爹,真的是在××哩!"爹已经瞪了一眼,骂出一句最粗土——其实是散佚在太白山的上古雅辞——"避!"儿子就也生气了:"避就避,哪怕虱把你的头×烂哩!"从那时起,爹对于儿子失去了伟大的正确性。

"德!"这是爹又在叫着儿子的乳名训斥了,"吃饭不要咂嘴,难堪,猪才吃得这么响的!"儿子的咂嘴声更大了,直至饭后,长舌还伸出来刷掉唇角的汤汁，弄出连续的响音。

儿子正在兴趣地扫除院土，爹突然高兴，说今日没有给老爷画胡子了。儿子不作声，将扫除的土复又撒回原地，掀开了捶布石，石下面有两只青头蟋蟀，专心去以草拨逗了。爹动火起来，抓过儿子开始教训，教训是威严而长久的，儿子却抬起头说："爹，你鼻子上的一颗清涕快掉下来了！"爹顿时中止训话，窝到一边去了。

儿子到了恋爱的时节，爹认真地叮咛着恋爱就恋爱姣好的姑娘，不要与村中的年轻寡妇接触，免得平白遭人说三道四。儿子末了领回来的，却偏偏就是那个寡妇。

雨还在下，儿子立在尿缸边上尿，尿得很多。他疑心是眼泪倒流进了肚里才有这么多的水又尿出来。

病床上的爹并不知道天在下雨，他还以为这檐前长长久久的一溜吊线的水是儿子在尿，脑子里想象着那尿由一颗一颗滴珠组成落下去，他不懂得文章中的省略号，但感觉却与省略号的境界相同，便寻思他真的要死了，留在这个世界上的将是一个缩小了的他，但这个他与他那么不和谐，事事产生着矛盾。父子是人生半路相遇的永不会统一的缘分吗？他已经琢磨了十多年自己的儿子，相拗的脾性是不可能改变了。既然你娶了寡妇做妻就安生去过你们的日月，却要吵闹，发凶性砸家具，越说媳妇快把锅拿开别让他砸了，一榔头就砸在锅上。"我的儿子会怎样处理我的后事呢？"爹唯一操心的是这件事了。太白山七十二座尖峰，我的一生犹如在刀刃般的峰尖上度过，我不愿意在我另一个世界里仍住在刀刃上，儿子能满足我的意愿吗？

"德，你还没尿完吗？"爹在竭力地呼唤了。

儿子也错觉了屋檐的流水是自己在尿，慌忙返回床边。

"爹，屋檐水流哩。"

爹想把自己静静思考后要说的遗嘱告诉儿子，听了儿子的回答，认定儿子又是在拗着他说话了，长长地叹一口气，说：

"儿呀，爹死后，爹求你把爹埋在那尖峰上，爹不愿埋在山下那一片平坦的洼地中，也不需要洼地四周植上松柏和鲜花，你记住了吗?"

儿子点着头,看着爹微笑地闭了双目,安详长息。

儿子嚎啕起来,突然悔恨起自己十多年执拗了老爹。"把我埋到尖峰上。"这是爹最后一次对儿子说的话,儿子不能再违背着爹的意愿啊!儿子邀请了众多的山民,开始将爹的棺木往尖峰上抬。尖峰高兀,路陡如刀,实在抬不上去,运用了很长很粗的铁绳牵着棺木往上拉,棺木虽然破裂,但爹是终于埋在了爹想埋的地方。

玻 璃

约好的是在德巴街路南第十个电杆下会面，我去了却就是没见他。一年没来这条街，两边的店铺门面差不多全改装成玻璃。冬季清冷，难得有太阳出来，玻璃就全闪着光，通街似乎开阔了许多，也深长了，一派亮堂。我靠在电杆下吸了一会儿烟。行人来来往往，在街上也在墙上，分不清谁是真人，谁是玻璃中的影子。后来感觉有人在批点着什么，还以为是对面商店里的售货员。一回头，才发现就在我身后咫尺，玻璃窗里，他们正盯着我交头接耳。是嘲笑我大冬天里还剃着个光头，还是鄙夷我提着的一捆脏兮兮棉被卷？管他的！我要见的是王有福！把头仰起来看天，天也清白，如是更大玻璃。但我后悔不该先去见那刘老太太，原本把钱交给她就完了，老太太却喋喋不休地问儿子在南方做什么工，服不服水土，能吃饱饭吗？一沓钱数过一遍又数过一遍，眼泪就流下来，叫"我儿……我儿！"误了一个小时，是王有福没有来，还是来过了又走了？

我决意再等一阵，踅进街对面的一家小茶馆里一边吃茶一边盯这边的电杆。一个蓬乱着头发的女人出现在电杆下，但没有停，只将一把清涕抹在上面，手又藏在襟下走了。一个矮胖子立在那里看电杆上贴着的治性病的广告单，极快地从怀里掏出一张什么也贴上去，拔腿跑过几步，又慢悠悠往前去了。王得贵一再说他爹是个大高个儿，走路向前一倾一倾的。茶馆的旁边新盖了一家全街最大的外资酒店，巨大的营业厅全部以玻璃装嵌，可能装修还未彻底完工吧，正有人用白粉在一排高大的玻璃上写"注意玻璃"的字样。拐角处，四个人又忙着安装一块玻璃，脾气很大地不知在骂着什么，并且用脚踢着地上的一堆玻璃碴，太阳下玻璃碴就明灭着一片碎光。

名家作品精选

如果是黄昏,太阳缓缓向西沉去,德巴街两边每一块玻璃上都将有一个太阳,是越来越大越来越低的日落轨迹吗?这景象是多么辉煌!我为我的想象兴奋了,然而我不能在这里待到黄昏!

吃过一壶茶后,我回到了家。妻子却说王有福来电话了,电话里反复解释他是病了,不能赴约,能否明日上午在德巴街后边的德比街再见,仍是路南第十个电杆下。病了?他病得真是时候,我骂了一句,他怎么就不死了?!但是第二天我还是赶到德比街,第十个电杆下果然坐着一个老头。见我走近,老头立即翻身起来,是大高个儿,比他儿子还要高,头却很小,小得有些滑稽。那张脸全肿起来,像一个面包,双眼几乎成了一条线,额头上包扎着一块纱布。我说你是王得贵的爹吗?他立即弯下腰,不住点头,说:我叫王有福。我说你受伤了,怎不告诉我你家的地址,我可以把东西直接带去呀。他支吾了一句,似乎是说家里地方太小,又乱,怎么能让你跑那么多路呢?就拿手摸摸额头,说是跌了一跤,不碍事的。

"昨日不能来,"他为难地对我笑笑,"你生气了吧?"

"没什么。"我说。

"你肯定是生气了,怎么能不生气呢?"

"没什么。"

"是生气了,真对不住你。我老得不中用了……"

我越是说没有什么,他越是给我道歉,甚至撕开纱布的一角要证明他真的是受了伤。老头的性格有些像他的儿子,我倒真的又生了气。

"你怎么这样啰嗦!"

他愣了愣,不言语了。

我把棉被卷儿交给他,告诉他得贵一切都好,又把得贵捎的钱交给他,让给娘好好治病。他极快地看了下四周没人,就解开裤带将钱装进裤衩上的兜里,说:"我请你去喝烧酒!"

我谢绝了。他转身往街的西头走去,又回过头来给我鞠了个躬。我问他家离这儿还远吗,要不要拦辆的士送送他。他说不远,就在德巴街紧南头的胡同里。我说那何必绕德比街西头,从这里穿个小巷就是德巴街，再穿下去不就更近吗？老头笑了一下，说："我不走德巴街。"转身走去，还嘟囔了一句：

"我才不去德巴街哩。"

他不去德巴街，我却要去德巴街的，昨日那家茶馆的茶不错，价钱又便宜；我可以打电话约几个哥儿们来，一年不见面了，如果他们混得还不如意，就鼓动跟我一块下南方去。走过了那家豪华的外资酒店门口，营业厅的高大玻璃墙上却贴出了一张布告：

> 昨天因我酒店装修的玻璃上未有标志，致使一过路人误撞受伤。敬请受伤者速来我店接受我们的歉意并领取受伤赔偿费。

看完布告，我立即被这家外资酒店的举动感动，但很快就想到王有福老头是不是撞了玻璃受的伤呢？越是这样想，越觉得有可能，倒高兴老头能得到一笔赔偿了！啊，啊，我在心里突然萌生了一个念头：既然肯赔偿，那就是他们理屈，何不得寸进尺，去法院上告，趁机索赔更大的一笔钱呢?！我为我的聪明而得意，第二天便给王有福打电话，再次约他有要紧事，当日下午到德巴街，不，到德比街红星饭店边吃边谈。

红星饭店门面普通，但里面的上下两层楼全部也是玻璃装修，坐在楼上的厅里就能看见走廊的行人。我选择这家饭店，就是要证实一下他是不是真的在外资酒店撞伤的。他果然按时赴约，我一发现他出现在玻璃走廊里就大声招呼，他看见了我，肿胀的脸上泛了笑容，步履却小心翼翼，明明到了通往厅里的门口，还是用手在那里摸，证实是门口了，一倾一倾地摇晃着小脑袋走进来。

"我没请你，你倒请我了！"他说，"这情我要回报的，得贵回来了，我让他一定请你。"

"这说到哪儿了，我和得贵是朋友，一顿饭算什么！"我把酒给他倒了一杯。他赶忙说："我不敢喝的，我有伤。"

"伤还没好吗？大伯，你是在德巴街外资酒店那儿撞伤的吗？"

"你……那酒店怎么啦？"

"这么说,你真的在那儿撞的!"

"这……"

老头看着我,瓷在那里,我看出他要抵赖,但脸色立即赤红,压低了声音说:"是在那儿撞的。"一下子人蔫了许多,可怜得像个做错事的孩子。

"这就好。"我说。

"但我不是故意。"老头急起来,"……玻璃怎么那样干净,像没有什么一样……你相信我,我说的是真的。我那日感冒,原本头就晕晕的,接到你的电话出来,经过那里,明明看着是没有什么的,就走过去。咚,便撞上了。我是小心了一辈子的人,老了老了却撞上玻璃了。真的是明明看着什么都没有呀,却就是有玻璃,玻璃把我骗了。墙就是墙,好好的,为什么都疯了似的要拿玻璃做墙?"

我怕老头紧张,扶他坐下。

"现在人多地方少,装上玻璃可以从视觉上扩大空间的。"

"可这就日弄人了嘛!真分不来哪儿走得通哪儿又是走不通?我这出门不知道该怎么走了!"

我笑起来。

"那酒店现在怎么啦?"

我偏不回答他,只是问:"你撞伤了,伤这么重的,怎么就走了?"

"哗啦一声,玻璃碎了,我才知道是撞上玻璃了。酒店里三个姑娘出来扶我,血流了一脸,把她们倒吓坏了,又进去要找干净布给我包扎伤口,我爬起来跑了。我是不好,有私心,我怕她们出来了不让我走。我赔不起那玻璃呀!"

"他们现在可是在到处找你哩。"

"是吗,还在找我?我已经几天没敢去德巴街了,他们是在街口认人吗?"

"他们贴了布告……"

"……"

老头哭丧下脸来,在腰里掏钱,却问我一块玻璃多少钱,玻璃有两丈多高的。

我嘿嘿笑起来。

"你笑我了?"

"不是你给他们赔,是他们要给你赔!"

"赔我?"

"是赔你。"我说,"他们贴了布告要寻人赔偿。但我约你来是要告诉你不要接受他们的赔偿,你应该去上诉,诉酒店装上玻璃而不在玻璃上做任何标志,导致你受了伤。他们赔偿能赔多少钱?上诉告他们,索赔的就不是几百元几千元了!"

老头兀自愣在那里,一条线的眼里极力努出那黑珠来盯我,说:"你大伯是有私心,撞坏了人家玻璃害怕赔偿才溜掉的,你是该笑话我的。可我也经了一辈子世事,老了老了又让玻璃骗了我一次就够了,我再也不受骗了!"

"这是真的,"我急了,"我没有骗你,你可以去德巴街看布告嘛!"

"你就是不骗我,那酒店也是骗我哩,我一去那不是投案自首了吗?"

"大伯,你听我说……"

老头从怀里掏出一卷软塌塌的钱来,放在了桌上:"你要肯认我是大伯,那我求你能代我把这些钱交给人家。如果还不够的话,你告诉人家,得贵一回来,我会让得贵一定补齐的。我不是有意,真的是看着什么也没有的,谁知道就有玻璃,我不好就不好在撞了玻璃跑了。你能答应我,这事不要再给外人提说,对得贵也不要说,你答应吗?"

"答应。"

老头眼泪花花的,给我又鞠了下躬,扭身离开了饭桌。

我怎么叫他,他不回头。

他走到玻璃墙边,看着玻璃上有个门,就伸手摸了摸,发觉那是对面的门返照在里边的,就又往旁边去,走到真正的出口了,再摸了摸,没有玻璃,走了出去。

　　足足有一个小时，我坐在那里喝完了一壶酒，一口菜却没吃，从饭馆出来往德巴街去。德巴街依旧是明晃晃的玻璃，人们在那里来来往往，如玻璃缸里的鱼。趁无人理会，我揭下了外资酒店玻璃墙上的那张布告：老头已不信任了我，更不信任这布告，布告继续贴着，只能使他活得不安生。顺街往东走，街口照相馆的橱窗下又是一堆玻璃片，残剩了一半的玻璃还连在那里，四分五裂的裂痕后，那些美女照也笑得四分五裂，照相馆的经理在大声骂：谁撞的，谁撞的，眼睛是瞎了吗？！

　　我终于走出了狭窄的德巴街。当天晚上，坐车再次去了南方。

黑 氏

一

　　黑氏的年龄比丈夫大，黑氏把什么都干了，喂猪，揽羊，上青崖头上砍柴火。一到晚上，小男人就缠她。男人是个小猴猴，看了许多书，学着许多新方法来折磨。她又气又恨，一腿子可以把他弹下炕去。"你是我的地！"小男人却说，他愿意怎么犁都可以。夜黑漆漆的，点点星辰，寒冷从窗棂里透进来。小男人压迫着她，口里却叫着别人的名字，黑氏知道那是些村里鲜嫩的女子，泪水潸然满面。等丈夫滚在一边大病一场地睡着去了，她哽咽出声，嗟啜不已。

　　这边厢房一动静，那边厢房就发恨声，公公骂道："长声短叹地发什么贱气，好吃好喝得肚子鼓胀睡不着吗？"公公的脾气越来越暴躁，黑氏就不敢再出声，听得还在骂了句："在娘家吃什么了，穿什么了，跌到福窝里了还不顺心？"噼哩啪啦拨算盘。公公是镇上的信贷员，算盘上的功夫深，双手打得"狮子滚绣球"，这两年日胜一日富起来，家人就给她难看脸色，恶声败气，批点她的面粗，手脚肥胖，丑。黑氏是知足人，深山的娘家穷，茶饭是比以前好。哥哥的脸色黄蜡蜡的，十天半月来镇上赶集，拿些山货到这家，吃一顿饭要走了，总说："我妹子有福！"她心里苦苦的。好哥哥，吃得好了就有福？这话却倒不到人面前去，只是越发伏低伏小。私下里盼着养个儿来，有个贴己，送子娘娘却偏不光顾。如此睁着大的眼睛在黑暗里思想，窗外就没有了星星，淅淅沥沥落起雨来，倒熬煎这雨一下，坡上的红苕蔓子就要沿蔓生根，得去再一次翻锄了。

这当儿,院门很响地被人拍了一下,接着是门环"哐哐哐"三声摇动。那边厢房的公公立即应声:"来了,来了!"跐了鞋出去开门。是一个男人的声音,压声问:"又和谁喝酒?"公公说:"没外人,专等着你呢。"两人就骂了一阵天雨,进屋到那边厢房了,叽叽咕咕,鬼念经般说话。

婆婆已经起来了,拿那杆竹管烟袋敲打她的厢房门框,叫:"黑,起来!你爹和客人要喝酒,你下厨炒几个菜去。你装什么呀,睡得这么深沉!"

家里时常来人,黑氏已经习惯了,她不解的是客人常要半夜里来,有时扛来好多东西,用木箱和麻袋装着,公公不让任何人动,她也就装个猫儿狗儿,不言语。厨房里炒得一盘鸡蛋,一碟变蛋,一碟臭豆腐,一碗熏肉。一箕盘端了进公公房里,瞧见客人是个极风流的人,正将桌上一沓钱推给公公说:"这些是你的,怎么样,只要……"公公用脚在桌下踏了客人的脚,抹下头上的帽子,随便一放,钱票盖住了。黑氏乖觉,全装混沌,怯怯地看着客人说:"黑漆半夜的,没好菜的。"客人便大胆地看她,看得生怪,黑氏慌得用手抚扣子,害怕扣子扣错了,惹人耻笑。

公公便说:"睡去吧。你还待在这里干啥?"

黑氏放赦一般回来,坐在炕上了,小男人已经转醒,悄声问:"谁来了,是马乡长吗?"黑氏说:"马乡长鼻子大,这个人气派呢。"小男人说:"这是东村姓王的,他跑运输发了大财了,有了钱讨了个县城女子,嫩面得能弹出水!"黑氏默然无语。小男人又说:"他发了财了,敢不到咱家来,爹又落一笔钱了!"黑氏说:"人家跑运输,爹落的什么多钱?"男人说:"爹入股呀!"黑氏一直对这家人疑惑,就再问:"爹哪有钱入股?"小男人黑暗里眼里放光,说:"你以为你嫁给我平凡吗,我爹虽不是什么领导,我爹却是和什么打交道的?你丑人倒有丑福!"黑氏说:"我不稀罕那么多钱,当初嫁你,你也是没钱的光棍!"小男人说:"我知道你害怕我家发财哩,怕你越来越不配我哩!"黑氏咬了嘴唇,听那边厢房公公劝客人酒,喝得已经晕头,有盘子翻跌桌下,发着破裂的声响。小男人说:"怎的不说话?"黑氏说:"我不是为我想,我是为你想的,钱来路不明,多了会瞎人的。"小男人说:"哟,你那么清高,结婚时你娘怎地要我出个棺材钱?隔壁的钱来路明,你跟他过活去?!"

黑氏拉过被子连身子带头裹严睡倒了。

眼睛闭着,心却睡不着,一股黑血在肚里翻腾。恨娘家人穷,不能门当户对,又恨小男人家有了钱,口大气粗……直挨到鸡叫三遍,窸窸窣窣又起来,得给猪熬食了。雨还在落着,院子里水汪汪一片白亮。忽见得隔壁那家院子上空红光一片,甚是吃惊,爬上院墙头的梯子看时,隔壁人家台阶上生着一堆篝火,一个人蹲在旁边,将一条新制的扁担一头支在门槛下,一头伸过火上,双手趁趁地往下压。八尺余长的桑木扁担就两头翘,翘得一张弓。黑氏便叫:"木犊,起得早?难得落了雨,也不蒙头睡个懒觉?"

木犊回过头来,倒是吓了一跳,火光映在脸上,红膛膛的像酱了猪血,瞧见是黑氏,笑,嗤嗤啦啦响。

黑氏又说:"一条扁担,还么么伺候?"

木犊说:"不收拾软和,它砍肩哩!"

黑氏说:"反正它是压人的,你也要去南山担龙须草吗?"

木犊说:"南院秃子,三天一来回,赚得三块多钱的,我比他有力气。"

黑氏说:"人家都出去跑大生意,千儿八百地挣哩……"

木犊说:"咱没车,就是有车,没怎个本事的。"

黑氏在墙头上长长叹了一口气。黑氏可怜这木犊,家底缺乏,人又笨拙,和一个老爹过活,三十二三了,还娶不下个女人做针线,裤子破了,白线黑线揪疙瘩瘩。本要说句"你哪有秃子灵活,担龙须草走山路,瓷脚笨手地可要小心",话到口边又咽了,待要走下梯子,木犊却叫:"黑,给你个热的!"手就在火堆里刨,刨出个黑乎乎的东西,两手那么倒着,大声吸溜,跑过墙根处了,踮脚尖往上递。黑氏看着是颗拳头大的洋芋。

黑氏说:"我不吃,还没洗脸哩!"下了一节梯子。下去了,又上来,见木犊又换了一只手,还在努力往上递,黑黑的肚皮露在外

边。她伸手接住了，烫得如炭火，掰开，黎明里白花花两半，蹿一股热气，她咬了一口。

木犊问："面不面？"满足地想笑，又嗤啦一下。

黑氏已经走下梯子，头上让雨淋湿了，滴滴答答顺着头发往下流水。

二

到了冬天，木犊担折了两条扁担，肩头上隆了很大的肉包，指甲掐也不觉生痛。家里却并没见有大变样，顾住了油盐酱醋，和爹新做了一身棉衣，光景不宽展也不太寒酸。十一月初六，出了个大红日头，父子俩新做了一条更长的扁担，在火上烤了，用瓷片刮磨，一遍又一遍上了豆油，能照出蓬头和垢脸。中午时分，于院中设了香案，将那扁担两头挂红横放案上，木犊跪倒在尘埃里磕头作揖，敬扁担神。木犊感念扁担使他家有了零用碎钱，他不再去担龙须草了，趁天寒地冷，去更深远的山里担木炭。祀奠之后，老爹将一口袋干粮缚在扁担头上，别六双草鞋在木犊的后腰带，送儿子出门。木犊反身退至院门口，转正身，齐足立于门内，叩齿三十六通，以右手大拇指在地上先划四纵，后划五横，毕，咒曰："四纵五横吾今出行禹王卫道蚩尤避兵盗贼不得起虎狼不侵行远归乡故挡吾者死背吾者亡急急如九天玄女律令。"咒毕，再不反顾，大步而去。老爹望儿走远，捡一土块压在四纵五横上，倚在门上，热泪肆涌，遂听得隔壁院子里噼噼啪啪一阵鞭炮轰响。

黑氏一家是要搬迁了。

腊月里，信贷员又入了一股到镇上一家蘑菇厂，天晓得这厂子那么大的本钱，买了许多菌种，盖了许多作坊，培育成功，收入成倍成倍往上翻，他家就得了流水一般的钱路，便也就卖了旧屋，在镇上盖了一院房，一砖到顶，堂皇得似了爷庙。这家暴发，村人皆目瞪口呆，黑氏也惊魂落魄。好多人来帮忙搬家，黑氏把从娘家带来的一块石枕也放到拉车上，小男人将它撂了。

黑氏说："这是我的枕头。"

小男人说："到镇上住呀,你还学那野人?"

黑氏说："我从小枕惯了,不枕,脑壳烧得疼哩!"

小男人骂道："贱命!"还是把石枕撂了。

黑氏怔怔地立了一会,旁边的人都看她,她没有顶撞丈夫,也不哭,后来抱了石枕,油污污的,过来给了木犊爹。

她说："伯,我们要走了,这块石枕给你留下,它是天星落下来的,我爷枕了一辈子,我爹枕,出嫁时娘陪给我。它好生凉,枕上从不害眼哩。"

从此黑氏住在镇上,她更忙累了,要做了家里老少吃的喝的,鸡、猪、狗、猫要她经管,地里的活也全是她,且公婆讲究起体面,日日强调屋里院外一星灰尘不要,一根麦秸不留,她睡得比以前更少了。小男人老嫌她多吃,要求不能再胖,人一瘦脸更黑,又骂她是黑豆皮。年终家里买给她一双鞋,人造革的,说是皮货,逢集便要她穿,黑氏脚肥,塞进去疼得难受,从集上回来,鞋脱到一边去就嘀着眼泪哭。她知道小男人不是疼她,是嫌她丑,但娘生她丑样,也不是一双皮鞋能改变的!小男人就打她,用刀子吓唬她。打她打得太过分了,她一下子发了凶,反身一抱,小男人就脚手并作地端在怀里,丢粪筐一样丢在炕上。她说："我是让你试试我的力气哩!"

这消息被外人得知,全都耻笑,黑氏在地里干活了,有人就问："黑,又教训你男人了吗?"黑氏缄口不答。那人就又问："黑,你怎地不穿皮鞋了?你们家那么富,你怎不向你公公要一个手表戴戴!"

这话说得多了,黑氏也嘀咕,怎的这家这般有钱,村里镇上做生意的人家多,也不见钱这么来得容易?夜里小男人回来,她问根底,小男人说："这话我也听得多了。人都在发嫉恨哩!外边再有人问你,你就说:政策允许哩,怎么着?!"

黑氏越发奇怪的,夜里总有客来,和公公在卧房里说话,她一进去,那话就住了。白日里,却总是请乡上的干部来吃酒,乡长一次吃醉了,指着公公鼻子说:"你他娘的,活得倒比我乡长强,管一

个信用社,什么都有了!我可告诉你呀,有人联名写信说你在贷款上有手脚!"公公顿时脸面煞白,忙扶乡长睡在他的炕上,供喝茶喝醋,结果吐得满炕皆是。不久,突然镇上有了风声,说是公公提出赞助办学,要拿出三万元扩建镇上小学。黑氏着实惊骇,公公能拿出这么多钱!这些钱平日放在哪里,家底拢共有多少?又不久,县上就来了人,召集了镇村大会,公公站在会台上,披红戴花,满面红光,从此,一面红底黄字的大锦旗就挂在了中堂,院门敞开,过路人老远便瞧见一片红堂堂。再不久,学校崭然一新,公公做了名誉校长,小男人破例做了教师,教授体育,日日率领学生打篮球,快活得如做了神仙。

黑氏不明白公公那么吝啬的人竟又那么大方,黑氏现在是明白了。小男人夜里折磨她,说她现在不是农民的婆娘了,是公家干部的夫人。黑氏不知道干部的好处,她受的是更粗野的罪,不许点灯,他叫她是镇上最俏的一个女子的名字,要求叫一声,还让她应一声。她气愤不过:"她是她,我是我,你有本事寻她去。"

此话不幸言中,丈夫果然夜里不回来了。一日不回,两日不回,黑氏到学校去,丈夫的房里有一个女人。女人是镇上最俏的,小男人说,我们在谈学习哩。黑氏心下想:或许真是学习,那咱就无趣了。临走说:"你几夜不回了,这房子潮,晚上得买些炭烘烘。"

小男人一月两月不来缠她,她轻省了许多,夜里能睡囫囵觉,后来却感到了空落。小男人不是省油的灯,身子一日不济一日消瘦,她心上又犯了疑,去学校看时,人家又在学习哩,她没证没据的,闷闷地又转回来。

学校里有一个校工,是很远的西川人,给教师白日做一顿饭,夜里教师全回家了(这学校教师都是民办教师),他看守门户。黑暗里拿凳子坐在门口,一边明灭抽烟,一边放最大音量听一台收音机。黑氏到学校去,与这校工认识了,知道他叫来顺,眉心有一颗痣,人长得又老实又乖觉,却穷得可怜,脚上老是一双黄胶鞋,走动咕咕响,像是灌了水。

黑氏一来,来顺就叫,同时将屁股下的小矮凳让出来,让她听收音机里的女人唱。

黑氏说:"来顺,你那么会过日子,挣国家的钱,脚上老穿那黄胶鞋,你不嫌烧吗!"

来顺就把脚收了,老实得如一只猫,说:"我何不想穿得体面,月挣二十八块钱,我爷八十了,老得糊糊涂涂,我娘又是病身子,三个妹妹都在上学……我能像你男人那么有福?"

黑氏说:"你还有个爷?"下边话没有说出,意思是:上头三个老人,光三副棺材就够半辈还不清账了!就又问:"来顺,你女人身体还好?"

来顺说:"我哪儿有女人?前年订了一个,人家又退了,跟了个万元户的跛子儿子,我一气才到这里干了校工。"

黑氏为他叹了一口气。

三天后,黑氏从箱底取出一双布鞋来,拿给来顺穿。来顺以为是趣话,夸了一通针脚好,却是不敢收。黑氏说:"来顺你好争气!嫌这料面不是灯芯绒吗?这可是新的,做给我那一口子,他穿了一天又去穿皮鞋了。你试试,合脚不?"来顺端盆子洗了脚,脚又长又厚,穿进去好夹。黑氏笑了一回,说用剪子铰开一点鞋口,将就穿几日是几日吧。来顺口里应着,却并未去铰,干完活了,就穿了新鞋,扭秧歌似的走。

小男人知道黑氏给了来顺鞋,并不恼,说:"来顺薄命,三十多了还是个童身子!"黑氏说:"没婆娘了想婆娘,有婆娘了一月两月不回来!"小男人说:"你给他送鞋,你也给他个稀罕东西去!"黑氏说:"放你娘的屁!"塞给他个冷枕头。小男人却认真说:"我说的是真话,咱谁也不管谁。"黑氏问:"你这啥意思,让我给你放缰绳吗?我问你,你在学校玩着打球,和那些女的有多少习要学?"两人捣起嘴来,小男人就动了手,他力气不行,手脚却利索,一拳打在黑氏肚上,自个翻身却往学校睡去了。公公婆婆又一顿臭骂,气得黑氏一夜未合眼,天明起来眼圈都乌黑。她有心去学校闹一场,一到校门口,心却软了:小男人这不好那不好,毕竟现在是教师了,闹开来也太丢人。来顺见是她,热情招呼,问她眼圈怎地黑了,她

泪水婆娑,拉来顺到没人处,说:"来顺,你是实诚人,你不要哄我了,我那口子在这里可本分?"来顺吓了一跳,半天没有作声。黑氏问得紧了,说:"这我不知道啊,这事要捉双,我怎能七说八道?他这等人物,光头整脸的,他还能作孽胡来?"黑氏想了想,也不再问:"你黑白在学校,你替我留神他。这事天知地知你知我知,不要对外人提起,人倒笑我没能耐。"来顺点头,看着她走了,发了许多感慨。

一日,吃罢晚饭,黑氏到河里去担水,河沿上蹲着来顺洗衣服。来顺似乎要对她说什么,欲言又止,黑氏狐疑,说:"你有事在瞒我?"来顺越发尴尬,口里含糊不知所云。黑氏就说:"常言道,人只可皮相,不能骨相。你也是这般角色!"来顺就放沉了脑袋,说了小男人如何如何长久同镇上一女人私通,那女的又翻了脸,新近又与乡长的小女子撮在一处,今日夜里,那女子又去学校了,也不避他,先是房里亮着灯,后来灯也灭了,如此云云。黑氏听罢,身子闪了几闪有些不稳。来顺说:"这话我万不该对你说,可不说良心上又过不去……你不要生气,他反正是你的人,那女的她爹就是乡长,她也不能明打明……"黑氏没说一句话,挑了水回去了。

黑氏挑水到村口,一丢担子把水倒了。坐下来呜呜地哭,她料到小男人会走这一步,但真真正正知道这事了,却感到如此突然,受不了打击!当下只身跑到学校去,来顺还没有回来,校内一片漆黑,她却有些害怕了。这事是天下丑事,冷不丁破门进去,那女的也是没结婚的货,再色胆包天,也是有脸面的,弄不好上吊投河,那也是出性命的祸事!黑氏想,罢了,罢了,只要戳散他俩,男的怯胆,女的羞愧,囫囵自己一对夫妻罢。就立在院子里喊小男人的名字,小男人应了声,说他睡了,有事明日说。她说:"爹让我给你说件要紧事,你快起来,我先到茅房去一下!"她是让那女子趁机出门逃去,就故意放重脚步,真的到后院厕所去。

返回来,小男人的房子亮了灯。她进去,被子并没有叠,丈夫坐在床上吸烟,屋里燃着一炷香,香香的。小男人说:"什么事,等不到天明?"口气冷淡。黑氏说:"这地方我来不得吗?你多时不回去，这夫不夫妻不妻的……"小男人便说："就说这些？说完了回去吧！"黑氏站起来要走，却听见柜子后有些微响动，低头看时，柜下有着一双脚，小小巧巧的。她无声地哼笑一下，又稳稳地坐下，直勾勾看起丈夫说："我今日就不走了，我要你给我倒一杯水来。"小男人已经发觉她的用意了，脸上有了慌张，倒一杯水放在她面前。黑氏再说："再倒一杯水。"又一杯倒上了。她平平静静地说："来吧，喝口水吧，喝口热水不会伤了身子的。"柜子后旋闪出一个女子，粉红内衣，鬓发蓬松，一脸狐妖。黑氏看了，心下也惊叹，这骚货也真艳乍！那女子脸并不红，在床沿坐了，仰眼盯房上顶棚，全无羞愧之色，黑氏倒大惊，有这等厚脸的！气血顿时上脸，平静了半晌，还是说："我不打你们，也不骂你们，我是求你们，别使这个家活活拆散，事情闹大了，与我不好，与谁也不会好。去吧，喝了这水去吧。"那女子穿好衣服走出去了，从门口又转回来，带走了桌上的香脂盒。黑氏忽地嘴唇抖动，脸无血色，从凳子上跌下来，不省人事。

之后，小男人并不收敛，依旧同那女子如漆如胶，做出龌龌龊龊脏之事。黑氏倒后悔那夜自己的宽容，和小男人打闹过几次。小男人仗着爹的财力，乡长的权力，倒越发一意肆行，苦得黑氏常找着来顺哭诉，来顺也陪她掉两颗三颗热烫眼泪。

一日，逢集，天寒地冻，黑氏瑟瑟地在市场买炭。偏巧遇着木犊，木犊身脸乌黑，形如饿鬼，见黑氏却惊道："黑，你病了，瘦得这样？"黑氏想起墙头送洋芋之事，肠肚皆软，不觉歔欷不已。木犊是善心人，当下也吸溜鼻子问道："是不是你那口子欺辱你？村里人都在说……"如此这般问了情况，黑氏就哭得泪人一样，木犊劝了半日方止。

下半晌，木犊寻着来顺，将来顺骂了个狗血淋头，说是不该把事情告诉黑氏！来顺好委屈，说不告诉黑氏，他良心上不得下去。木犊说："那起什么作用，信贷员的儿子是那路坏子，狗忘不了吃屎，你让黑知道了，只能让她人不人鬼不鬼！如今瘦成那个样子，你就良心安妥了？"噎得来顺无言以对。两个男人苦了半天，不知如

何解救黑氏,木犊就骂信贷员父子钱瞎了眼也瞎了心,偏偏乡长说他们是好的,这信贷员暗中又给乡长使了多少黑钱!到底来顺脑子快,说:"锅底里抽柴火,咱收拾那女子去!那女子没了脸面再到学校,黑的男人就或许会安生!"当夜两人蒙了脸面,来顺放哨,木犊伏在路边,见那女子往学校去,木犊虎扑上去,擂拳便揪,末了五指在那嫩脸上抓出血道,骂:"你既不要脸,就抓了你这皮!"

乡长的女子被打,只有小男人和这女子明白为何被打,对人却无法说出,只告爹有人夜半拦路行奸。乡长责令乡派出所破案,这女子提供罪犯说话声像木犊,把木犊抓去,木犊供言不讳,却说了原委。派出所没有呈报县公安局,但也未放了他,以乡长旨意罚他十五天拘留。

三

但是,小男人却极快与黑氏离了婚;重结二婚,小男人娶的是乡长的女子。

黑氏离开了暴发户,并不远走高飞,她变得刚强起来,拒不要原夫家的一椽一瓦,回到村里,借居在早先生产队一间牛棚里。娘家的哥闻风赶来,叫一声:"妹子!"泪水涟涟。黑氏说:"你哭啥哩,你妹子做了什么丢人事体?!"哥不哭了。又埋怨妹子逢着好光景不过,落到这步田地,要领她回到娘家去。黑氏说:"我偏不走,我看着这家人能唱什么好戏!"

白日里精心伺候分得的一亩田地,样样都行,不比任何男人差半分。夜里自个烧锅做饭,用一把扫帚磨扫了路边枯草末末,将炕煨得烫热,躺下去,这边身子烙了翻那边,舒服而省心。她先前以为女人离了男人,就是没了树的藤,是断了线的筝,但如今看来,女人也是人,活得更旺实!来顺时常到她家里来,帮她劈一抱柴,挑一担水,陪着说说话,她也逢饭了让吃饭,没饭了泡杯茶,天一黄昏,就说:"你走吧,寡妇门前是非多哩!"

来顺不在乎这些,来顺照常来,说起信贷员那一家,又入了一家草袋厂的股，盈了许多大钱，两人就叹一阵世事。末了她突然问："那两个男女过得好吗？"来顺说："有钱使得鬼推磨！那女的肚皮子大了，年内怕要坐月子。"黑氏就痴眼看河对岸的山，她无意于天上的云，远村的烟，来顺不知道她想什么，她也说不清。末了，一个很轻的很淡的笑留在嘴边，打发来顺去了。

村子里却有了议论，说来顺要打这女人的主意。议论先是黑氏不晓，到后碎言断语捕捉了些，心里也扑扑腾腾跳动。早晨对着镜子梳头，镜子里有一张脸，脸黑是黑，却比先前光润得多。她惊奇自己并不老，甚至也并不丑恶，自言自语道："我难道就剩下了不成？"双耳下也染上两点红晕，心里有一种说不出的意味。

当来顺再来，黑氏就留神他的眉里眼里，来顺果然说出许多话来，让她听了耳朵发烧。但每当这个时候，黑氏就想起一个人，木犊，顽强地在眼前晃。木犊为了她，被抓去受了十五天拘留，那驼子老爹日日送饭，竟一次绊了石头，罐子破了，稀饭泼了一地，老老的人坐在地上哭，她心里就惨惨地像刀子割！放出木犊那天，她见着木犊了，他胡子很长，脸色寡白，见了她却说："黑，没想我倒害了你，让你受寡了……"可她住到这牛棚里，木犊却再不闪面，他是还觉得对不住她，不来见面，还是天热了，不担炭了又去深山担了龙须草？黑氏这般一走神，来顺作乖，就嗟叹数声，说："那没良心的东西弃了你，也算他心坏了，眼也瞎了！他说你丑，丑在哪里？这般整齐的人物，你也不愁没个新窝的。"黑氏也便把脸弄成柔和样子，微笑一下，让来顺不必多说。来顺即刻回去，想入非非。自此衣衫破旧，却洗浆干净，脸子白白的，也有心和小男人在学校里说些闲话，笑过几回。

黑氏稍稍充足的精神又消乏了，最害怕的秋雨到来，她坐在炕头上，看门前水滩里明灭雨泡。再往远处，是田埂，是河流，是重重叠叠的山。黑氏文化浅，不懂得作诗之类，但却全然有诗的意味，一种沉重的愁绪袭在心上，压迫着。她记起了在娘家做女儿的秋雨天，记起在小男人家的秋雨天，今日凄凄惨惨可怜的样子，心中悲哀怫郁无处可泄，只在昏昏蒙蒙的暮色下，把头埋在两个手掌上，

消磨了又消磨，听雨点喊喊嘈嘈急落过后，繁音减缓，屋檐水隔三减四地滴答，痴痴想起做寡以后事情，记出许多媒人和包括来顺在内的许多男人，觉得都不过一个当时无聊而一过去即难作合的幻梦罢了。

她突然操心河边的那一块地，地是她新拾的，种有萝卜，夜里涨水能否被冲掉呢？雨已经衰竭，风势依然，黑氏察看萝卜无恙，河水并不怎么变化，水闪着镏光活活流着，像是很汹。忽然在极远的地方闪一下火亮，倏儿又灭了，定睛看去，河的对岸有了微微一点红，如狐的眼睛，忽儿不见了，忽儿又出现在下方，同时有了水波声，不久一切消失，响一种咯吱细音到了这边滩上。

黑氏以为是鬼，气全屏住，窥觑黑影走近，见是一个担龙须草的人蹚河过来，那结实的块头，拙笨的步姿，黑氏认出来，叫一声："木犊！"

木犊骇绝，骤然如跌在地上，嘴上掉下一个烟蒂，划一道暗红不见了。等分辨面前是黑氏，黑暗里将裤子穿着好，就笑了，嗤拉声比以往重了许多。

黑氏说："这风雨天，你还过河？水涨会卷你到老河口去！"

木犊说："草收齐了，不连夜回来，那我就困在山里饿死。你一个人不在家，敢到这里来？"

黑氏说："我来看萝卜，担心被水冲了。"

木犊说："你要没菜吃了，到我家去，今年我萝卜好哩，又白又长的，够你吃的！"

黑氏说："我吃你做啥的？！"

这话使木犊若沉深渊，明白面对着一个女人，一个年纪轻轻的寡妇，热情仿佛骤然下沉，半天冒不出水面，略显粗鲁地问："黑，你还没个男人？这年头，没有男人怎么过日子，要找了，你就看准准的，嫁一个疼你的！"

黑氏顿时觉起鼻子不通，见塞作热，身子只是惫懒，靠在一棵河柳上。

木犊说完，亦无别说，见女人不言传，慌得忐忑不安。两人皆陷入缄默,各把思想放在这看到的河水、柳树,以及对面而立的人物以外的一个地方去了。直待到远方一声野狗的嗥吠,方清醒过来,黑氏说:"回吧。"木犊方觉起肩上的担子的沉重,两人一路无话。

十天后,有媒人找黑氏,说有男人出三百元聘礼娶她,问是哪个,说是来顺,黑氏心里作念:果然是他,他是敢有这份主张的!慌了手脚。媒人说:"人穷是穷,皮相齐整,况且老家不在这里,成亲后他带你离开这里,眼不见那一家人,心里不生气!"黑氏却说:"我不在乎穷,我就是穷家女子。我拿定主意是不走的,我要争口气,比试着那一家人!"媒人倒着了恼,说道:"你也是不掂轻重!那一家人成了乡长的亲家,有钱有势,你能奈何人家?"黑氏说:"我不奈何,政策奈何哩!"媒人说:"你好瓜,落到这地步!政策是什么,政策是烤洋芋:人熟了,洋芋是软的;人生了,洋芋是硬的。"黑氏说:"像你说的,真没世事了?"媒人又说:"依你说是不悦意来顺?你和来顺眉里眼里都有情意,正经提了,却不愿意?"黑氏说:"这是谁说的,我和来顺有什么瓜葛?"两人言不投合,媒人走了,几天里再不闪面,黑氏倒窝了一肚子气。

忽一晚,又一媒人来家,提的是木犊,她倒噗地笑了,说:"光棍子都来寻上门了!"媒人说,这全是木犊老爹缠她不放,问及木犊,木犊只说黑氏好,但却不敢配黑氏,夜里本是操着木犊一块来的,走到半路,抱住一棵树再拉不下来了。黑氏听着,又忍不住轻轻笑,笑着笑着,眼里噙一颗大的泪珠。黑氏一落泪,泣不成声,趴在炕上难受去了,媒人以为黑氏动心,说句:"木犊家境你知道,人穷却心正,你也是吃过钱多的亏。模样吗,虽除了忠厚没别的出色处,但人样光堂了,心里野,吃了五谷想六味……听说来顺出的是三百财礼,木犊这三百五放在柜上了。"媒人走了,黑氏抓了三百五十元追出来,没追上,回来痴痴坐了半夜。

种罢小麦,黑氏结婚了。木犊把头和下巴剃得铁青,腰里系了一节红绸子,戴了一顶新帽子,在院子里招呼众亲众邻喝酒。他不会喝酒,却陪着来客喝了几盅,头重脚轻,言语放浪。硬逼着来客多吃多喝,不相信别人肚饱,瓮着声说:"再吃呀,三碗能饱吗?我

一顿饭都加两碗哩!"

　　黑氏坐在炕上,按规矩只能呆坐,听院子里吃声繁响,继之是笑语呐喊,全系逗木犊。她从窗格往出看,看到那堵墙头,想起以前是院墙那边人,两个人隔墙头递洋芋吃,想不来人是什么动物,一生要闹出什么折腾?目光斜视来客,偏偏没见来顺,忽然心头又重新加上什么颇重的东西,气也屏住,呼吸不匀。木犊进来,说声"头痛",倒在炕就醉了。驼背老爹后进来,连唤几声,木犊不醒,说道:"这木犊,你要招呼客哩,客还没走,你倒醉了?!"去取了枕头让儿子枕,黑氏看时,枕是石枕,是她当年送的。

　　入夜,木犊醒来,见是黑氏穿了一身新衣,坐在灯下,那衣服把黑氏几年前的青春寻回来,心里万般涌动。叫声:"黑!"却无下语,嗤啦一笑,又嗤啦一笑,欲近来又怯胆,搓手不已,可笑如顽童忸怩。黑氏知道他是童子身,人丑家穷又欠言辞,从没有安排女人的经验,可笑了顿生可怜,她梳理了光生生的头发,心想:今日嫁他,就是他的人……黑氏是过来的,偏也作几分羞色,眼角眉底漾一种风情。木犊噗地便吹灭了灯,像饿虎一样扑来。

　　天明醒来,气象一派更新,黑氏看压在身上的一对胳膊,强健如铁棒,筋络凸起,黄毛丛生。最后落眼到卧房门的桑木扁担上,漆锃锃发亮,就想这根扁担养活了两张口,今添一口,这蛮牛一样的丈夫将会日复一日,年复一年在她的身上,更是在这扁担上耗去精力和生命,鼻子不觉发酸起来。他终于醒了,给她讲好多新的感觉和体验,讲他如何要疼她爱她,他可以一拳打死一条狗,拳头却绝不落到她身上,讲他只守这一个女人,一生就心满意足,绝不采路旁的野花。他,木犊,似乎还说到他当光棍时的苦楚,在包谷地里看见一对狗……黑氏就说:"木犊,你昨日怎地不请了来顺来喝酒?"

　　木犊说:"请了,他说来的,却没来。"

　　黑氏说:"他也是个好人,你在他面前不要气盛,几时了,好好待他喝场酒。"

　　木犊说:"嗯。"

第三天，木犊卖龙须草回来，才路过村前打麦场上，麦秸堆后走出来顺。来顺突然间瘦了许多，眼睛混浊无光，说："木犊，你好快活！有了婆娘，活成人物了！"木犊就拱手，埋怨那天为何不来？来顺说："那日没去，今日给喝喜酒吗？"木犊说："好的，才卖了龙须草，口袋有钱，你等着，我买酒去！"即刻返镇上提了一瓶酒风卷而至，要到家炒了菜喝，来顺说不必，就在这儿干喝。两人到麦秸堆后握瓶子你一口我一口喝将不止。

木犊是不善喝人，陪了几来回。眼里就出双影，来顺还是自喝又劝喝，自个一口酒一声祝贺，就呜呜哭起来，说："木犊，你是我的朋友，你可以穿我的衣，不可占我的妻！"木犊吓了一跳，说他并不敢作这六畜不如勾当。来顺又说："黑，是你婆娘，也是我婆娘，这女人我比你提亲得早，我掏三百元，你掏三百五，你把她娶了！我没钱，我就是缺钱！"木犊知道来顺有心思，喝了酒说酒话，他也是听黑氏说过来顺让人提过亲，拿了三百元的事，当下说："来顺，你这冤枉我，也冤枉了黑，她不嫁你，不是你掏的钱比我少，她也没要我的钱！"来顺愣了半晌，打着酒嗝问："这是真的？"木犊指天发咒。来顺就举着瓶子说："我冤枉她了，我没有再去，我迟了一步。咱喝，我喝，你喝！"木犊这时倒觉得很过意不去，有些对不住了来顺，就强撑着再喝，不久天旋地转，身软如泥。当时有一孩子在旁边看到，急去报告驼子爹，老爹赶来时，木犊已醉得不省人事，来顺还在给他灌酒。当下夺了酒瓶，摔个粉碎，骂道："来顺，你好没德行，你要不下女人，恨我儿子！你知道木犊人瞎，心里没道数，你是要用酒殃死他吗？"来顺也醉了八成，忙道没那歹心。驼子老爹气上来扇他一个耳光，背木犊回家去，骂不绝口。

四

无端风波，来顺落得一片骂名，多久也不敢到黑氏家来。

黑氏倒时时悬念于他，认为来顺不至于那么心坏，说知给木犊，木犊却讷讷说不清个是非。驼子老爹却猫头鹰一般，老远一见来顺

名家作品精选

就骂,在家里也当着儿子和儿媳骂,骂毕了就说一通"咱家穷,家穷风正,哪个野猫也不能欺负了这门户"之话,木犊醒不开老爹的话,黑氏听得出,那意思全说给她,是:木犊配你是配不上,既然你做了他的婆娘,你就得把篱笆儿扎好,不敢有个三心二意!黑氏脸粗心不粗,她受过小男人吃里扒外的亏,将心比心,她是清白怎么做婆娘的。

但黑氏黎明醒来的时候,总听到镇子学校的铃声,铃声悠悠,钻进这屋里,钻入她耳中,她就想起那个白脸脸敲铃人,想不来此人夜里怎么睡得稳,敲完铃了,又独独一人坐在校房门门口在想什么,干什么?

木犊偏在这铃声敲响之后,便醒过来,已经成了习惯。他又要到地里去,光了脊梁刨地,那汗冲着尘土在背上弯曲流下,如爬一背蚯蚓。或者,他再往深山去担龙须草,担木炭,浑身黑得像烧出的瓷壶,大白着眼仁,在锯齿一样的过风梁上行而行。极度的奔波,深沉的疲倦,木犊的支持能力已经到了极限,他似乎是忘却了炕上还有一个酥软软的女人,他睡去如死去一般。但是,家境并不为之起色。多了一个黑氏,衣服有人缝了,父子的肉露不到外边,茶饭有了滋味,可穷家深坑,那钱入不敷出,比较左邻右舍,没个出人头地可能。一家三人愁得不知如何为好。

黑氏说:"木犊,你一根扁担溜山,人把力出尽了,挣不来钱,信贷员那家钱却那么好赚,咱也得想想别的法子。"

木犊说:"你是不是又想那一家了?"

黑氏说:"我想那家作甚,那么不廉耻?我想别人能做赚钱的生意,咱就不行了?咱不说能像那家一样暴发,也不至于这么老穷下去。"

到底做些什么,木犊老虎吃天无处下爪,黑氏也两眼乌黑。木犊有一天到镇子上去,路过信贷员入股的草袋厂,齐刷刷一院子的绞绳机,织袋机,各色男女在手忙脚乱操作,阵势甚是气派。一时企羡,强烈的欲望恍恍惚惚摇动其心,似乎有些招架不住。便走进去,这儿看看,那儿动动,顿时攫住一个夸大的念头,见信贷员从大门进来，便说："阿叔，这厂子还要人不要人？"信贷员有一副眼镜，半戴半挂在鼻梁上，用镜子上边的半圆眼睛看人，说："当然要人！"木犊说："那收下我吧，我也织草袋呀！"信贷员当着做工的人，倒笑笑，说："墙边有个石础子，你提起来看能砸几下？"木犊脱了衫子，一口气运进肚，肚皮黑黑地凸一张鼓，提了石础子一下，两下，连砸了四十八下，已热得满头大汗了，做工的人全都匿笑不已。木犊说："我肚子饥了，吃四碗饭，能砸六十下！"信贷员说："好了，你就是干这一行的，你去镇上看谁家垒墙打根基，你去吧！"木犊方知人家戏谑了他，气得满脸黑红。

回家来对黑氏说了，黑氏浑身哆嗦，骂道："谁叫你去找他？咱就是饿死，也不去他门上要饭！"木犊说："他不让我在厂里做工，我也不做了，明日我再去找他，我去信用社贷款，咱有了本到镇上去做买卖。"黑氏说："甭寻他！他能给你贷款？贷款的人谁不暗里送他东西！咱有东西送他不如撂到河里听个响！"两个人说来议去，到后来相对无言。

翌日，木犊灰沓沓出门，中午返回，却鼻里眼里透笑。黑氏问时，木犊说，他在镇上遇见王家老七了，老七也是本分人，无脚蟹，没钱少本事做生意，就到山外铜官煤矿上去下窑。下窑是和鬼打交道，到阎王殿去做客，但他却安安全全，三个月挣得一千三百元，回来买椽置瓦要盖新房呀。黑氏没去过铜官，不知晓下窑是什么情景，出蛮力挣大钱，心里也颇高兴。两口筹备着出外的衣物、盘缠，驼子老爹回来得知了，头摇得如拨浪鼓，说："旧社会我去过那儿，那钱是拿命换哩。听说好女子都不嫁那边人，嫁了要尿三年黑水，且差不多要做寡妇！"说寡妇，儿媳就是寡妇来的，驼子觉得失口。黑氏说："凭力气挣钱，那钱都不好挣，咱把王家老七问问，看看那里情况到底如何？"结果老七叫来，问个仔细，老七说："苦是苦，也不像你爹说得可怕，钱确实挣得多，就看你命小命大？"木犊说："我命好，三十三四了还能娶个婆娘，命还不好？"立意要去。黑氏和老爹也不强拦。

出门那天，这家人特意请吃了王家老七，叮咛一路承携，木犊

人笨眼瓷，在外全靠他了。老七拍了腔子。老爹便又是设了香案，要木犊拜天拜地拜列宗列祖，再退至门口。反身立于门内，念出门咒语，划四纵五横护身符，泪水婆婆送他上路。

木犊一走，偌大土炕上睡个黑氏。木犊在家打呼噜，她已经习惯在呼噜声中蒙头酣睡，如今没了雷打的轰响，她一夜要醒来数回。从窗子往外看夜空，星稀月朗，银光泻炕，千声万声为丈夫祈祷，却每每在黎明之中，听得到学校的铃声，婉转凄凉，像是一首悲悲的歌。

地里的活全部留给黑氏了，她锄地，她挑粪，她收获，别人的秋已经种下了，她的地还没有刨完。月光底下，驼子老爹帮她，年迈人累得咯血，睡倒了。她只好又在家给老人请中医，在火炉上煎熬草药。

再到地里去，两天前刨的一半的地，却剩下了一小半。黑氏生疑：馍不吃有人会吃，地不刨也会有人来刨？这人是谁，如此亲善？夜里是二十九，乌云吞了月亮，黑氏再去刨地，地畔上有一个黑影，忽大忽小。她惊着过去，刨地人竟是来顺！

她没有叫他，立在他的身后，呼吸觉得不匀。来顺为这些微的特异的声息注了意，回过头来了，也没有说话，但眼睛放光，黑暗里看得清有奇异之色。

黑氏说："谁叫你替我刨地？"口气倒有些愤怒。

来顺说："我不能到家里去，我还不能到地里来？"

黑氏不知道再说些什么话，默了半天，拿了镢头刨地。来顺也刨地。两人离得很近，也不说话，各自的慌恐和茫然中两人又觉距离得很远很远。

这夜里，天黑得涂炭，田野空无人影，连一只游狗也没有，土拨鼠有，它悄悄扒土，不理人的事情。一直刨到鸡叫了，地刨完，虽不是处女地，但静夜里的新土在潮气和露水里散发出一股浓烈的清馨。黑氏和来顺坐在地头上，激动使他们并不感到疲劳，慌恐却更是在消失了繁重劳作之后陷于凝固的沉默中。黑氏压抑不住了，同时感到了一种不该的情绪，说："来顺，多谢你了，你快回去睡吧。"

此话说得十分无劲，充满了柔情，夜色也有些冲淡了。来顺说："我不要你谢我，我睡也睡不着。"

黑氏说："那……到我家去，给你做了饭吃。"

来顺说："你敢?!"

黑氏确实不敢。驼子老爹虽然病着，他的耳不聋眼不瞎，况且丈夫木犊不在家，三更半夜领一个壮实男人回去，别人不说，自己也害怕。她埋下了头，再一次说："来顺，你再不要帮我家了。"

来顺却发疯地站起来说："我就要帮，我不能看着你苦得这样!"黑暗里，来顺走近了，浓重的烟味和酸臭的男人汗味堵住了黑氏的鼻孔，她感觉到了一双抖颤的烫热的又是粗糙的手来抓她的手，她忽然触电般地跳开，随即挥打一下手，打在空里，夺原路跑走了。

第二天的中午，乡邮员送来了一封信，是远在千里的地下另一个属于黑暗的木犊来的。木犊的字认得并不比黑氏多，信是写在一张烟盒皮上的，寥寥数字，唯有一句："天要冷了，夜里睡不好觉，把我的毛○○捎来。"

黑氏念了三遍，看不懂画○○是何意思？又是"夜里睡不好觉"的事，就想到不点灯的事情上，虽然恨木犊只忘不了那事，但毕竟在想着她，她想起了那一丑陋但还可爱的嘴脸来。就嗔怒骂一声："这瞎人哟!"驼子老爹手捏着随信寄回的五十元，神情亢奋，专注看儿媳读信的表情。此时疑惑，问信上内容，黑氏又念了一遍，正羞正慌，驼子说："噢，这是让捎他那件羊毛夹袄袄哩。这木犊，一定是不会写袄袄二字，就画了圆圈代替了。"说得黑氏登时面上无光。

于无人之处，黑氏倒为自己的猜想荒唐而窃笑，丈夫终是文墨不多的下苦人，写一封信，难如下一次窑，必是万不得已的事才写上，哪里会是有情趣有闲致写那逗情取骚的文字？黑氏吁一口长气，倒操心起那憨人远门在外，举目无亲，吃什么，睡什么地方，怎样在那地穴里不用眼睛又浑身得长眼睛地爬行拉煤？她庆幸昨天晚上没有被来顺拉住手，她对得住为她去挣钱的丈夫!

一想到来顺，黑氏就竭力以排外的警惕来完满自己对丈夫的忠诚，但是这种完满，于远在千里的木犊是最宜的，于这个正在疯狂如狼虎的少妇年纪而空守一面大炕的人是极不平衡的，她多少感觉到了一种内疚，对来顺不起，"他说到底是好人"，她暗中给自己说，或许，当初重嫁时，她极可能就是嫁给来顺。人生的婚姻实在无法估量，一个女人要不将身心交付这个男人，要不是那个男人，交付给这个了，他在家一尽享用，而那个在这个不在家之时却也无法占有，这也就是人生的命运吗？

当黑氏再一次在田野的地埂上采打蔓花菜，远远地看见来顺了，就主动打招呼。女人一高兴，来顺也就高兴了。他们站在暖洋洋的初冬的太阳下，说了许多话，来顺也让她注意到了田地那边一河活活的流水，注意到河对岸山崖下腾浮的一道蓝如火焰的雾霭，以及阳光云雾所致使远山呈现的虚幻的抛物线。黑氏三十多年里生在山里长在山里，山里的奇景妙色第一次领悟，她感到美如做梦。

她日益丰润，早先那一身黑瓷滚圆的肌肉，现在变得细腻绵软，口角边添上了细细皱纹，却愈发使嘴唇圆满如一颗沙果。木犊每月捎回的五十元钱，除了替老爹添置了一顶毡帽，她给自己也缝制了一件蓝底小白花的套衫。这衫子得体而大方。把头发光光地梳理贴在头上，提一篮萝卜到河里去洗，她显出几分风韵。有一次从小路上匆匆跑过，正背着出山的日头万道霞光，一个人在路头看了，大声叫了一下"美！"羞得她蹲下不动。那人是来顺，还在夸说她跑过来时，霞光在她的人体轮廓上幻出一层像绒毛一样的红晕，"是菩萨身上的灵光！"

使黑氏最沉重的负担，是驼子老爹的病情，老不见好，身子一日不济一日。家里粗茶淡饭尚有，吃荤啖肉却不敢奢侈。她就赤了脚到水渠淤泥里去打捞螺蛳，山地人称海巴牛的，回来热水烫了，剜出一点肉在铜勺中炒了奉爹。一日晌午，吃罢午饭，驼子老爹在炕上歇身，黑氏爬在院墙头上卸架杆上的红苕枝蔓下来捶猪糠，来顺在门前轻轻叫她。

来顺神色神秘，用嘴努努上屋，小声问："老爹在？"

黑氏说:"睡了。"

来顺就跳进门限,站在一架纵横交错覆盖院子一角的葡萄架下,说:"睡了好,要不他看我是老虎豹子一样可怕!"

黑氏说:"你有事?"

来顺并不作答,脸诡诡笑,葡萄蔓筛下的光点落其全身,顽皮可笑如一童子,从怀里往外掏一个霜杀得朱红的蓖麻大叶包。

来顺说:"灶上今日改善伙食,每个人四块,我见你下水里捞海巴牛儿,知你胃里寡,我吃了一块。"

蓖麻叶里包着三块肥嘟嘟的酱赤赤的熟猪肉。

黑氏呼地有一股热东西冲在心口,双手接过来时,却说:"瞧你,孩子一样,我哪里嘴馋!你吃吧,我不吃的。"

来顺说:"怎么能不吃?"

黑氏说:"我这么胖的,越吃越胖了,你吃了吧,别让外人看见,倒碜眼!"

来顺说:"那我吃一块,你吃两块!"

黑氏吃了一块,满口油香,另一块却用蓖麻叶包了说要留给老爹,话未落点,驼子从门里走出来,两眼凶光,破口大骂:"我哪里少了这一块肉,木犊屋里的,你不怕那肉里有毒药?你把它吐了!"趔趔趄趄横过来,夺过肉摔在地上,用脚踩得一片油渍,那枯瘦的指头就戳在了来顺的鼻子上,吼:"来顺,你这不正经的东西,你送她什么肉?!她穷死饿死与你有何干系,亏你这份好心!木犊没在,你竟能欺负到我家门上,他是个能行角色,你到乡长的女儿那里要骚去!"骂得来顺眼睁不开,灰溜溜夺门逃走。他自己还余怒未消,返回屋去时,却软坐在门槛上,虚汗直冒,一口白沫。

黑氏立即便将院门关了,免得四邻知道,扶老爹上炕,做了许多解释,就到自己屋里痴痴呆坐。她怪这驼子太是多心,没事的事惹出事来,倒让她重新审视这来顺,愈觉让他委屈。女人之所以称为女人,自多了一分比男人所没有的柔水一般的同情心,她满足于男人对她的爱悦,一个动作,几句言语,就可以换得万般感念。而男人,若野蛮无赖式地一味施侵略政策,这感念就随之消灭,但乖

觉的男人则来一种小技，装作受屈受辱，那女人的柔水就海一样深，四处溢流。来顺正是如此，在第二天黑氏主动去了放学后的学校房门，安慰一下来顺，来顺一脸苦相，黑氏就多待了一会，在盆子里搓起泡好的衣服。

这夜里月光冰洁，蛐蛐鸣叫不是十分寒冷，亦不多少潮闷，正是心性勃发之良机。来顺见黑氏真心待他，愁情忧绪很快从心上退却，说了许多话，许多话说在一条既出线又未出线的边缘地带，常常是双关语，后来见黑氏双手搓衣，鬓角发动，飘飘飞飞，多几分娇媚，便自己把握不住自己，那一双饥渴的爪子就钳住了黑氏的腰。黑氏惊慌挣扎，但全无效，先是叫"来顺！来顺！你疯了!?"后来就一语不发，处于昏蒙状态，完全被放倒在了那张小床上。同情心是女人的优点，缺点却往往根源于这同情之心，今晚上黑氏吃了亏。

她清白过来，房子的灯，芯小如豆，忽而暗下来，要灭又不灭，焰浅蓝像雾，微漾不静。她记起刚才身子被放倒后，这个强有力的人却并没木犊那种粗暴，耐心抚爱，一派文明，明白他是处理女人的老手，或是初试，则无师自通，这是比木犊高明之处。但后来，脑子又一片空白，翻起床，也不看来顺，无言返回家去。

来顺也不明了她所思所想，寻不出一句安妥的话对她说，默默望她去了。她听见学校里突然有了收音机声，且音量颇大。

五

到了四月，木犊回来了，木犊原本面黑，粗而大的毛孔里嵌了煤屑，水洗不净，黑得如鬼如魔。羊毛袄袄已被磨成布絮，永远存之地下的另一世界，但那一件布做的裹兜里，有一特大的口袋，缝得严严密密，内部是二千一百二十元。千里外坐火车，搭汽车，睡旅店，三天四夜未能脱衣，二千一百二十元的钱票在家取出时，汗水已经将其浸湿发软，臭不可闻。村人视木犊为英雄，数月光景，旋即获得这么多钱！木犊大讲铜官，犹如异国归来。钱使信贷员的儿子堕落，钱也使木犊喜欢得差点死去。只是夜里，他才如实说起地下那另一世界的黑暗和可怕，说一个班一天一夜，他带三十二个饼子下去，于坑道里狼虎一样地吃嚼。说从井下出来，井口站满了下井者的家属。一直愣愣瞧着亲人出现，他没有人等他，于阳光下刺激双眼寸步难行，蹲在那里半天适应，完全是一个黑蜘蛛，瞎眼狗熊。说他学会了敬神，买了护身桃木符，在一次塌方里，眼瞧着一个同班被石头砸死，血从头上喷水一样射流。黑氏听得毛骨悚然，捂了嘴，不让再说，扑上去把丈夫搂在怀里，用泪水萧萧的脸温存那发散汗臭的胸膛，手臂，头上的五官各部。决然不愿提及和来顺的事。

木犊在镇集上遇见了信贷员，信贷员问："木犊发财了？"木犊说："比起你，小拇指头和腰了！"信贷员哈哈大笑，说："我当初没收你做工，没贷你钱，也是激你去发愤，你还真的发财了！二千多元，你怎么处理呀，能不能存储到信用社，让生儿子生孙子取利息呢？"

木犊说知黑氏，黑氏坚持这二千元不必存，更不能乱花，有本钱了就干一项营生。结果选中开店，因为木犊除了下苦力外，别无所长，而镇子东街头有一间小门面，月租四十元，是合算的。自此，一家小小饭店开张，日里黄昏，店前的一株大柳，万千枝条迎风微漾，深绿浅绿之中就飘闪一面招旗。镇上不繁华，人皆没有白日在街面买吃习惯，而以镇为枢纽，南来北往东西复返的生意人，做工人，赶路人，却全在饭店用膳。吃客便是上帝，笑脸赔着在柳下的石凳上歇了，沏一壶茶过去，两口就烧水擀面，黑氏在案头上抖动着两颗硕大丰腴的垂奶，将面擀得薄纸一张，待木犊烧水未开之时，附身在窗台上，与吃客搭讪会话。吃客经见多，见了女人兴趣正好，也乐意说些老鼠成精，人妖结婚之类奇闻，惹得黑氏呀一通乐一通，表情丰富。女人的极有奇特趣味的印象就刻在吃客心上，到处扬说，这饭店生意倒日日兴隆，入夜，镇上人有喝烧酒之风，店里便顿时热闹。酒可以使山地的男人变成另一个种族，放肆地说粗言秽语，拉木犊入座，木犊不喝，就嚷黑氏陪酒，竟三个五个男人的胳膊按住她的手，要她陪喝不可，木犊就也劝黑氏喝，嗤嗤啦啦只是呆笑。

酗酒者就不免骂一通木犊有艳福，守住这么一个中看的又能干的婆娘，木犊也自高自大，夸口几句自己做男人的气魄。如此，日复一日，月复一月，远近人皆知这家饭店，说饭店就说到店老板娘，少不得有些浮浪子弟，对着黑氏不三不四。

一日，店里过了饭辰，木犊去家照看驼子老爹，黑氏刷了案板正坐着歇息，小男人一透一透在店门往里看，见黑氏抬了头，忙一脸正经，便显出大有漫不经心之神气，用指甲刀嚯嚯地刮五个指头尖的骨片。黑氏说："你来干啥，要吃饭这会不卖了！"小男人说："别那么翻脸不认人，我也是你的男人哩！日子过得不错嘛！"黑氏说："要不了饭的！"低头将刷过的案板又刷一次，以为小男人已经走了，一抬头，他还在，一条腿跨在门限上，软软地闪，专心看手里的一件东西，说："这是什么呀？"黑氏没料到他竟未走，听了这话，不觉顺口说句："什么东西？"小男人就走进来，手一展，一只蓝色的电子表，其显示面上有两个黑点不停变幻。小男人说："要不要，给你吧？"黑氏"呸"地吐一口，将他掀出店口，门也随之关个严实。

但是，信贷员却有时到店来预备饭菜，招待来找他的客人。来了，黑氏当认他不得，平静着脸算账，一分不少，一文不赊。木犊去涎了脸让座让茶，饭菜吃罢，便又拿自己的烟末匣子放在桌上，让人家来吸，信贷员问起行情，又无巨细说明，反复强调生意比不得信贷员的工厂收入。其恭敬卑怯，为黑氏所不齿，当面暗示，背后数说。木犊说："人家毕竟是这地面的大人物！"黑氏平生第一口将唾沫喷在他的面上。

钱来路活泛，极有盈余，不幸的是驼子老爹却病情沉重卧炕半月之后，汤水不进，阳寿殆尽，伸腿升天去了。夫妇俩关店十天，痛哭一场，葬老人入土。驼子一生贫苦，性情刚硬，却死得清白，使这店家又少了一份后顾之忧，却苦了黑氏和木犊夜夜一人看守饭店，一人看守老屋。日久，木犊就将不点灯之事淡冷，后来一月两月竟似乎要忘却了。

来顺依旧在学校烧水做饭，敲铃打杂，每每看得小男人与乡长之女好时两件东西贴拢一起，唧啾有声，就如眼中钻沙痒痛不堪，恶时又桌翻椅倒，于窗口将枕头抛出，将茶壶和裤衩抛出，就又想起与黑氏交情。按捺不住一份心绪萦绕在另一个人身上。驼子老爹死后，他从心底里呼出一口长气，却买了纸去到驼子的灵前，点化了，哭了一场，木犊见他哭得伤心，大受感动，双手去扶，黑氏却说："让他哭吧，哭一哭也好！"话中意思，只有她知道，来顺知道。

此后，木犊消除了对来顺的反感，来顺没事常踱到店来，热乎招待，逢吃也让吃，逢喝也让喝，这来顺是聪慧之极，眼中有水，手脚勤快，也帮这家刷碗收筷，门口应酬，介绍饭菜，招揽吃客倒确实比木犊强出十倍八倍。

但黑氏最明白来顺的心，见他殷勤，总是不安，好言好语要他一边歇去。愈是这样，木犊愈觉来顺人好，来顺愈要加劲为黑氏殷勤。黑氏私下对木犊说："店是咱的店，要人家帮什么忙，他要再来，什么也不让他做！"木犊说："他愿帮忙就帮忙，一片好心，硬要阻拦，倒显生分，冷他一个热肠！"黑氏只好不语。

一个晚上，月色朦胧，黑氏从饭店赶老屋来睡，正坐院里捶腿揉腰。院门敞着，门外的几棵老槐树下，新生了许多幼株，黑黝黝在风里摇曳。倏忽听得有细响，蛇样爬行的沙沙声音，好疑，槐树丛子里有一点烟火，暗红如萤，便惊起，询问："谁在那儿？"那人走近来，却是来顺。

黑氏说："你鬼鬼祟祟，以为是贼呢！"

来顺说："你夜里有屋，木犊还睡在店里？"

黑氏说："我们也分了班的！夜里他要剁肉馅的。你是到哪儿去的，路过这里？"

来顺在月下说："从学校来的。专到这里来的！"

黑氏腔子里的一颗心别地一跳，便说："你坐吧。今夜月亮蛮好，你近日没回老家去吗？算黄算割是不是有叫了？"

女人的慌口慌心，来顺全觉察到，他要想办法稳住她的情绪，说道："昨天夜里叫过两声，再过四天，就是小满。人过小满说大话，今年麦子成色要比往年好。我们山里麦才扬花，和川道差二十

多天，到时候我来做你们家的麦客。"

黑氏轻轻笑了一下，说："你也是，恁事也帮我们……"

来顺就说："黑，我这几天尽是做梦，我也思想，我是不该到你家来，可梦里老做到你，醒来心就慌慌的……"

黑氏果然平静下来，问道："做什么梦？"

来顺说："有时梦你穿一身新衣，到镇上去，好多人给你吹奏唢呐，你唱起戏来，样子像十七、十八的一样。有时梦你坐在店前柳树下哭。梦到好的，心里就叽咕，说，梦是反做的，会不会有什么不好的兆征？梦到坏的，又担怕应了实际，就要来看看，你说好笑不好笑？"

黑氏就真的笑了，说："来顺你嘴甜，说得中听哩！"

来顺正色道："这可是真的，有半句假，让鬼摄了魂去！"

女人就看着来顺，瞧那一张白光光瘦脸，被瞧的也不回避，反以更加的勇敢用眼睛回敬，看出她的情味溢在眉里眼里，不觉神思荡漾，如升云头。

后来，这女人就偏过头去，看天上的月亮，看院墙根边的一株柳上栖息的一对鸟。鸟是夫妇，以爪平衡身子于细枝上，一只已经睡熟，一只蒙胧复蒙胧。想到人生如鸟类，白日比翼齐飞，夜来依偎而睡，这原本是活在世上的内容。可眼前的来顺，孤身独影，夜夜为别人的婆娘做梦，着实是活人的可怜！不觉气伤神黯，又轻轻叹息一声。

黑氏说："来顺，你要闷得慌，就来我家坐坐。你也是这般年纪的人，无论如何，你还是找不下一个女人吗？"

此话触到痛处，来顺却没落泪，反倒笑了。

黑氏问："你笑什么呀？"

来顺说："我活该是光棍命！那时节，我本是再多找上你几回，事情就成了，可我没有……木犊命比我好。"

黑氏没有言语。

来顺又说："黑，木犊待你还好？开店是好事，也实在累人，你要保重身子，月月到你们女人家身上有红的日子，你不要见冷水，你却还到河里挑那么满两桶水?!"

黑氏一惊,这些事他哪里知道?是观察她的脸色吗?这些,木犊也是从不知道的,陪自己吃喝睡觉的木犊不知,这一个来顺却看得出!黑氏突然觉得白脸汉子是将她完全装在心上的,就大为感动。

黑氏说:"他人呆,只是肯听我话。"

两人说此说彼,来顺忘了时间,黑氏也忘了时间。离开深山,嫁到这平川道来,她和小男人没有这么说过家常话。嫁给木犊,木犊虽不欺她打她,但木犊别的一点不会,甚至压根想不到,使她时觉寂寞袭心。人毕竟是人,除了被受尊重人格之外,还有接受抚爱的欲望,尤其是女人,说老虎时就是老虎,该小猫小狗就是小猫小狗啊!

说说话话,不知不觉,自自然然,来顺是把黑氏的手握住了,用软和的舌头舔,用牙轻轻地咬。黑氏没有吱出一声,事毕了,她送他出门,星月满空,夜更深沉,村外四面包围着的即将成熟的麦子,在清风中涌动,将月光漾出波般的亮闪,浓重的令人心醉的四月田野地气使黑氏饱饱地吸了几口,涨满了全部胸膛。

店日日开门,连麦收天也未停止,木犊像一头任重耐劳的牛,夜里割麦、碾场、翻地、播种、白日开店卖饭,人累得失了形体,一收拾完当日的工作,就如一条从树梢跌下来的死蛇一样,趴在炕上沉睡不醒。

黑氏夜半醒来,摇不起他,后来就等着学校的铃响。

这一家再不是往日的穷人了,他们也有钱,村人企羡,黑氏碰见信贷员和小男人了,也不远远避开,目光直直地走过去。一次逢集,一家私人经营的衣服铺里,小男人偕着乡长的女儿在问一条丝织围巾的价,大声吵闹,为五角钱论高论低,黑氏走近去,虎虎地问:"多少钱?"回答是:"十三块。"黑氏说:"取一条!"随手从口袋抽出钱来,拎围巾扬长走了,逊得小男人和乡长的女儿脸红不已,难堪不已。这围巾黑氏却没有系,冬天里也不系。木犊说:"那你何苦,买这干啥?"黑氏说:"为了啥,你还不明白?!"木犊见黑氏用钱大方,慢慢也手大起来,外人常捉弄他,动不动和他打赌,赌输

了就罚他买酒买烟,或者到店里来啃几个猪蹄,吃两碗面条。到后,竟耍起钱来,打扑克赢输,一玩起性则通宵达旦,也不光顾黑氏一个人睡在偌大的土炕上。

黑氏很有一些意见了,吃饭时,炒两个小菜放在桌上,桌边安好两个椅子,一心让木犊一块吃,木犊却一只海碗里盛完饭,将菜夹在饭上,端着到门外找人,一边聊一边吃,晚饭过后,黑氏让木犊和她坐坐,木犊说:"店里的事,你安排,需要干啥你给我说!"黑氏说:"你不会说说别的话吗?"木犊说:"还有什么话?没有啥了!睡吧。"一躺下来就呼呼入睡。

这时节,来顺来了,黑氏就不让走,问这问那地说话。一夜,木犊又去耍钱,来顺和黑氏在家聊天,聊到夜深,说起木犊,黑氏长吁短叹,眼噙泪水。来顺劝慰,反倒愈劝慰愈使她伤心,后来伏在来顺腿上,竟低低抽泣不住……鸡叫二遍,门被拍响,木犊推门进来,屋里没点灯,倏忽间似有什么影子从后窗一闪,问道:"黑,窗外像有什么?"黑氏恐极,却说:"有什么鬼?"木犊脱衣上炕,睡下了说:"我这眼睛不行了,还以为有个什么在窗外动!人都说有鬼,虽没见过,晚上还是早早把窗关了。"黑氏说:"你还这么想到我!让鬼来吧,屋里没人,鬼给我做做伴也好。"木犊说:"说有鬼,哪里就有鬼了?睡吧。"就鼾声顿起。

从来不曾预料的事,往往它就发生了,发生得突兀,当事的人和旁观的人皆措手不及。信贷员一夜之间陷入了困境,自从银铛入狱,一去十五年不能生还。

信贷员触犯了法律,三年来,一共贪污挪用公款去入股办私人企业三万三千元,利用贷款,明敲暗诈,从中受到不义之财六千六百元。事情败露,穷追不舍。他便被一辆囚车装着走了。

县调查组到镇上住了十天,第十天早晨,一阵刺激人耳的汽车喇叭声吵醒了饭店里熟睡的黑氏。她隔着窗棂往外看,东方欲晓,囚车停在信贷员家的门口。黑氏心惊肉跳,使劲蹬那头死睡的木犊,小声叫:"快起来,公安局要抓人了!"两人开门出来,镇街上已经站满了人,全在喊喊啾啾。

黑氏过去问:"是抓谁了?"

那人说:"你还不知道吗?恶有恶报,善有善报,信贷员到他受罪的时候了!"

黑氏却终不明白这事她怎么能知道?!信贷员的为所欲为,黑氏在做他的儿媳之时,便疑心他的不法不正,离开这家,她再未过问这家事,她盼望有朝一日他会受到应有惩罚,但当明晃晃的铁铐套在了信贷员的手上,小男人哭死哭活撵着囚车跑,黑氏竟有些心软,口里作念:这一家完了!全完了!

回到饭店,脸色有些发白,木犊问:"黑,调查组来,你提供什么证据了?"

黑氏说:"人家没有找我,就是找我,我能说出个什么证据吗?"

木犊说:"外边有人说是你写信告发的,你和这家是仇人,把信贷员整死了!"

黑氏方明白街上人对她说话的意思,就说道:"这是胡猜测哩。他也是天怒人怨,咱不告他,自有告他的人呢!"

木犊说:"这世事真摸不透,那一阵他是万元户,是名誉校长,披红戴花的,这一阵便成坏人了。"

黑氏说:"你懂得什么,别人哄着吃了你,你也不知道,他投资办学,那是买后路钱哩,可天到底不容恶人!"

木犊问:"这么说,那儿子再当不了教师了?"

黑氏说过"那是可能的",但不再言语。

小男人果然从学校开销了,依旧做他的农民,再不能领着学生在操场上打篮球,于双杠上腾翻飞动。人蔫得霜杀一般,蓬头垢面,人不人鬼不鬼。老子作孽,欠下的赃款儿子得还,小男人将新盖的楼房出卖了一半,还欠八百元,听说愁得夜里在家里呜呜地哭。

来顺将小男人的近况告知黑氏,黑氏对木犊说:"木犊,他家挥霍了公家的钱,那得一分不少还给公家,可他现在没钱,也够愁得可怜……"木犊击掌叫道:"这好,这好,他应该上吊去死!"黑氏说:"我想咱日子好过了,又眼看着他家报应,咱受的气也算出了,如今他毕竟年轻,又有老母,婆娘,日子也是要让他过的,咱拿了

钱，替他填了这笔钱窟窿，你的主见如何？"木犊说："你这是怎么了啦？你这不遭人耻笑吗？"黑氏说："外人笑甚，当初我被离婚，外人耻笑我，今日我救济他家，只能外人耻笑他家！"主意不改，木犊只好依她。

黑氏去找小男人，小男人的娘自愧难容，躲在内屋不敢见面，小男人一人独坐自己房间，四面光墙，衣柜衣箱俱无，见了黑氏掏出钱来，扑倒在地，要给黑氏磕头。黑氏才知道信贷员抓走之后，乡长受到党内严重警告，削去官职，调到另一乡政府去当一名小干事了。那女儿，小男人的婆娘第二天卷了家里物什往娘家去住。

不久，风声迭起，尽说小男人和乡长女儿二婚事：先，新夫新妇，如胶如漆，恨不能白白夜夜两人合了一人，大天白昼地在房里作那种勾当，让学生隔窗也觑见。到后，那婆娘就厌烦起来，时常不到学校过夜，有人看见在县城的旧城墙的洞处与一英俊年少生客搂抱相啃。这事人人皆传，小男人却蒙在鼓里，渐渐发觉婆娘不与他睡，殴打了几回，后虽夫妇同床，却各自为阵。再后，双方协定星期天晚上过一次那动物生活，而那婆娘即总是晚饭之后即吞服三粒安眠片，于昏昏沉沉无知无觉之中随他便。黑氏听说了，好不心伤，一面幸灾乐祸，一面又怨乡长的女儿心底残酷！

小男人总算没有离婚，但婆娘不回转家来也如同离了婚一般。此日，木犊和黑氏正在饭店和面，小男人胆怯怯坐在店前柳下叫："木犊哥！"木犊招呼他进来，沏了茶喝，来顺也来了，三个男人各怀了心思说话，小男人说："木犊哥，我想到山外铜官去下煤窑，那路线是怎么走的？"来顺说："你也要去下窑，那是什么苦，你能耐得？"小男人说："我得要钱呀！"木犊说："去去也好，可得头提在手里，你要是个命大的，挖个三月五月，回来也可办个正事。"黑氏于灯影暗处立定，不到桌边来，想这小男人若早有此心此志，也不会落魄到这般狼狈，由此想到自己一生所遇，不禁流下几滴眼泪。

钱害了小男人，如今小男人又得去找钱，小男人一生都被钱压迫着。

他果然去了铜官，但不出两月，一封电报拍来，一次井内塌方，小男人砸死了。尸体运回来，黑氏去看了，已经没有脑袋，空剩一张脸皮，她哭了一声，昏在地上。醒来从饭店取了一个干葫芦装在脖上，将那脸皮贴出脑袋的模样。

这年秋天，社会越发时兴改革，大城市的工厂、单位见天有人到镇子上来，推销产品，购买山货，镇子扩大了两条街道，往日两边街面的洞里坐着做针线的女人，一边手中忙活，一边说着有盐没醋的闲话，如今都装了板门，安了比门还大的斜窗，于里边摆了货架经营。黑氏的饭店也应时扩建，一间改作三间，直到了门前大柳树下。经营项目已不是面条，可以炒各种肉菜。大师傅是月薪百元聘请的一位县城关老者，木犊还是那一身打扮，不破烂，也不干净，做粗笨重活，而黑氏衣着整洁，光头整脸，专在桌前招客接待。洗碟刷锅的，则是一个并不苗条，屁股硕大的女子，女子没爹没娘，与哥嫂过活，请来帮工，吃喝管用，月薪三十。

黑氏颇爱这肥胖女子，好吃好喝从不避过，天黑收店关门，也拉她同自己睡，说好多关于男人的事，关于做女人的事。这女子人粗心细，早开那一分窦情，也问到入店来怎不见他们夫妇去一块睡觉，黑氏就以话支开。

来顺时常来店，与主人、帮工说笑，三盅热酒下肚，眼却发痴，死死盯住从屋顶破洞之处斜射下来的光柱出神。肥胖女子不解，看那光柱，并无异样，有无数的活小飞物在其中沉浮。黑氏就说了："去刷碗吧！"自己却坐在桌前喝酒，亦复一语不发。

入夜，黑氏要胖女子和她回屋去睡，木犊又睡到店里，老厨师就说："木犊，你怎么不回去陪婆娘，你是信不过我吗？"木犊说："回去睡和这儿不一样吗？"老者说："当然不一样，你让人家没个暖脚的吗？"木犊就嗤啦作笑："一把年纪了，又不是少年夫妻！"老者说："多大年纪？你有我大吗？我像你这般时候，夜夜不想出门的。"木犊就又笑，说："我也是回去的，不也就是那回事吗，一月半月的那么一次就罢了！"老者说："你这男人！也该回去说说贴己话，县城里的夫妇，每晚城外河堤上肩挨肩散步的。"说毕，就叹息一声，说出一句旧不旧新不新的话，"城乡到底有区别的！"

但是，木犊睡在店里了，黑氏却有几次支使肥胖女子半夜到店里去取什么东西。有一次回来很委屈。黑氏装着不理会。

八月十五的晚上，月亮出得特别圆。人都在家里吃团圆月饼，剥花生，栗子，来店用膳的人极少。老厨师下午也回县城关家去了，肥胖女子早早收了店，在门前石桌上摆了水酒茶点，招呼店主人夫妇来享用，却远近不见了黑氏的踪影。木犊说："八成去学校了，来顺今夜一个人孤零零的，她是去叫了。"一等不来，二等还不来，木犊遣肥胖女子去看。回来说学校门锁着，狗大个人儿也不曾见。

而同时在通往深山的五十里外，一个小山村里，村子里发生了一件事。一个孩子于村口锐声叫："快去看呀，好看得很的东西，一条绳子拴了。村长也去了！"正家家吃月饼的男人和女人以为是山外来了耍猴的主儿，要趁这月明风清佳节之夜为村人助兴，还是某某猎户又从山上捉回什么稀罕、珍贵飞禽走兽，一齐跑去观看。在村口的山溪，过了横卧的独木老柳渡桥，一块瓜田的作废的草庵里，一对赤身男女被绳缚，身上被人盖了一张被单。村长正在审问：

——你们是哪里人？

——西川村的。

——为什么到这儿？

——回家去，天黑了，路不好走，在这歇一夜。

——你们是什么关系？

——夫妻。

——有什么证明？带结婚证吗？是不是私奔的一对贱东西？是不是人贩子，骗拐了这女人？

——不是。我还带着被盖卷，我们是往外做工的，要赶着回去团圆，赶不及了……

言之有理，村长便解了绳，喝退看热闹的人，还他们衣服穿。但村人却有认为既是夫妻却野外过夜，又偏是于这么好的月夜在他们村口，有败兴他们之罪，便提了一桶凉水从头至脚哗地倾倒在这男女身上，以示惩罚。那男女各叫了一声，双双顺路急跑，女的跌了一跤，"哎哟"连声，那男子扶起，发急地说："要跑，跑出一身汗了,凉气就渗不到骨头里去!"

女人抬起头来,被架着跑,终不明白这路还有多少远程,路的尽头,等待着她的是苦是甜,是悲是喜?

天　狗

井

　　如果要做旅行家，什么茶饭皆能下咽，什么店铺皆能睡卧，又不怕蛇，不怕狼，有冒险的勇敢，可望沿丹江往东南，走四天，去看一处不规不则的堡子，了解堡子里一些不伦不类的人物，那趣儿绝不会比游览任何名山胜地来得平淡。

　　《旅行指南》上常写：某某地"美丽富饶"。其实这是骗局，虽然动机良善可人。这一路的经验是，该词儿不能连缀在一起：美丽的地方，并不如何富饶，富饶的地方，又不见得怎么美丽，而美丽和富饶皆见之平平的，倒是最普遍的也是最真实可信的。这堡子的情形便是如此。

　　之所以称作堡不称作村，是因早年这一带土匪多，为避祸乱，孤零零雄踞在江边的土疙瘩塬上。人事沧桑，古堡围墙早就废了，堡门洞边的荒草里仅留有一碑，字迹斑驳。暮色里夕阳照着，看得清是"万夫莫开"四字。居家为二百余户，皆秦地祖籍，众宗广族却遗憾没有一个寺庙祠堂。虽然仍有一条街，商业经营乏于传统，故不逢集，一早一晚安安静静，倘有狗吠，则声巨如豹。堡子后是贯通东西的官道，现改作由省城去县城的公路，车辆有时在此停留，有时又不停留，权力完全由司机的一时兴致决定。

　　路北半里为虎山，无虎，石头巉巉。石头又不是能燃烧的煤，所生梢林全砍了作炭作柴，连树根也刨出来劈了，在冬天长夜里的火塘中燃烧。生生死死枯枯荣荣的是一种黄麦营的草，窝藏野兔，飞溅蚂蚱，七月的黄昏孩子们去捕捉，狼常会支着身坐在某一处，样子极尽温柔，以为是狗，"哟，哟，哟"作唤狗的招呼，它就趋步而来；若立即看见那扫帚一般大的拖地长尾，喊一声"是狼！"这野兽一经识破，即撒腿逃去。

丹江依堡子南壁下哗哗地流，说来似乎荒唐，守着江，吃水却很难。挑水要从堡门洞处直下三百七十二个台阶，再走半里地的河滩。故一到落雨季节，家家屋檐下要摆木桶、瓷盆，叮叮当当，沉淀了清的人喝，浊的喂牛。于是这两年兴起打井，至少十丈深，多则三十丈。有井的人家辘轳吱扭扭搅动，没井的人家听着心里就空空地慌。

有井的都是富裕户。富裕的都是手艺人家，或者木匠，或者石匠。本来人和人差异是不大的，所以他们说不上是聪慧，也不能说是蠢笨，一切见之平平的堡子既没有得天独厚的条件发展经济，又没有财源茂盛通达四海的副业可做，身怀薄艺倒是个发家致富之道。打井，成了新兴的手艺人阶层的标志，是利市，是显富，是一项伟大的事业。

打井的李正由此应运，数年光景，竟成了专有的手艺，为别人的富裕劳作而带来了自己的富裕，井把式日渐口大气粗，视自己的手艺如命符。又曾几何，故作高深，弥布神秘，宣布水井三不打：不请阴阳先生察看方位者不打；不是黄道吉日不打；茶饭不好、工钱低贱、小瞧打井把式的不打。俨然是受命于天，降恩泽世的真人一般神圣。

堡子里的人没有不对他热羡的，眼见着他打井如挖金窖，好多父母提了四色重礼，领着孩子拜师为徒，这把式，却断然拒绝。

"这饭不是什么人都可吃的！"

"孩子是笨，可下苦好。"

"这仅仅是下苦的事吗？"

把式说这话，拜师者就噎住了，再要乞求，把式就说一句"我家是有个五兴的"作结。五兴是把式的独子，现在还在上中学，那意思很明白，手艺是不外传的。

把式的女人看不惯把式这样不讲情面。男人可以在外一意孤行，女人则是屋里人，三百六十五天要和街坊邻居打交道，想得就周全，担心这家人缘会倒，每日用软言软语劝丈夫，也不同意五兴废了课业来"子袭父职"。劝说多了，把式就收了天狗作徒，但有言在先：只仅仅做下苦帮手，四六分钱，技术是不授的。

天狗是穷途末路之人，三十六岁，赚不来钱娶妻成家，拜人为师，自然言听计从。此角色白脸，发际高而额角饱满，平日无所事事，无人管束，就养有逮兔、钓鱼、玩蚂蚱的嗜好，天生的不该是农民的长相和德行，偏就做了万事不如人的农民。

六月初六，不翻历书也是个好日子，师徒二人往堡子东头胡家打井。头天晚上，女人就点了一支蜡烛在中堂，蜡烛燃尽，突又绣出一个小小的烛花胎柄，心里兴奋，清早送师徒出门，却又放心不下，叮咛一番，说话间，眼泪就扑簌簌流出来了。

天狗看见师娘落泪，心里就怦然作跳，默念这是一尊菩萨。三十六年来他虽是童男身子，什么事理心上却也知晓，明白这女人的眼泪一半为丈夫洒的，一半却是为他。师娘待他总是认作没有成人的人、一只小狗。他就圆满着师娘的看法，偏也就装出一脸混混沌沌天地不醒的憨相。

果然师娘说："天狗，你是'门坎年'呢……"

没事的，天狗说他腰里系有红裤带，百事无忌。"师傅是福人，跟了他天地神鬼不撞的。"

在胡家，师徒坐在土漆染过的八仙桌边，主人立即捧上茗茶，两人适意品尝，院子里的气氛就庄严起来。一位着黄袍的阴阳师，头戴纸帽，手端罗盘，双脚并着蹦跳，样子十分滑稽。天狗想笑，看师傅却一脸正经，笑声就化作痰咯出来。阴阳师定了方位，便口噙清水，噗地喷上柳叶刀刃，闭目念起"敕水咒"来。咒很长，主人在咒语的声乐里酒奠土地神位，师傅就直着身子过去，阴阳师问："有水没？"师傅答："有了水。"再问一句："什么水？"再答一句："长江水。"哐的一声，师傅的镢头在灰撒的十字线上挖出一坑。天狗寻思，堡子就在江边，什么地方挖不出水？！心里直想笑。

以十字灰线画出直径二尺的圆圈，挖出半人深，这叫起井，不能大，不能小，圆中见手艺，由师傅完成，完成了，师傅跳上来在躺椅上平身，喝茶吸烟，天狗就下去按师傅的尺码掘进。天狗手脚长，收缩得弓弓的，握一柄小镢，活动的余地太小，成百成千次用力使镢，很不得劲，是一项窝囊的劳作。越往深去，人越失去自由，像是一只已吐完丝的蚕，慢慢要将自身裹住气绝作蛹。下深到三丈五丈，世界为之黑暗，点一盏煤油灯在井壁窝里，天狗的眼睛渐渐变成猫的眼睛，瞳孔扩大，发绿的光色，后来就全凭着感觉活着。

　　洞上的院子里，许多四邻的人来看打井。把式交识的人广，就十分忙，忙着喝茶吃烟；忙着讲地里的粮食收得够吃，要感激风调雨顺，感激现今政府的现今政策；忙着论说水井的好处，哪个木匠的井是十五丈，哪个石匠的井是二十丈，滚珠轱辘，钢丝井绳；忙着和妇女说趣话，逗一位小妇人怀里的婴儿，夸道婴儿脸白目亮，博取小妇人的欢悦。总之，有天狗这个出苦力的徒弟，师傅的工作除去起井和收井的技术活外，井台上他是有极过剩的时间和热情来放纵得意的。

　　天狗在井洞里作死囚的生活，耳朵失去了用处，嘴巴失去了用处；为了不使自己变得麻木，脑子里便作各种虫鸟鸣叫的幻觉来享受。虫鸟给他唱着生命的歌，欢乐的歌，天狗才不感到寂寞和孤独。企望着师傅在井口唤他，上边的却并不体谅下边的，只是在井口忙着得意的营生。师傅待天狗不苟言笑，用得苦，天狗少不得骂师傅一句"魔王"。停下来歇歇，看头顶上是一个亮的圆片，太阳强烈的时分，光在激射，乍长乍短，有一柱直垂下来，细得像一根井绳，天狗看见许多细微的东西在那"绳"里活泼泼地飞。他真想抓着这"绳"也飞上去。天狗突然逮到了一种声音，就从地穴里叫道：

　　"五兴，五兴！"

　　五兴是从县城中学回来的。学校里要举办游泳比赛。这小子浮水好，却没有游泳裤衩，赶回来向爹讨要。打井的把式却将他骂了一顿，说耍水还穿什么裤子，真是会想着法子花钱！"念不进书就回来打井挣钱！"五兴在娘面前可以逞能，单单怕爹。当下不作声，蹲

在一边嘤嘤地哭。

天狗的声沉沉地从井洞里出来，把式就吼了一声："尿水子再流?!"自个下井去换徒弟，又嚷道井筒子不直。

天狗从井洞里出来，像一具四脚兽，一个丑八怪，一个从地狱里提审出的黑鬼。五兴一见他的样子，眼泪挂在腮上就笑了。

"五兴，你做什么哭，你是男子汉哩！"

"我爹不给我买裤衩，要我停学回来打井。"

"你爹是说气话呢。"

"爹说啥就是啥，他说过几次了。你给我爹说说，天狗哥。"

"叫我什么？我是你叔哩！"

五兴很别扭地叫了一声"天狗叔"。

大娃头满足地笑了。一抬头看见矮墙头的葫芦架上，跳上来一只绿翼蝈蝈，鼓动着触器嘶嘶地叫。一时旧瘾复发，蹑脚讨去猛地捉了，给五兴玩去。把式的儿子也是顽皮伙里的领袖，抓逗蚂蚱、蝈蝈之类的班头，当下破涕为笑，回家向娘告老子的状去了。

师傅又爬出井，天狗又换下去。后来井口上就安了辘轳吊土。土是潮潮的，有着酸臭的汗味。天黑时分拉上一筐来，里面不是土，是天狗坐在筐里。一出来就闭了眼睛，大口吸着空气，赤赤的前胸陷进一个大坑，肋条历历可数。

一口井打过三天，师傅照样多在井上，而徒弟多在井下。师傅照样是忙，多了一层骂老婆和骂儿子的话。骂到难听处，胡家的媳妇说："让儿子念书到底是正事，韩玄子家两个儿子都写一笔好字，在县上干国家事哩。"把式说："念书也和这打井一样，好事是好事，可不是什么人都能干的，即使书念成了，有了国家事干，那二个月的工资倒没一个井钱多哩。"胡家媳妇说："那是长远事呀！"把式再说："有了手艺，还不是一辈子吃喝?!"说完就嘿嘿地笑，奚落那媳妇看不清当今社会的形势和堡子的实际。

胡家媳妇以和为贵，也不去论曲直是非，收拾好了井台，打出一桶清亮亮的水喝了半瓢，把一百二十元的工钱交给了李正，回转身看天狗，天狗却早走了。天狗听说五兴还没到学校去，就惦记着家里那几笼红脊背的蝈蝈,要拿给五兴显夸。

天狗的家门朝西,晚霞正照射在墙檐上。编织得玲珑精巧的六个蝈蝈笼——四个是竹篾的,两个是麦秆的——一起在黄昏的烦嚣里嘶鸣。天狗喜欢这类小生命,也精于饲养,没学打井之前,他干完地里活就在家闲得无事,口也寡淡,耳也寡淡,这蝈蝈之声就启示着他自得其乐的独身生活观念。如今打井归来,舒展展地在炕上伸一个硬挺,听一曲自然界的生命之音,便深感到很受活。这实在有诗的味道,可惜天狗文化太浅,并不知道诗为世间何物。

不用找,五兴倒寻上门了。这小子学习上不长进,玩起来倒会折腾,看见六个笼里的蝈蝈唱六部散曲,心热眼馋,忘记了自己的烦恼,竟将所有的蝈蝈集中到一个竹笼里,欣赏动物界的联合演出,果然就热闹非凡,声响比先前大了几倍。

"天狗叔,"徒弟的徒弟说,"这么多蝈蝈,你能说清哪一只是母的吗?"

天狗说:"能的。"

"是哪一只?"

"你去取个镜子放在那里,跳上镜面的就是母的,其余的就是公的。"

五兴乐得直叫。这时节,就听得堡子的南头有人喊"五兴",五兴才想起要执行的任务,说:"天狗叔,我娘是让我来叫你吃饭的。"天狗说:"你个耍嘴的猴精,你娘哪里是在喊我?"五兴就急了,发咒说:"谁哄你叫上不成学!"天狗就换了衣服跟着去了。

到了师傅的门口,那女人果然一见儿子就骂:"牛吃草让羊去撑,羊也就不回来了?!"

天狗说:"五兴就迷我那蝈蝈。"

女人拿指头点天狗的圆额角,说:"你什么时候才活大呀,三十六的人了,跟娃娃伙玩那个!"

天狗在这女人面前,体会最深的是"骂是爱"三个字,自拜师在这家门下,关系一熟,就放肆,但这种放肆全在心上,表现出来却是温顺得如只猫儿,用手一扑索就四蹄儿卧倒。也似乎甘愿做她

的孩子，有几分撒娇和腼腆，其实他比这菩萨仅仅小三岁。当下心里说："你怎么不给我物色一个呢，有了女人我就长大了。"

饭桌上，师傅吃得狼吞虎咽。这把式是硬汉子，在妻子、徒弟面前自尊自大，一边剥脱了上衣很响地嚼着菜，一边将桌上的两沓钱，一沓推给天狗，一沓推给女人，说："给，把这收下！"口气漫不经心，眉眼里却充满了了不起的神气。女人就把钱捏在手里。五兴给娘说："娘，这么多钱，给我买个游泳裤吧。"做老子的就瞪了眼："算了算了，指望你还能成龙变凤，你瞧瞧，天狗跟我三天，四十八元钱也就到手了。"女人叹了一口气，给儿子拨了一些菜，打发到院里去吃。

天狗觉得没了意思，饭也吃着不香，虚汗湿了满脸。女人让天狗把衫子脱了，天狗不肯，女人就说："这么热的天，是焐蛆呀？"硬要他脱下不可。

做丈夫的生了气，说："你这人才怪！不脱就不热嗨，哪儿有你这样的人！"说罢也不看天狗。

女人尴尬，天狗更尴尬，三个人默默吃了一阵。女人直担心天狗要放下碗，就把菜往天狗的碗里拨，天狗忙起身说吃好了，和师傅说话。

"师傅，堡子南头来顺家的井几时去打呀？"

"人家没口信。"

"我夜里去问问。"

"罢了，他找上门再说。你回去，到时我来叫你。"

天狗起身走了，女人送到院门口，说："早早歇着。"天狗说："嗯。"女人又说："没事了，就过来坐。"天狗还是"嗯。"走出很远回头一看，女人还站在门口。

天狗回到家里，夜里没有睡稳。无论如何，他是很感激这一家人的。师傅给了他赚钱的出路，师傅的女人又给了他体贴。对于一个健全的男人，天狗不免常会想着世上女人的好处，但一切皆飘渺，是怎么个好，好到如何程度，他缺少活生生的感受。到了现在，天狗急切切需要一个女人在他身边了，虽然他已经过了生理最容易冲动的饥饿年龄。

人一旦被精神所驱使，就忘却饥饿，忘却寒暑，忘却疲劳和瞌睡。这时的天狗就达到了这种境界。他的心、脑、血液和四肢都不肯安静，就从屋里走出来，提了他的蝈蝈笼子，走到街上，要做一种是悠闲也是无聊的夜游。

街上站着许多人，清一色的妇女。妇女是这个堡子最辛劳的人，往往在服侍了男人和孩子睡眠之后，她们还要纺织浆洗，收拾柴火，或者去江边挑水。但现在好多人家有了水井用不着再去挑水。这些妇女手里又没有什么活计，却都拿了擀面杖往堡下的江边去。天狗猛地明醒了什么，拉住一个妇女问道："要月蚀了吗？"

回答是肯定的："可不，天狗要吞了月亮！"

"天狗吞月"，这在当今城镇里的人眼里，只不过是平淡无奇的天文现象，这堡子里的人也多少知晓。但是，传统的民间活动，已经超越了事件本身的范畴而成为一种象征的仪式。这一现象并未失去神秘的色彩，从上古的时候起，堡子里的人都认为天狗吞掉了月亮，出门在外的人就会遭到不吉。于是妇女们就要在月亮快被吞掉之时，以擀面杖去江水里搅动，唱一种歌子，一直到月亮的复出。如今堡子的男人已不再为躲债而背井离乡，也不再逃匪乱远走高飞，但手艺人皆纷纷出去挣钱，家里的女人照例很注重这一天晚上的活动。

天狗看见了几乎所有手艺人的女人。

"师娘也在这人群中间吗？"天狗想着，看着妇女们走下堡子门洞，三百七十二个台阶上人影幢幢，天狗分辨不出。

门洞上的墙垣废了，荒草里有一块长条青石，天狗在上面坐下。三十六年前，堡子里一个男人出外逃丁，九月十二日夜正逢着今夜一样的月蚀，堡子里的活寡女人都去江边祈祷，那逃丁去了的妻子才到江边，肚子就剧疼，在沙滩上生下一个婴儿。这婴儿，就是现在的天狗。爹娘死后，差不多已经有了好多次月蚀出现，天狗每每看着女人的举动，只觉得好笑。今夜里，手艺人的女人们又去江边祈祷，保佑丈夫吉祥，已经做了打井徒弟的天狗，陡然间一种伤感

袭上心头。

他死眼儿看着月亮。

月亮还是满满圆圆。月亮是天上的玉盘,是夜的眼,是一张丰盈多情的女人的脸。天狗突然想起了他心中的那个菩萨。

江边倏忽唱起了一种歌声。歌声是低沉的,不易听清每一句的词儿,却音律美妙。天狗觉得这歌声是从天上降下来的,从水皮子上走过来的,心中好笑的念头消失去,充满了神圣的庄严的庙堂气氛。月亮开始慢慢地蚀亏,然后天地间光亮暗淡,以致完全坠入黑暗的深渊,惟有古老的乞月的歌声,和着江水缓缓地流。

天狗默默地坐在石条上,闭住了呼吸,笼子里的蝈蝈也停止了清音。

一个人,站在了门洞下的石阶上,因为月亮的消失,她看不清走到江边的路;天狗也认不清迷失了路途的人的面目。这人在轻轻地唱着:

> 天上的月儿一面锣哟,
> 锣里坐了个女嫦娥,
> 有你看得清世上路哟,
> 没你掉进了老鸦窝,
> 天狗瞎家伙哟。

声调是那么柔润,从天狗的心上电一般酥酥通过。当她第二遍唱到"没你掉进了老鸦窝",夜空里果然再不黑得浓重,明明亮亮的月亮又露出了一角,那人就轻轻地笑了一下。

"师娘!"天狗看清了这女人,颤颤地叫了一声。女人似乎吃了一惊,抬头看见了天狗,说:"天狗,你怎么在这儿?"

"我来看你乞月的。"天狗也学会了说巧话,说过倒慌了,补一句,"师娘,你唱得中听哩!"女人骂道:"天狗,你别说傻话!"

天狗看见这女人有些愠怒,而且还要再往江边去,就说:"师娘,月亮已经出来了,你还去吗?"女人迟钝地站住了。

江边的歌声渐渐大起来，台阶上的女人又和着那歌声反复唱，天狗一时便觉得女人很美。今夜心里太受活，见了师娘越发不能自控，竟使起小小的聪明，认为这些女人万不该到江边水里去乞月看月出，手艺人家里都打了新井的，井水里看月复出，那不是更有意思吗？也就接口唱道：

　　天上的月儿一面锣哟，
　　锣里坐了个女嫦娥，
　　天狗不是瞎家伙哟，
　　井里他把月藏着，
　　井有多深你问我哟。

台阶上的那个就不唱了，说："天狗，天狗，你要烂舌头的！"石条上的说："师娘，我也需要一个月亮呢。"下边的那个就走上来，站在石条边："天狗，你可不敢胡唱，这是什么时候？你没有月亮我知道，我就是来给你师傅求的，也是给你求的。"天狗说："师娘说的可是真话？"女人说："说假话，让天狗把我也吞了！"说天上的天狗却与地上的天狗名字同了，女人觉得失口，不自在地说："我都急糊涂了！"

天狗却被冲动得完全忘却了在这女人面前的腼腆，又唱道：

　　天上的月儿一面锣哟，
　　锣里坐了个女嫦娥，
　　天狗心昏才吞月哟，
　　心照明了好受活，
　　天狗他没罪过哟。

"天狗，你是疯了？"
"师娘说天狗疯了，天狗就疯了！"
女人立时正经起来，不理天狗，天狗就软了，恢复了驯服腼腆

的样子。女人见天狗老实了，就把一些重要事托付给他。

"天狗，你师傅近日有些异样了。"

"怎么个异样？为甚事吗？"

"他心重得很。先前没钱，钱支配着他，现在有钱了，钱还是支配着他。夜里回家常唠叨，挣上九十九，还要想法儿借一个，凑个整数，就嚷道不让五兴念书……你是他徒弟，你也好好劝说劝说你师傅。"

"五兴的游泳裤还没买吗？他已经几天没去学校了？"

"没有。五兴刚才睡时还在哭，你师傅又骂了他一顿。"

"我给师傅说说。"

"你快回去歇着吧，打了几天井，也不乏？月亮已经圆了，我要走了。"

女人说罢，悄没声地走了，她汇在了江边乞月归来的妇人群里，不可辨认了。街道上一阵人声嘈乱后，堡子里又沉沉静静。天狗并没有听从师娘的话，他不回去，守着那天上的月亮，慢慢地在长条石上睡着了。

菩萨脸一样的月亮照着。笼子里的蝈蝈得了夜的潮润，鸣叫清音，天狗没有听到。

黄麦菅

"五兴，五兴！"

天狗一上堡子门洞，就看见五兴在前面街道上走，走得懒懒的，叫一声，这孩子瞄见是天狗，竟不作答，转身钻到小巷去再不出来。天狗觉得奇怪，偏是个好事的鬼头，追进巷里，五兴面壁而站，拿指甲画墙。

"五兴，犯什么病，叔叫你也不理！"天狗拿手去扳五兴的头，五兴却把天狗的手推开，说："天狗叔，你不要叫我，叫我我就要哭哩！"天狗就笑了："你这没出息的男子汉，还是为你爹不给买游泳裤生气吗？你瞧瞧，叔拿的什么？"天狗手里亮的是一件艳红的游泳裤。

五兴却并不显得激动，抬脚就走，天狗一把扯住，知道一定有了什么事故，连声追问。五兴说："这裤衩用不着了，我爹让我打井哩。"

天狗听了，就给五兴道着不是，怨怪自己还没有来得及完成师娘的重托，这井把式就专横独断了。"五兴，我给师傅说去，我和他打井能忙得过来，用不着叫你回来！"

五兴说："我爹不会见你。"

天狗说："这你甭管，师傅在家吗？"

五兴说："爹不让我说给你。"

五兴虽小，却有他娘的德行，看着天狗，眼泪就流下来，天狗骂他"流尿水儿"。这孩子却说："天狗叔，你以后还让我去你家玩蝈蝈吗？"天狗点了点头，取笑这小东西尽说多余话；五兴却跑出巷再喊也不回头了。

天狗一脸疑惑，来到师傅的家门口，菩萨女人脸色有些浮肿，出来招呼他，当下心里着实慌了。说起五兴的事，女人长长出一口气，一脸苦相。

"师傅呢，他怎么真的就不让五兴念书了？"

"他在来顺家打井，一早就走了。"

"师傅不是说要等来顺家请吗？"

"……"

"怎么没给我吭一声？"

女人看着天狗，说："天狗，你一点还不知道？"

"出了什么事？"

"他现在不是你的师傅了。他说他好不容易学了打井这手艺，不愿意让外人和他在一个碗里扒饭，要挣囵囵钱，就让五兴替了你……"

"这是真的？"

女人说："……昨日一早到今天，我就盼着你来，又害怕你来……"

天狗站在那里没有说话。他的眼睛避开了女人的脸，从口袋里摸出烟来点上，发现太阳光的照射下，落在地上的烟缕竟红得像蚯蚓的血。

矮墙那边的邻家院子，媳妇在井上吊水，辘轳把儿发出吱扭扭的呻吟。

"你把那裤子退了吧，天狗，你也再不要来见他，你墙高的大人，有志气，也不是离了他就没得吃喝的……"

天狗看着女人的痛苦，反倒不感到自己受了什么沉重的打击，越发懂得了这女人的好心肠，就沉沉静静地对女人笑笑，说："师娘，这没啥，师傅这么做，我想得开，我不恨他。他毕竟还领了我一年时间。现在我要离开他了，只是担心让五兴停学去打井，这终不是妥事。五兴还小，总恋着这裤子，就留给他，我还是要常常来这边呢。"

女人很感激地送天狗出来，过门坎的时候，掉了几滴眼泪。槐树上的一只鹁鸽在叫，女人说："天狗，这鸟儿叫得真晦气，你将他撵了去。"天狗最后一次听师娘的吩咐，一石子将鹁鸽打飞了。鹁鸽飞在他头上的时候，撒下一粒屎来，落在他的肩上。女人一边替他拍去，一边说："你再找找别的什么事干干，男子汉要有志气，要发狠地挣钱，几时有了钱物色了女的了，过来给我说一句，我给你料理。"

天狗苦笑笑就走了，但他并没有回去，却极快地走过了街道；他害怕街道上的人看出他的异样，信步出了堡子，一直上了后山，睡倒在密密的黄麦菅草丛里。天狗长久地不动，想心思。

山梁上有割草的人，拉长着声调在唱花鼓：

出门一把锁喂，
进门一把火喂。
单身汉子我好不下作喂。

床上摸一摸呦，

摸出个老鼠窝嘞,
单身汉子我好不下作嘞。

锅洞里捅一捅哟,
捅出个大长虫哟,
单身汉子我有谁心疼哟。

天狗想,这单身汉子真恓惶,我天狗离了师傅,没有了惦我牵我的师娘;先前也是糊糊涂涂过了,好容易得到了一点女人的疼怜,从此失去,往后的日子怎么过呢?

山坡上起了风,风在草丛里旋转,天狗被黄麦菅埋着。草原来并不纷乱,根根纵横却来路清楚,像织就的一张网,网朝下是套住了他天狗,网朝上又套住了天。黄麦菅在风里全部倒伏之后,天狗就显现出来,他又在作想:"钱真是个坏东西,没它的时候,它让人狼狈不堪;有了它,它又这么无情地害人。"想着,心里闷闷的,天狗不是有愁睡不着的人,恰巧相反,越愁闷越瞌睡,竟睡着了。

远处的天边有了沉沉的雷声。

但雨并没有落下来,天狗一觉醒来,听见了一片快乐的清音。原来,他的腿上、胳膊上、整个胸膛上,爬满了绿翼红肚的蝈蝈。蝈蝈是不生分他的,顺手捉了几只,装在口袋里。天狗静静立了一会,突然获得了一种豁达的心境,就自己给自己那么笑笑,完全又是一个往日的天狗了。

在天狗的屋子里,天狗是不缺吃的,也不缺喝的,他只是缺钱没能娶个女人。天狗虽然没读过小说,但小说作者编造的那些故事,也有些能在天狗的生活里发生。比如,当他在蚊帐里躺着,喷出一口烟去,蚊帐顶上的蚊子在烟里翻动,天狗也会把蚊子看作仙鹤,消受那翩翩飞翔的乐趣。这时候,他就想起许多事,甚至骂过师傅,虽然师傅已不是他的师傅,但天狗惦念的却是师娘。故隔三隔四,天狗仍要去那个家的。

天狗有一件宝贝越来越不能离身,这就是蝈蝈笼子。每每一到

这家门口,就戳弄得蝈蝈嘶嘶地叫,喊"五兴,五兴"。喊的是"五兴",跑出来的却是另一个人。

"天狗,又是什么好蝈蝈?"

"师娘又忙甚事了?"

师娘说:"天狗,玩蝈蝈可不是大人的事,你不会干点儿别的赚钱营生吗?"

天狗又总是腼腆地笑笑,心里却说:"蝈蝈不是大人玩的,有做了孩子娘的却爱看嘛!"

"师娘,你要我干什么营生呢?"

"你是男人,你倒问我?!你攒不下钱,就是攒下了,这么浪荡上了心,看哪个女的嫁你,女人最小瞧浪子呢!"

这话说得正经八板,天狗就不言语了。

天狗十天里再没到师傅家来。他睡在自家的土炕上,百无聊赖,唱堡子里流传了几代的一首情歌:

　　庭当门上一树椒咆,
　　繁得股股儿弯了腰,
　　我去摘花椒。

　　长棍短棍打不到咂,
　　脱了草鞋上树摇,
　　刺把脚扎了。

　　叫声姐儿来把刺挑咂,
　　狠心的拿来锥子刨,
　　实实痛死了。

这歌子不能说是给师娘唱的,但也不能说不是给师娘唱的,反正天狗可下了决心,要正经地干一样营生。他去拜木匠为师,木匠拒绝了;去拜泥瓦匠,泥瓦匠也不收他。匠人们有自己的儿子和女婿。在现今的农村，他们要保护和巩固他们自家长久得以富裕的手艺。于是，天狗索性带了全部积存，上省城去了。

在堡子里，天狗是能人，能说能道能玩；到城里，天狗则不行。街道宽宽的，天狗却贴墙根走，街上谁也不认识他，他也眼睛羞羞地不敢看别人。师娘老说他是白脸子，在这里，天狗的脸就算不得白了。在城里人的眼光里，天狗是个十足的"稼娃"。

当然，这一切袭来的惊恐和羞耻，主要来自他天狗自身。他也意识到了自己来到这个地方，首要的是自己得战胜自己。天狗可不是一名哲人，这种思考却大有哲学意味。

"城里的女人都是仙人。"天狗夜里睡在旅馆，脑子里充满了白天的见闻。"师娘才是一个女人。"这鬼念头一占据头脑，天狗就有天狗的逻辑。"仙人是在天上的，供人敬的拜的，女人才是地上的，是水，是空气，是五谷粮食。"天狗需要的是师娘这样的女人。

那一张菩萨脸是他心上的月亮，他走到哪里，月亮就一直照着他。第三天里，他看见许多人都在一家商店抢购一种衬衣，衬衣极其便宜，他便想到若买一批回去，一件加二元钱，堡子里的人也会一抢而空。天狗凭着山里人的力气，挤到了柜台前，但掏钱的时候，才发现钱被人偷去了。

天狗痴了，坐在车站独自流泪。无钱做营生，无钱买返回的车票，而且肚子饥得前腔贴了后腔。饥不择食，天狗沦落到去附近的食堂吃人剩饭。食堂服务员恶语相赶，他道了原委，一个女服务员才同情了他。

"那你怎么回去呀？"

"我不知道。"

"你愿意在这里帮忙刷碗吗？一天付你二元钱。"

天狗的命好，又遇到个菩萨女人，他于是做了临时工。

天狗干活是不偷懒的。但刷洗用的是抹布，连个刷子也没有。问起女服务员，回答说，城里什么都有，就是缺这玩意儿。天狗就笑笑，认为城里还是有不如山里的地方——那堡子后边的山上，满是黄麦菅草，将草根扎成一束，他们世世代代就用它刷洗锅碗。但

名家作品精选

天狗没说出口,怕人家笑话。夜晚,食堂关门,别人下班,天狗就睡在车站候车室椅子上。

这天食堂关门之前,天狗以挣得的钱买了酒喝,喝醉了,趴在桌上成了烂泥。店里的人都怨怪这山里人。那女服务员则一一劝说,末了一个人守着店门等他醒来,因为让一个临时帮小工的夜宿店里,店规是不允许的。

天狗醒来,已是半夜,他已躺在了三个长凳拼成的床上,床边坐着一个娇小的女人。

"师娘!"天狗叫。

"还没醒吗,又说醉话!"

天狗立即就全醒了,从床上坐起来,悔恨交加,不敢看女服务员。

"这下醒了吗?"

"真对不住你……"

"醒了就好,你到候车室去吧,我也该回去了。"

女服务员锁了门。对于她的温柔、宽容、同情,天狗非常感激,同时,也只感到自己作为一个男子汉的无能、龌龊、羞耻。

"我明日该回去了。"天狗说。

"车钱够了吗?"

"够了。"

"回去也好,你往后寻个事干吧,喝什么酒呢,你走吧。"

天狗却并没有走,木木讷讷地要说什么,却说不出来。天狗突然拙口了。女服务员已经走远,他才发急地叫了一声:"我还想来的!"女服务员回头说:"还来?"他说:"你不是说城里缺锅刷吗?我们那儿满山都是黄麦营,用根做刷子好使着哩,我回去做一担来卖,行吗?"女服务员眼里放光了:"这倒是门路,光城里饭店就需要得多了,天狗寻着钱路啦。"

天狗回到堡子,当真就在后山上挖黄麦营。山上的草窝是养天狗的心的,他可以打滚,可以赤着身子唱,还有在他身前身后飞溅鸣叫的蚂蚱、蝈蝈。

一担刷子,果然在城里卖了好价钱,城里人不知这是什么原料做的,问天狗,天狗不说。再一次回到堡子,又是在后山上刨草根。

山上来了好多孩子捉蝈蝈,五兴也来了,他当了小小的手艺人,说:"天狗叔,你好久不去我家了。""我进城了。""进城要花钱,你有钱了?""我也是手艺人。""什么手艺?""编刷子。一个卖二角钱。""天狗叔有钱了,就不到我家去了。"

天狗听了,心里就隐隐作痛,问道:"五兴,你娘好吗?"五兴没听见,跑到一座坟头上嚷叫发现了一只红蝈蝈。

天狗突然很想五兴的娘,是这菩萨的话,才促使他天狗到城里寻了活路。当他再一次从城里返回时,就去了师傅家。

井把式并没有不好意思,因为天狗现在也是手艺人了,也挣了钱,做师傅的心里也就不存在内疚不内疚。女人是喜欢的,多少显出些轻狂,待天狗如贵宾,吃罢饭锅也不洗,坐在炕沿上和天狗说话:

"天狗,城里是什么鬼地方,烂草根也能卖了钱!"

"师娘,明日你也去刨黄麦营根吧。"

"我的爷,你好不容易寻了一个钱缝,我就挤一条腿去?"

"山上有的是草,城里需要得又多,我还怕你夺了我的饭碗?"

把式脸上就不自在了,喊五兴去打井水给他擦身,五兴趴在炕上正看一本书,听见了装着不理会。天狗说:"师傅,五兴这孩子是个慧种,我还是我那老话,让他去念书的好。"

把式说:"已经停学这段时间了,还念什么书?你瞧瞧,你现在也成了手艺人,钱挣那么多,我父子俩怕也顶不住你,还敢剩下我一个人?"

女人见天狗也说不通男人,就问城里的孩子都干什么,末了说:"五兴脑子是灵,只是有些慌,孩子或许将来能干个大事,现在只好在地里打窟窿了。"

把式是听不得作践打井手艺的,何况在一个新发财的外人、自己原先的徒弟面前,就骂女人:"打窟窿咋啦,就这打窟窿可以打一辈子,是给五兴留的铁打一样的饭碗!"骂过了,不屑地对天狗说,

"天狗,你说是不?我这手艺长久,还是你那生意可靠?"

天狗说:"当然师傅的长久,我这是抓个便宜现钱。可我也是没了办法,要是我天狗有文化,我肯定去育蘑菇了。你听说过吗,东寨子的王家育鲜蘑菇,存了三万元了。人家就是高中生,他弟弟又是医学院毕业的,提供技术,搞的是科学研究哩。"

井把式就不再吱声,吸了一阵烟,跐蹓到院中的捶布石上想心事去了。

女人极快地给天狗挤挤眼,天狗懂得这女人眼里的话,也就到院里,把五兴叫出,说:"五兴,你说想上学还是不想上学?"五兴说:"想。"井把式却冷冷地说:"我知道了。你去吧,咱家的井水浅了,下去掏一掏,掏出沙我在井上吊,水不到腿根,你不要上来。"

女人的脸都变了颜色,说:"你是疯了,他一个人能淘了井?"井把式瞪了一眼,只是对五兴说:"下去!"五兴不敢不下去。

这家人地处居高,井是深到二十二米才见水的,固井底是响沙石,水浸沙涌,水就不比先时旺。五兴脱了衣服,只留下裤衩,手脚分开,沿湿漉漉的井壁台窝下去,就像被吞食在一个巨兽的口里。三个大人站在井台,望着那地穴中的一潭水亮,看黑蜘蛛一般的孩子站在水里,一切都处于幽幽的神秘中。水声,吭哧声,即从那里传了上来。

辘轳将井绳垂下去,拉得直直的,它在颤抖中变硬,井把式把一筐沙石吊上来,井绳再垂下去。一筐,二筐……十筐,二十筐。井下的喊:"爹,有一块大石头。"井上的说:"掏出来!""石头太大,我装不到筐里。""装不进也要装!""爹,我手撞破了。""手离心远着哩。"井上的还说:"好好掏,把嘴闭上!""我闭上了。""闭上了还说话?!"

做娘的不忍心了,扳住辘轳说:"你要失塌了五兴?"男人把她推开了。

井台边已吊上了老大一堆沙石,把式的腿也站酸了,胳膊摇辘轳也乏了,坐下来吸烟。五兴还在井下干着,井壁上一块沙土掉下去，正好砸在他的腿上，五兴终于受不了，在下边呜呜地哭起来。天狗说："师傅，让我下去掏吧？"把式没言语，黑封了脸，让五兴上来。上来的五兴成了怪胎，坐在那里是一丘泥堆。

井把式说："五兴，知道了吧，打井不是容易的事，你要念书，你就去把墨水狠狠往肚里倒，若念不好，你就一辈子吃这碗饭！"

女人背过身抹了眼里的泪水，就钻进厦房的锅台上去刷碗。刚跨进那门槛，就听她锐声喊天狗来厦房地窖里舀包谷酒。天狗跑进去，见女人满脸生辉，就说："要喝庆贺酒啦，是谢师傅，还是谢我？"女人说："你说呢？"天狗揭了窖盖，要下去了，女人点着灯交给他，说："你瞧瞧，你这师傅，要说坏他也坏，要说好他也好。"天狗说："师傅是坏好人。"一缩身，钻进窖里去了。

秋　天

九月三日，是天狗的生日。天狗属鼠，十二属相之首。三十六岁的门坎年里，却仍是一种忌讳影子般摆脱不掉，干什么事都提心吊胆。

去年的九月三日前几天，大姨就早早提醒着他。

说起来，天狗在这事上够可怜的。王家的里亲外戚，人口不旺，正人也不多，爹娘下世后，大半就断绝了来往；小半的偶有走动，也下眼看天狗不是个能成的人物，情义上也淡得如水。他是舅家门上最大的外甥，舅死的时候，他哭得最伤心，可给舅定铭旌，做第一外甥的天狗，名字却排不上。已经死去的三姨的儿子在县银行当主任，有头有脸有妻有子，竟替换了天狗，天狗那时很生气：人没了本事，辈数也就低了？于是又跪倒在舅的坟前哭了一场。从此只和大姨感情笃。

大姨是天狗娘的姊妹里唯一幸存者，该老的人了，没老，她说是"牵挂天狗"的原因。牵挂天狗，最牵挂的是天狗的婚姻。眼看着天狗三十五岁上婚姻未动，就更恐慌三十六岁这门坎年，便反复叮咛这一年事事小心，时时上心。并一定要天狗在生日这天大过，

以喜冲凶，消灾免祸。

给天狗过生日的，不是别人，却是师娘。她前三天就不让师徒二人去打井，九月初三里七碟子八碗摆了酒席。席间，大姨从江对岸过来。她先去天狗家里未找到天狗，来这里看着席面，倒说了许多感恩感德的话。当时就将所带的挂面、面鱼放在柜上，又将一件衫子，一个红绸肚兜，一条红裤带交给天狗。这种以婴儿过岁的讲究对待三十六岁的天狗，天狗当场就笑得没死没活。大姨一走，他就要将这些东西让给五兴，师娘恼了脸，非叫他穿上不可。那神色是严肃的，天狗就遵命了。

现在，危险的一年即将完结，大姨又从江对岸过来，见天狗四肢强健，气血红润，念佛一般喜欢。说："看来你是个命壮的人，门坎年里没出大事，往后就更好了。"大姨说到快活处，就唠叨这王家总算没有灭绝，想起早死的姊妹，眼圈就红了。

"天狗，生日一过，就要动动你的婚姻了。阎王留姨在人世，姨不看着你成亲，姨就不得死去。你给姨说，这一年里，还没有物色着一个吗？"

天狗说："没有。"

姨说："姨给你瞅下了一个，是个二婚，人倒体体面面，又带一个三岁娃娃，是春天离的婚，不知你可中意？"

天狗说："姨也糊涂了！我还见都没见过这人，怎么好说愿意不愿意？"

姨说："那你说说，你要啥样女人？"

天狗支吾了半天，还是说不出口。大姨就拧了他的耳朵："这羞什么口。三十六七的人了，提说女人还脸红，心窍不开！"天狗在心里直笑大姨，天狗有什么不知道的！但听了大姨的话，却越发做出不好意思的样子，表明天狗是心实的人。不想弄巧成拙，大姨倒长吁短叹，再不问他。天狗终于耐不住了，说："姨，有五兴娘好吗？"说完就屏住了气。

大姨说："没五兴娘的性儿软，却比五兴娘要年轻呢。天狗，你不懂女人，栽红薯要越大越好，讨女人是越小的越金贵哩。"

天狗做出没听懂的样子。

大姨就扳过天狗的肩，发现肩背的衣服裂了一个口子，拿针缝着，说："那寡妇有个娃，有娃也好，不是亲养的也不见得对咱不孝。我对那寡妇提说了你，人家倒愿意，只是说她娘家有个老娘和一个小兄弟，平日靠她养活，她要再嫁，得给娘家出些钱。你现在手里攒了多少？"天狗说："有三百。"大姨说："那是老虎嘴里的一个蝇子！你还要好好攒钱哩。"天狗心就凉了，说："既是这样，也就算了。"大姨倚老卖老，说："算什么着？这事你要不失主意！你是不吃糖不知糖甜，妇人好处多哩，白日给你做饭，夜里给你暖脚，给你作伴说话，生儿育女，你敢再打马虎？几时我来领你去相看人家，把人先订下，钱你慢慢攒。"

三天后，天狗去见了那寡妇，人虽不是大姨说的光彩照人，却也整头平脸。回来将这事说给五兴娘，菩萨欢喜异常，说："这总算有了着落，天狗，你咬着牙，这几个月多出些力，手头把自己吃喝刻苦些，好生攒钱。"天狗说："那女的就是心太重，她不是为着找男人，倒是寻债主的。"女人说："哎，做妇道人家的，就是眼窝浅；可也难怪，啥事妇道人家都得前前后后地想得实在啊。"天狗说："师娘就不是这样！"师娘就笑了，骂一声"天狗贫嘴"。天狗是贫嘴，天狗不会文绉绉说甜蜜话，冷丁就冒一句"酸话"，冒过了龇着白厉厉的牙笑。天狗又说："我跟她怎么总热火不起来？"女人瞧他说得认真，用白眼窝瞪着天狗："你嫌人家是寡妇？""这我倒不嫌弃。师娘，就是有比她再大的，只要人好，我还愿意哩！"话一出口，女人变了脸，天狗也觉得说漏了，两个人很是一阵别扭。女人就说她要去后山割黄麦营晒柴，天狗也便起身走了。

临出门，女人叫住天狗，说："天狗，夜里你擦黑就来，我给你擀长面吃。"

天狗说："哟，日子真是过富裕了，晚上也吃长面？"

女人说："不光长面，还有红鸡蛋呢！你想想，明日是什么日子？"

天狗猛地记起明日是自己的生日，脸就红了，说："师娘，我天

狗没爹没娘,只有你记着我的生日,天狗不知怎么谢你呢!"

女人说:"瞧瞧,贫嘴又来了,天狗学会了不实在!"

天狗说:"我说的没一句不是心上来的。师娘,只要有你这一句话,天狗什么都够了。天狗能活九十九!至于过生日吗,我看算了,现在既然已经不是师傅的徒弟了,还要你操心?"

女人说:"哟,媳妇八字还没一撇,就跟我说起外人话来了?怕也是我给你过的最后一个生日,等你成了家,明年我清清净净去你家吃那妹子擀的长面哩!今日无论如何要来,门坎年完了,也给你贺一贺!"

女人说着,眼里就媚媚地动人。没出息的天狗最爱见这眼光,也最害怕,他是一块冰做的,光一照就要化水儿了。

天狗回到家里,情绪很高。在屋檐下站看了一阵嘶鸣的蝈蝈,就想着师娘的话多善良。想到热处,心里说,这女人必是菩萨托生,每个人来到世上都是有作用的,木匠的作用于木,石匠的作用于石;他师傅生来是作用于井,我天狗生来是作用于黄麦菅,而这女人则是为了美,为了善,恩泽这个社会而生的。天狗如此一番的见地,自己觉得很满意。忽然又想,菩萨现时要到山后去割草晒柴,那么细脚嫩手的人,能割倒多少柴火,我怎么不去帮她?就拿了镰往后山走去。

后山上的草遍地皆是,将近深秋,草叶全黄了。黄麦菅一成熟,就变得僵硬,黄里又透了金的重色,风里沙沙沙作响。天狗站在草丛中,四面看看,却没见那女人出现,就弯腰砍割了一气,把三个草捆子扎起来立栽在那里了。他想等女人走来,出其不意地从草捆后冒出来,吓一吓她。

可是菩萨没有来。

天狗就拿了镰,走到一个洼子里的小泉边磨。水浅浅的,冲动着泉边的小草颤颤地抖,几只蚰蜒八脚分开划在水面,天狗的手已经接近了,它们还沉着稳健不动,但才要去捉,它们却影子一般倏忽而去。天狗用镰在水里砍了几砍,就倒在泉边的草窝里。看着一面干干净净的天,想着丹江对岸那个白脸子小寡妇,想着耸着奶子正在家擀长寿面的菩萨,心里就又一阵美,像是坐了金銮殿充皇帝老儿。天狗这些年里有了爱唱的德行,这阵心里便涌涌地想唱,便唱了:

想姐想得不耐烦呐,
四两灯草也难担呐,
隔墙听见姐说话咃,
我一连能翻九重山呐。

天狗唱完,兴致未尽,就又作想:这歌声谁能听到?于是就想起另一位,拟着口气唱道:

郎在对门喊山歌,
姐在房中织绫罗,
我把你发瘟死的早不死的唱得这样好呦,
唱得奴家脚跛腿软腿软脚跛,
踩不动云板听山歌。

唱过了,天狗也累了,一边拿眼看山下的路。路上果然跑上来一个人,天狗认出那是师娘,偏不起身,只是拿歌子牵她过来,那女人也就发现了他,立着大喊:"天狗,天狗!"

声音有些异样,天狗就站起来了。

女人也看见了天狗,就用哭腔喊叫:"天狗,快来呀,你师傅出事啦!"

天狗立时停了歌声,也停了笑,拔脚跑下去,女人说:"你怎么到山上来了,到处找不着你!你师傅打井,井塌了,一块大石头把他压在下边,人都没办法救,你是打过井的,你快去救他啊,他毕竟做过你的师傅,天狗!"

天狗的血轰地上了头,扭身往堡子跑。女人却瘫在地上不能起来,天狗又过来架着她,飞一样到了刘家。刘家的院子里拥满了人。

原来井打到二十五丈，出现一块巨石，师傅用凿子凿了眼，装炸药炸了。二次返下井去，石头是裂了，却掏不出那一块大的，便从旁边挖土，土挖开了，只说那石头还是不动，就在下边用撬杠撬，不想石头塌下去，将他半个身子压住了。井上的人都慌了，下去又不敢撬石头，害怕石头错位伤了把式的性命，消息报给五兴娘，女人就四处找天狗。

天狗当即下井，师傅已经昏死过去了，石块还压在下身。他一边喊着"师傅"，一边刨师傅身下的土，又急，又累，又害怕稍不小心石头再压下来，好不容易把师傅拉出来，血淋淋地背在身上爬上井台。

几天几夜的抢救，井把式的命是保住了，保不住的却是他腰以下的神经。一个刚强的打井手艺人，从此瘫在炕上，成了废人。

做农民的，什么都不怕缺，就怕缺钱；什么都应该有，就是不敢有病。天狗的师傅英英武武打了几年井，如今打到这一步，这家人就完全垮了。女人在医院侍候了丈夫三个月，伤心落泪，眼睛肿烂，口舌生疮。天狗没有吃上那生日的长寿面，在后山上割倒的黄麦菅柴火也让谁家的孩子背走了。他再没有上山刨黄麦菅根，当然也再没有进省城。为了师傅的伤病，天狗和师娘背了把式住国营的医院，也找了民间的郎中。井把式还是站不起来。师傅的心也灰了，在炕上老牛似的哭，拿头往墙上撞。好说好劝，这要强心重的汉子才没有自尽，却日夜伤心悲观，把脑子也搞坏了，显得痴痴呆呆的。

几个月的折腾，女人就失去了往常的光彩，形容憔悴，气力不支，蹲下干一阵活起来，眼前就悠悠地浮一片黑云。更使她备受折磨的是家里的积蓄流水似的花去，日渐空虚，又不敢对丈夫半句高声，常在没人处哭。

天狗看着，心里如刀扎，想自己不能代替了师傅。师傅是有长久手艺的人，能代替他瘫在炕上，这个家就不会这般受罪；看着师娘如此可怜，比天狗自己瘫在炕上还要难受。可天狗不是这家的人，只能在炕头劝说师傅，在院里安慰女人。帮着种地、喂猪、出圈粪；出外请医生抓药，就拿自己的钱来支应。

一场事故，把人囫囵地改变了性格。井把式褪了专横，女人变得刚强，天狗说过"有了女人就长大了"，现在没个伴他的女人，天狗也长大了。

　　这天，天狗又割了几斤肉和豆腐提来，女人说："天狗，你要总是这样，我也就恼了！这家里成了无底的黑窟窿，你有多少积存能填得满?!"天狗说："师娘，现在就不要说这些话，我一个毕竟好将就。"

　　女人说："你也不是有金山银山，这么长时间也没去做刷子卖，你是另有什么手艺不成？你把钱花光了，那江对岸的女的怎么娶得回来？"

　　天狗没有给师娘说明。前天夜里，大姨又过江来找了他，说是那小寡妇有了话，问这边钱筹得怎样，若月底还是拿不出一千元，她就不再等了，有钱的几个光棍都在托媒了。天狗生了气，说："看谁钱多让她跟谁去；我有一千元，一千元我天狗可以买十头猪给师傅补身子哩！"话说得难听，大姨好生骂了一顿，问他想不想要个儿子？天狗说得更粗野："我一千元放在那里，生的也是钱儿子！"大姨气得脸色煞白，吵了一夜，不欢而散。

　　师娘当然不知道这件事，还是说："天狗，眼看就是三月三乡会了，女婿都走丈人，你虽说没结婚，却也该到对岸那家去。这肉既然买回来，咱就不要吃，我夜里再蒸二十个馍，你明日提前去走走吧。"

　　天狗听了，一时心火上攻，竟忘记了自己是在这苦难的菩萨面前，焦躁地说："我不去！"

　　女人说："你敢胡说！"

　　瘫了的师傅在上屋土炕上全听见了，就敲着炕沿叫天狗，天狗进去，师傅说："你怎能不去？你想老死了做绝鬼?!"说罢拉天狗坐下，缓了口气又说，"师傅现在是没用的人，别的话你可以不听，只要你听一句，明日乖乖去江对岸，这身上衣服也成油匠穿的了，夜里让你师娘洗一把，唉！"

　　天狗这才说了实话："人家早不成啦！"

说完也不再解释，走出门，一直从院子里走出去了。

井把式和女人倒一时愣了，末了女人就哭出声来。

夜里师娘来到天狗的家里，问清了原委，知道一切因自家的拖累所致，就连连叫"造孽"！骂天狗不该为她家花了积存，又骂小寡妇认钱不认人，下践坯子。天狗见女人骂自己，越发觉得这女人贤慧可敬。女人骂着骂着，就骂了自己，哭泣不止。

天狗立在那里倒真像个手足无措的孩子。

女人说："天狗，是我家害了你，这我和五兴爹一辈子有赎不完的罪。事情落到这田地，我家里是空了，你也空了，即使你天狗还有分文，我也不让你再往我家里贴赔。可这个家，有出的没入的，啥事都要钱，我思谋了，还是让五兴回来干干别的事吧。"

天狗说："师娘，这使不得。五兴先头耽误了几天学习，好不容易让他又复了学，就是再穷再苦，也不敢误了五兴的学业。"

女人怎不明晓这层道理。可妇道人家是一副软心肠，经天狗一番道理之后，同意了不让五兴停学。可回到家里，一进屋，眼看着狼狈不堪的丈夫，一颗心又转了。这对中年夫妇一夜没有睡好，一会决定让五兴停学，说停学好；一会又不让停学，说不停学好。拉屎撒尿做不了主，井把式就大声吸着鼻子，哭了："这都是我害了你们娘儿，害了人家天狗，我怎么就不死呢！你给我买包老鼠药来，让我喝了，反正活着没用，也不花钱吃药了！"女人听了这话，两股眼泪流下，说道："他爹，你别说这话，家里人嫌弃你了吗？你就是睡在这里恁事不干，你也是这一家的定心骨。你要再说这话就是拿刀子杀我。你是还嫌我心没伤透吗？"男人就再不作声。

夫妇俩自结婚以来说了这最多的一场话，才各自深深体会到对方的温暖；生活的苦绳拴住了一对蹦蹿的蚂蚱，他们谁也离不得谁。夜深了，油灯在界墙的灯窝里叭叭地响过一阵，油尽灯灭，女人重要点灯，男人说："算了。"为了省下一根火柴和一盅油，黑夜里泪眼在闪着光。男人被子放着睡下了，失去了知觉的双腿日渐萎缩，女人在被窝里为他揉搓，活动血脉，在扳着下身为男人翻了几次身后，女人就脱得光光的猫儿似的偎在丈夫的身边睡着了。睡到四更，女人突然被男人摇醒，她叫道："你咋没瞌睡？"男人说："我睡不着，我有一件事想给你说哩。"女人就坐起来，拥着被子，被子的一角湿漉漉的，是男人流下的眼泪。月光从窗棂里昏昏地照进来，女人看着丈夫一张被痛苦扭歪的脸。

男人说："我好强了一辈子，也自私了一辈子。和你做夫妻了十几年，我没有好好待你，这是我现在一想起来就心愧的事。我现在是完了，到死也离不了这面土炕了。人常说'病人心事多'，我是终日在想，啥事都想过了，想过死。你骂了我，你骂是对的，我也没脸面再去死，我就活着吧。可咱家里，总不能这样下去啊，五兴他娘！因此上我就思想，你可以不离开我，我还是你的男人，但世上都是男人养活女人，女人怎能养活了男人，那南北二山就有'招夫养夫'的……"

女人静静地听男人叙说，越听越有些害怕，听到最后，一把将井把式的口捂住了，说："我不听，我不听，你睡在炕上胡想了些什么呀！"眼泪吧吧地掉在被面上。

招夫养夫，深山里是有这种习俗的。平日里菩萨女人也听说过这种事例，只当是一种新闻，一种趣谈。现在丈夫竟要她充当这事例中的角色，她浑身痉挛，抖得像筛糠。

男人见女人如此悲凄，自己也裂心断肠，长吁短叹，说："我这样说，是我这男人的羞耻。可你不让我死，又不这样，你是让我睡在这里看你受苦受难，我不死在绳上药上，也会用心杀了我自己！"

女人就扑在男人身上，悲不成声："只要为了你，我什么都可以做得，可你让我招夫，我到哪儿去招？哪个单身男的肯进咱的门？就是有人来，好了还罢，若是个坏的，待你不好，那我哭都没眼泪了！"

夫妇俩抱头哭到天明。天明的时辰，听见远远的后山上有狼的嚎声，犹如人在呼号。

清早，女人又要去后山割草晒柴，男人叮咛说到阳坡割，不要去阴洼，若遇见什么狗了，先"狼，狼！"叫喊试探，以防中了狼的伪装；若不慎惊撞了马蜂，万不要跑，用草遮了头脸就地装死。女

129

人——记在心上，走了。男人见女人一走，就在家大放了悲声，惊动了街坊。有人进来，他就求人去把天狗找来，说他有话要叙说。

天狗苦苦闷闷窝在家里，什么事也慌得捏不到手里，就无聊地编织起蝈蝈笼子来。三月的蝈蝈还没活跃，没有清音排泄他的烦愁，就痴痴看着空笼出神。他到了师傅的炕边，以为师傅又要说让五兴退学的事，便说："师傅，有我天狗在，我天狗就永远是你的徒弟，我不是那喂不熟的狗，我天狗是没大本事的，可我不会使师傅这一家败下去，无论如何，五兴要让他好好念书。"

师傅说："天狗，也怪我先前瞎了眼窝，没让你跟我继续打井。人就是这没出息的，只有出了事，才会明白，可明白了又什么也来不及了。你给师傅说，江对岸那小寡妇真的吹了？"

天狗说："吹了。那号女人只盯着钱！甭说她不愿意了，就是她那德行，十七、十八的开的是一朵花，我走过去拾一片瓦盖了理也不理。你想想，要是师娘也是那样人，她不知早离开你多长日子了。"

师傅说："唉，你师娘是软性子，受了我半辈子气，可她心善啊，逢着这样的老婆，我李正什么也就满足了。可如今，她受的苦太重，毕竟是一个妇道人家，地里没劳力，里外没帮手，不让五兴退学吧，要吃要喝又要花钱，还加上侍候我这废人，一想到这，我心就碎了。天狗，我想让她走一条招夫养夫的路，你实话对我说，使得使不得？"

天狗听了，心里不禁一阵疼。伤残使师傅变成了另一个人。做出这般决定，师傅的心里不知流过了多少血？不行，不行，天狗摇着头。可不走这条路，可怜的师娘就跳不出苦海，天狗头又摇起来。天狗没有回天力，只是拿不定主意地摇头。两人沉默了半天，天狗说："师傅，这事你给师娘说过？"

师傅说："说不通。可从实际来看，这样好。这又不犯法，别人也说不上笑话。你说呢？"

天狗说："那有合适的人吗？"

做师傅的却不作回答，为难了许久，拉天狗坐近了，说："作难啊，天狗，谁能到这里来呢？你师娘一听我说这话，就只是哭。我想，你师娘那心肠你也是知道的，这堡子里也没几个能赶上她的。虽说是快四十的人了，但长相上还看不出来……"说着就直直地看天狗的脸。

天狗并不笨，品得出师傅话里的话，心里别地一跳，将头低下了。

屋子里沉沉静静。

天狗从炕上溜下来，坐在了草蒲团上。院子里，女人背着高高的一背笼柴火进来，在那里咚地放了。院墙的东南角上，积攒的柴草已俨然成山。女人一头一脸的汗，头发湿得贴在额上，才要坐下歇口气，瞧见天狗从堂屋走出来，就叫了一声"天狗"！

天狗痴痴地从院子里走出去，头都没有转一下。

三天里，丹江岸上的堡子，沉浸在三月三乡会的节日里。农民们在这几天停止一切劳作，或于家享乐，或频繁地串亲戚。未成亲的女婿们皆衣着新鲜，提四色大礼去拜泰山泰水。泰山泰水则第一次表现出他们的大方，允许女儿同这小男人到山上去采蕨菜。三月里好雨水，蕨菜嫩得弹水。采蕨人在崖背洼，在红眼猫灌丛，也采着了熟得流水的爱果。天狗家的后窗正对着山，窗里装了一幅画，就轻轻唱出了往年三月三里要唱的歌：

> 远望乖姐矮陀陀噢，
> 背上背个扁挎箩哟，
> 一来上山去采蕨噢，
> 二来上山找情哥哟，
> 找见情哥有话说。

唱完了，天狗就叹一口气，把窗子关上，倒在炕上蒙被子睡了。天狗从来没有这样恍惚过，他不愿意见到任何人，直到夜里人都睡下了，天狗就走到堡子门洞上的长条石上。旧地重至，触景生情，远处是丹江白花花的沙滩，滩上悄然无声。今晚的月亮再也不是天

狗要吞食的月亮,但人间的天狗,三十七岁的童男,心里却是万般感想。师傅的女人,师娘,菩萨,月亮,使天狗认识到了一个实实在在的女人。在一年多徒弟生涯里,在十几年一个堡子的邻里生活中,天狗喜欢这女人。女人的一个腰身,一步走势,一个媚眼,都使他触电一样地全身发酥,成百上千次地回忆着而生怕消失。他天狗曾怀疑过和害怕过自己的这种感情,警告过自己不应该有这种非分之想。但天狗惊奇的是,对于这个女人,他只是充满着爱,而爱的每次冲动却绝对地逼退了别的任何邪思歪念。天狗不是圣人,他在这女人面前能羞耻,能检点,也算得是圣人了。所以,天狗也敢将这种喜欢和爱,作为自己的生命所需,变成一副受宠的样子,在这菩萨面前要做出孩子般的腼腆和柔顺。

月蚀的夜里,女人在这里为丈夫和另一个小男人祈祷而唱乞月的歌,天狗也为女人唱了两首歌。歌声如果有精灵,是在江水里,还是在草丛里?

"现在要我做她的第二个男人吗?"

说出这话的,不是他天狗,也不是他天狗爱着的师娘,竟是自己的师傅,女人的真正的丈夫!天狗该怎么回答呢?"我愿意,我早就愿意!"天狗应该这么说,却又说不出口。她是师娘,是天狗敬慕和依赖的母亲般的人物,天狗能说出"我是她的男人"的话吗?天狗呀,天狗,你的聪明不够用了,你的勇敢不够用了,脸红得像裹了红布,不敢看师傅,不敢看师娘,也不敢看自己。面对着屋里的镜,面对着井底的水,面对着今夜头顶上明明亮亮的月亮,不敢看,怕看出天狗是个大妖怪。

第四天,是星期天。五兴从学校回来,到江边的沙地上挖甘草根。

天狗看见了,问:"五兴,你掘那甘草作甚?"

五兴说:"给我娘采药。"

天狗慌了:"采药?你娘病了?什么病?"

五兴说:"我从学校回来,娘和爹吵架,娘就睡倒了,说是肚子鼓,心疼。爹让我来采的。"

天狗站在沙地上一阵头晕。

"天狗叔，你怎么啦？"

"太阳烤得有些热。五兴，念书可有了长进？"

"天狗叔，我娘又不让我念了。"

"不是已给她说好不停学了吗？"

"我娘说的，她跪着给我说的，说家里困难，不能老拖累你，要我回来干活。"

天狗默默回到家里，放声大哭了。他收拾了行李，决意到省城去，从这堡子悄悄离开，就像一朵不下雨的云，一片水，走到天外边去。但是天狗走不动。天狗在堡子门洞下的三百七十二台石级上，下去三百台，复上二百台。这时的天狗，若在动物园里，是一头焦躁的笼中狮子；若在电影里，是一位决战前夜地图前的将军。

天狗终于走到了师傅家的门口。

"师娘，我来了，我听师傅的！"

正在门口淘米的女人愣住了，极大的震撼使女人承受不了。无知无觉无思无欲地站在那里，米从手缝里流沙似的落下去，突然面部抽搐，泪水涌出，叫一声"天狗"！要从门坎里扑过来，却软在门坎上，只没有字音地无声地哭。

堡子里的干部，族中的长老，还有五里外乡政府的文书，集中在井把式的炕上喝酒。几方对面，承认了这特殊的婚姻，赞同了这三个人组成一个特殊的家庭。当三个指头在一张硬纸上按上红印，瘫子让人扶着靠坐在被子上，把酒敬给众人，敬给天狗，敬给女人。自己也敬自己，咕嘟嘟喝了。

五兴旷了三天学，再一次去上学了。这是天狗的意志，新爹将五兴相送十里，分手了，五兴说："爹，你回去吧。"天狗说："叫叔。"五兴顺从了，再叫一声"叔"，天狗对孩子笑笑。

饭桌，别人家都摆在中堂。井把式家的饭桌却是放在炕上的。原先在炕上，现在还在炕上，两个男人，第一个坐在左边，第二个坐在右边，女人不上桌，在灶火口吃饭，一见谁的碗里完了，就双手接过来盛，盛了再双手送过去。

名家作品精选

麦田里要浇水，人日夜忙累在地里，吃饭就不在一块子。女人保证每顿饭给第一个煮一个荷包蛋在碗里，第一个却不吃，偷偷夹放在第二个碗底里。天狗回来了，坐在师傅身边吃，吃着吃着，对坐在灶火口的女人说："饭里怎么有个小虫？"把碗放在锅台上。女人来吃天狗的剩饭，没有发现什么小虫，小虫子变成了那一个荷包蛋。

茶饭慢慢好起来，三个人脸上都有了红润。

几方代表在家喝酒的那天晚上，第一个男人下午就让女人收拾了厦房，糊了顶棚，扫了灰尘，安了床铺，要女人夜里睡在那里。女人不去。天没黑，第一个男人就将炕上的那个绣了鸳鸯的枕头从窗子丢出去，自个儿裹了被子睡。女人捡了枕头再回来，他举着支窗棍在炕沿上发疯地打。

女人惊惊慌慌睡在了厦房。一夜门没有关，一更里听见了狗咬，起来把门关了；二更里听见院外有走动声，又起来去把门栓抽开，睡在床上睁着眼；三更里夜深沉只听蛐蛐在墙根鸣叫；四更里迷糊打了个盹；五更里咬着被角无声地哭。天狗他没来。

　　这天狗，
　　想当初，
　　精刚刚，虎赳赳，
　　一天到晚英武不够。
　　自从人招来，
　　今日羞，明日愁，
　　一下成个泪蜡烛，
　　蔫得抬不起头。

　　这女人，
　　想当年，
　　话不多，眼不乱，
　　心里好像一条线。

> 自从招来人,
> 今日愁,明日羞,
> 一下成个烂门扇,
> 日夜合不严。

日月过得平平淡淡、拘拘谨谨。过去的一日不可留,新来的一日又使人愁。又是一次吃罢晚饭,两个男人在炕上吸烟,屋外淅淅沥沥下雨。下了一个时辰,烟袋里的烟末吃完了,天狗站起来,去取柱子上挂着的蓑衣。为大的就说:"天狗,你……"天狗装糊涂,说:"不早了,你歇下吧,明日一早雨还要下,我给咱叫了自乐班来,咱家热闹热闹。"为大的发了怒,将支窗棍咚地磕在炕沿上,说:"你要那样,我就死在你面前!"天狗木然地立在那里,恭敬得像个儿子,叫道:"师傅……"末了还是默默地走了出去。

雨下得哗哗地越发大了。

蝎 子

暑假,五兴从学校回来。近半年的新式家庭生活,孩子也日渐鬼灵地开窍了许多事理。地里的活,天狗一揽子全包了,不让他插手,他就协助着娘忙活家务,忙毕,搬炕桌在把式爹身边坐定,用了心地读书。把式现在有时间,静心看读书人的举动,心里就作美,五兴一抬头,见爹正含笑看他,忙回爹一笑,爹的脸又冷却了。把式养的狗,知道狗的脾性,常冷脸待五兴,不让他轻狂、顺杆子往上爬。天狗锄完包谷地回来,脚步声谁也没听到,把式就听到了,说:"五兴,给你爹打水去!"

五兴怕亲爹,听见吩咐,就忽地下炕去了。院里并没有小爹的影,吱扭扭把水搅上井,天狗果然进了院,五兴兴冲冲叫一声:"果真是爹!"

做爹的这个并不应,放下锄说:"五兴,书念过了?"答说:"念过了。"便从后腰带上取下两件宝,一件是竹根烟袋,一件是蒇

麻叶，烟袋叼在口里吸，蓖麻叶里包着三只绿蝈蝈。说声："给！"蝈蝈却从叶里蹦出来，一只公鸡猛见美食，上前就啄，五兴急得脚踏手拍，三只蝈蝈却跳在鸡背上，嘶嘶地叫。五兴就势捉了，装在竹笼儿里。三只蝈蝈一叫，厦房屋檐下的蝈蝈笼里，一个一个都歌唱起来，满院清音缭绕。

　　五兴喜欢这个爹，这爹不板脸，脸是白的，发了怒也不觉惧怕，又能和他玩蝈蝈。故叫这个"爹"倒比叫那个"爹"口勤。

　　家里小的爱蝈蝈，来了个大的也爱蝈蝈，这人家的爱欲也就都转移了。往日五兴去上学，天狗去下地，女人头明搭早出来开鸡棚，蝈蝈笼也就挂在厦房檐头下。天要下雨，炕上的瘫子先听到雨声，就说："他娘，快把蝈蝈笼提进来！"蝈蝈吃的是北瓜花，院墙四角都种了瓜，于是种瓜不为吃瓜，倒为了那花，花开得黄艳艳，嫩闪闪。

　　地里的包谷旺旺地长，堡子里的人该闲的就闲下，闲不下的是手艺人，都出去揽生意了。有好几家，造起了一砖到顶的新屋，脊雕五禽六兽，檐涂虫鱼花鸟。有的人家开始做立柜，刷清漆，丑陋肥胖的媳妇手腕上已不戴银镯，换了手表，整个夏天里不穿长袖。看着四周人家日子滋润，天狗心里很是着急。好久没去城里干他那独门的生意了，就和五兴去后山挖了几天黄麦营根，女人就点灯熬油在家扎刷子。瘫了的人腿不能动，手上有工夫，夜里便让大家都去睡，他来扎刷子。天狗又起身回他的老屋去，为大的就不言语，却要五兴一定跟他睡。五兴要去关院门，把式不让关。

　　五兴睡着了，把式还坐在炕上扎刷子，扎好一筐，一夜却听不到院门响，也一夜叹息不止。夜半子时，女人出来小解，听见上屋男人的叹息，跑上来问："哪儿不美？"见这可怜的瘫人却还在扎锅刷，倒气得一把夺了："你真个不要命了！""我白日把觉睡了，我没瞌睡。""……""现在几时了？""正半夜了吧。""他还没来？"女人点着头。"我把这天狗！……"叫起天狗啊，爱你还是恨你，说你是好人还是坏人，害得师傅夜夜睡不着。井把式说过这话，心里一股黑血流过，脸上却强露了笑，女人最怕的就是瘫人的这种笑，恨天狗忠于师傅，忠于师娘，却忠得愚蠢，忠得千不该万不是！瘫人说："五兴娘，这事你让我怎么个说！你，你也该……"瘫人气喘得说不下去。女人一下子附在了男人的身上，泪脸对着泪脸，让他的胡子扎扎她的腮。男人说："你要权当我是死了！"说完，脸转向炕里去。

但天狗太执意，女人也没办法。世上的水太清，水就养不了鱼；完全的黑暗是看不见东西的，完全的光明也是看不见东西的。天狗不知这道理。

天狗领了五兴到省城里，又见到食堂那个女服务员。五兴第一次进城，无知也就无畏，到处钻动，见啥问啥，又一口一声叫"爹"答。女服务员说："你年纪不大，孩子这么大了?!"天狗应一声，脸就绯红，装着解衣领，说天热。食堂里的锅刷还有积存，天狗让五兴在食堂待着，他挑了担子去叫卖。女服务员就逗五兴说闲话："叫什么名?""李五兴。""你爹姓王，你倒姓李?""我跟我娘姓。""你娘多大了?""四十了。""你爹才三十七，你娘倒四十?""我娘是虚岁。""你长得可不像你爹！"五兴不回答了，装得傻傻的，问食堂要不要蝈蝈，他养有四十只蝈蝈。

半下午，天狗回来了，一担锅刷只卖了五分之一，脸上气色很不好。说："这生意做不成了，五分钱一个也没人要了。"父子俩当下没了话。天狗看着五兴也知愁，脸上就作出笑来，说："挣钱不挣钱，先落个肚肚圆，五兴，咱去吃一顿！"买饭时，五兴说："爹，我想吃素面。"爹却偏买了炒肉，肉端上来，天狗吃着吃着就发痴，筷子不动了，定眼看五兴，五兴也不吃。他就又笑着说："吃呀，多香哩！"自个儿带头大口吃。

从城里回来，天狗什么也没买，只给五兴买了一套课外复习材料，对女人说："钱难挣了，这门生意做不成了。干脆我再给人打井去。"

一说打井，女人就发神经，嘴脸霎时煞白，说："天狗，什么都可做得，这井万万打不得，这家人就是去喝西北风，我也不放你去干这鬼营生！"

天狗听女人的,也不敢多说,抱脑袋蹴下去。女人看着心疼,就又劝道:"钱有什么?挣多了多花,挣少了少花,一个不挣,地里有粮食吃,也不至于把咱能穷逼到绝路上去。"

做男人的本是女人的主事人,天狗却要叫女人来宽慰,天狗这男人做得窝囊。但办法想尽,没个赚钱的路,免不了在家强作笑脸,背过身就冷丁显出一种呆相。

女人敏感,没事睡在炕上的那个更敏感,见天狗一天一天消瘦下去,也不大唱那山歌和花鼓了,两人明里说不得,暗里却想着为天狗解愁。

这一天,天狗一进院,听见师傅在上屋炕上唱花鼓,师傅从来没唱过,天狗就乐了,进来说:"师傅行呀,你啥时学会了这一手?"

师傅说:"我年轻时扮过社火穗子,学了几句丑丑花鼓。"

难得师傅心绪好,天狗就说:"师傅,你再唱一段吧。"

瘫人就唱了:

树不成材枉占地哎,
云不下雨枉占天哎,
单扇面磨磨不成面哟,
一根筷子吃饭难。

瘫人唱毕,女人说:"今日都高兴,我也唱一段。五兴,去把院门关上了,别让邻居听见了笑话!"

五兴飞马去将门关了,听娘用低低的声音唱:

日头落山浇黄瓜哎,
墙外有人飘瓦碴,
打下我公花不要紧哎,
打了母花少结爪。

唱完,瘫人又说:"天狗,把蝈蝈都拿来,让我看看斗蝈蝈,谁个能斗过谁呢!"

　　只要师傅高兴,师娘快活,天狗干什么都行,就拿蝈蝈上炕,放在一个土罐里斗。一只红头的,脚粗体壮,气度不凡,先后斗败了所有的对手。一家人正笑着看,屋梁上掉下一物,不偏不倚正好落在蝈蝈罐里。一看,是一只蝎子。

　　蝎子冷丁闯入,蝈蝈吃了一惊不再动,蝎子也吃了一惊不再动。五兴急着去拿火筷来夹,天狗说:"这倒好看,看谁能斗过谁?"看过一袋烟时辰,两物还都惧怕,各守一方,天狗要到地里去干活,说:"五兴,就让它们留在罐里,晚上吃饭时再来看热闹。"说完就盖了罐子放在一边。晚饭后揭盖一看,一家人就傻了眼,英雄不可一世的红头蝈蝈,只剩下一个大头一条大腿,其他的全不见了,蝎子的肚子鼓鼓的,形容好凶恶。

　　天狗说:"哈,玩蝈蝈倒不如玩蝎子好!五兴,明日咱到包谷地去,地里有土蝎,捉几只回来,看谁能斗过谁?"第二天果然捉了三只回来。

　　这蝎子在一块,却并不斗,相拥相抱,亲作一团。五兴的兴趣就转了,将竹笼里的蝈蝈每天投一只来喂,没想玩过十天,蝎子不但未死,其中一只母的,竟在背部裂开,爬出六只小蝎。一家人皆很稀奇,看小蝎一袋烟后下了母背,遂不认母,作张牙舞爪状。从此,家人闲时观蝎消遣,也生了许多欢乐。

　　这期间,井把式突然觉得肚子鼓胀,先并不声明,后一日不济一日,茶饭大减,才悄悄说知于女人。女人吓得失魂落魄,只告知天狗。天狗忙跑十三里路去深山背来一位老中医看脉,拿了处方去药房抓药,不想药房药不全,正缺蝎子,天狗说:"蝎子好找,我家养的有。"药房人说:"能不能卖几只给我们?一元一只,怎么样?"天狗吃了一惊:"一只蝎子值这么多?"药房人说:"就这还收不下哩。你家要有,有多少我们收多少。"天狗抓了药就往家跑,将此事说给家人,皆觉惊奇。天狗就说:"咱不妨养蝎子,养好了这也是一项大手艺哩!"女人说:"蝎子是恶物,怎么个养,咱知道吗?"炕上的瘫人说:"咱试试吧,这又不摊本,能成就成,不成拉倒,权当

名家作品精选

是玩的。"于是蝎子就养起来了。

天狗在地里见蝎子就捉,捉了就用树棍夹回来。女人在堡子门洞的旧墙根割草,也捉回来了几只。拢共十多只了,就装在一个土瓦盆里。五兴见天去捉蝈蝈来喂。几乎想不到,这蝎子繁殖很快,不断有小蝎子生出来。

天狗想,这恶物是怎么繁殖的,什么样是公,什么样为母,什么时候交配?若弄清这个,人为地想些办法,不是就可以繁殖得没完没了吗?

五兴上学去了,他让五兴去县城书店买了关于蝎的书回来。书是好东西,上边把什么都写了,天狗就认得了公母,成对成双搭配着分装在大盆小罐里。整整三天,一早起来就将盆罐端在太阳下,看蝎子什么时候交配,如何交配。终在第三天中午,两个蝎子突然相对站定,以触器相接良久,为公的就从腹下排出一个精袋在地,然后猛咬住母的头拉过来,将腹部按在精袋上,又是良久,精袋被生殖腔吸收。这么又观察了三天三夜,就总结出蝎子交配要在正午太阳端时,而且温度要不可太热,也不可太凉。他鬼机灵竟买了个温度计,记下是二十度。天狗大喜,于是将蝎盆蝎罐早端出晚端回,热了遮阳,冷了晒日,果然不长时间,数目翻了几番。

天狗捉了二十只大蝎去药房,第一次获得了二十元。他并没有回家,径直去了江对岸的商店,给师傅买了一盒高价香烟,给女人买了一件咔叽衫子,给五兴买了一双高腰雨鞋;孩子雨天去上学,就用不着套草鞋了。

女人当即将新衣穿上,问炕上的人:"穿着合不合体?"炕上的就说:"人俏了许多!"女人就又问天狗:"这么艳的,我能穿得出去?"天狗说:"这又没花,色素哩。"一家四口,三口就都欢心,师傅说:"天狗,你给你买了什么?"天狗说:"只要蝎子这么养下去,还愁没我穿的花的吗?"

天狗养蝎上了心,就亲自去书店买书来看。天狗喝的墨水没有五兴多,看不懂就让五兴做老师。饲养方法科学了,养蝎的气派也就更大了。院子里高的瓮,低的盆,方的匣,圆的罐,一切皆是蝎,而公的母的大的小的又分等分类,从此,堡子里的人叫天狗,也不再叫名,直呼"蝎子!"

到年底,这家又成了大手艺户,恢复了往日的荣光。一家人吃起香来,穿起光来,又翻修了厦房。县城里一家要养蝎的人,知道了天狗的大名,跑来叫天狗"师傅",要请教经验。天狗亲授了一个通宵。临走徒弟要买蝎种,一次买六百只:一只种蝎一元二角,收入了七百多元,天狗把钱交给女人,女人颤巍巍捏着,将钱分十沓,分在十处保藏。

女人是过日子的,没有钱的时候受了恓惶,有了钱就不显山露水,沉着气合理安排,以防人的旦夕祸灾。

下了一场连阴雨,丹江里发了水,整日整夜地呼呼。堡子南头的崖土垮了一角,压死了一个孩子和一头猪。天狗的老屋是爷们在民国年间盖的,木头朽了许多,女人就担心久雨会出什么意外,让天狗过来睡。天狗说没事,睡在那边,一是房子哪儿漏雨可以随时修补,二是防着不正经的人去偷摸东西,女人不依,于是天狗的家产全搬过来,窖里搬不动的一家四口人的红薯、洋芋都存在那里。

雨停了,天又瓦蓝瓦蓝的。女人将蝎子盆罐抱出来在院子里晒太阳,就出门到地里看庄稼去了。天狗也不在家。太阳一照,泡湿了的土院墙就松了,"砰"地倒下来,把三个蝎子瓮砸碎了,又砸倒了鸡棚。井把式听见响声,隔窗一看,吓得半死。连声喊人,没人应。眼见得鸡从棚子里出来,到处啄吃逃散的蝎子,他就大声吓鸡。鸡是不听空叫的,把式就把炕上的所有物什都丢出去撵鸡。末了就往出爬,从炕上掉下来,硬用两只手,支撑着牵引着瘫了的身子爬过中堂,到了门口,总算把鸡打飞出院墙,但一只逃散的蝎子却咬了他的肩。把式"哎呀"一声疼得昏在台阶上。

女人在地里察看庄稼,心里突然慌得厉害,返回一推门,失声锐叫,把男人背上炕,就在院子里四处抓蝎。等天狗回来,一切皆收拾清了,女人坐在门槛上哽咽着哭。

没了院墙,夜里女人睡在厦房觉得旷,给天狗说了,天狗回答道:"我到窑上把砖货已订下了,等这一窑烧出来,咱买回来就垒

墙。"女人就不再说什么,把一口唾沫咽了。

蝎子还要每天中午端出来晒晒,天狗不时用手去拨拨,不让恶物纠缠。天狗的手已经习惯了,不怕蜇,要看蝎子就用手捏,吓得别人嗷嗷叫,他却轻松得很。这回趴在蝎罐看了一会,瞥见女人坐在厦房门口纳鞋底,金灿灿的太阳光洒落她一身,样子十分中看,天狗心里毛毛的,想和她说说笑话。

"这做的是谁的鞋,师娘。"

"谁是你师娘!"

天狗笑了一下,忙又去看蝎子,心里怦怦直跳。过了一会儿,天狗又忘了一切,满脑子是蝎子了,说:"你快来看呀,这一罐不长时间就要分作两罐啦!"

女人捏着针过来,蹴在蝎罐边,她闻到天狗身上的烟味汗味,说:"哪儿就多了,还不是昨天的数吗?"

天狗说:"原数是原数,可瞧它们正欢呢。"

有三对蝎子,正在罐内面对而趴,触器相接,作爱的挑逗……

女人悄声说:"天狗,蝎子是咋啦?"

天狗说:"这是交配呀。"

女人说:"虫虫都知道……"

女人是明知故问的。女人说完,便脸色绯红,反身看天上的一朵云。天狗能是能,这次却不经心失了口,自己也就又羞又怕,竟也显出那一种呆相。女人回过头来,用针尖扎了天狗的腿,天狗"哎哟"一声。炕上的把式听到了,忙问道:"天狗,你怎么啦?"天狗说:"蝎子把我手蜇了。"

第五天,院墙修成了砖院墙。天狗又请来了泥水匠,一定要搬倒原先的土门楼,要造个砖柱飞檐的。把式说:"天狗,算了吧。"天狗说:"师傅,门楼好坏当然顶不了吃穿,可是个面子上的事,咱把它修得高高的,也是让人瞧瞧咱家的滋润!"做师傅的再没阻拦他,却把女人叫到炕上,说:"他娘,咱现在手里有多少钱?"女人说:"一千三。""数字还真不小。""亏了天狗撑住了这个家。"两个人下来却没了话。过了一会儿,把式说:"他娘,现在日子顺了,你也要把自己收拾清净些。你毕竟比我年轻，人也不难看，可三分相貌七分打扮，衣服穿新了，头梳光了……"男人没说下去，女人便低了眼，无声地去做饭了。

女人果然注意了收拾，浑身添了光彩。中午太阳出来她洗头，让天狗提了壶给她头上浇水，又让天狗打碎一块瓷片儿，"我要刮刮额头荒毛。"天狗到底是天狗，不是木头，不是石头，看见女人容光美妙，心里生热，但这个时候，天狗就走了，走到蝎子罐前看蝎子。

一个初六的下午，天狗在地里浇麦地二遍水，女人也去了，两人天擦黑回来，院门掩着，堂屋的门却上了锁。女人以为瘫人是爬出去了，隔窗看时，把式正躺在炕上，手里拿着门上的钥匙瞌睡了。才明白可怜的人一定是叫隔壁人来锁了堂屋门，要让天狗和她回来单独在厦房里吃饭……

女人站在那里，把瘫人足足看了一袋烟的时间。

天狗说："师傅他……"

女人说："他……"

眼里红红地进了厦房做饭。天狗也坐下抱柴生火。两人没有说话，上面是擀面杖的磕撞声，下面是拉动的风箱声。饭做熟了。天狗盛了一碗，寻钥匙开堂屋门给师傅端，女人说："他睡着了，钥匙在他手里，叫不醒他的，咱们吃吧。"一个坐在灶火口吃，一个立在锅项后吃。饭毕，天狗说："你歇着吧，我刷洗。"女人说："这不是男人干的活。"天狗就站在旁边看了她洗。院墙的外边，有猫叫春，叫了好一会。天狗这时是木了，麻了，不知下来该怎么办，为难得要死。女人擦了碗，又去擦盆子，擦缸子，不该擦的都擦了，还是要擦，把手占住，把眼占住，但心占不住，说："你累了？"天狗说："累，也不累。"却加一句，"歇下吧。"就要出门，女人把他叫住了。

女人说："天狗，我有话要给你说呢。"

天狗一脚在门槛里，一脚在门槛外，说："什么事？"

女人拉过一条凳子让天狗坐了，一边替天狗拍打肩上的土，一边要说话，却也好为难："天狗，他近日又添病了哩。"

名家作品精选

天狗说："师傅吗？怎么不早对我说，我就发觉他饭吃得少了。"

女人说："你哥他……"她第一次对天狗称瘫人是"你哥"，不是"师傅"，自己倒再也启不开口了。

天狗说："明日我去请医生。"

女人就抬起头来，泪眼婆娑："天狗，你是真的什么都不懂，还是和我打马虎眼？"

天狗有什么不懂的。自进这家门，他就时时预备着女人要说出这样的话来，天狗本性是胆小的。

女人说："天狗，是不是我人不人，鬼不鬼的……"说着就趴在了床沿上，拿了牙咬嘴唇。

天狗知道糊涂是装不得了，就过去扶起了女人。女人软得像一摊泥，天狗扶她不起，自己也跪下了，说："我，我……"又急又怕又窘，支吾不清。女人抬起了头，一双抖抖的手，托住了天狗的脸。

"师娘！"

"谁是你师娘？法院让你叫我师娘？街坊四邻让你叫我师娘？"

"……姐！"

天狗叫出一个深埋在心底里的"姐"，女人突然软在了天狗的怀里。

外边的夜黑严了，黑透了，不是月蚀的夜，天空却完全成了一个天狗，连月亮、星星、萤火虫都给吞掉了。屋里灯很亮，灶火口的火炭很红。夜色给了这两个人黑色眼睛，两个人都看着亮的灯和红的炭，大声喘气。天狗抱着女人，女人在昏迷状态里战栗。天狗的脑子里的记忆是非凡的，想起了堡子门洞上那一夜的歌声，想起了当年出门打井时女人的叮嘱。过去的天狗拥抱的幻想，是梦；现在是实实在在的女人。肉乎乎软绵绵的小兽，活的菩萨，在天狗的怀里。天狗怎么处理这女人？曾经是女人面前的孩子的天狗，现在要承担丈夫的责任了吗？天狗昏迷，天狗清白，天狗是一头善心善肠的羊，天狗是一条残酷的狼，他竟在女人头发上亲了一口，把战栗的菩萨轻轻放在了凳子上。

女人在黑暗里睁大了一双秀眼。

"天狗，你还要到老屋去吗？"

"我还是去的好。"

"我知道你的心，天狗，可我对你说，我和他都了解你，你却不了解我，也不了解他。我是老了，我比你大三岁……"

"姐，你不要说，你不要说！"

"你让我把话说完，天狗，这一半年里，咱家是好过了，怎么好的，我也用不着说出来。你既然不这样，我也觉得是委屈了你，我将卖蝎的钱全都攒着，已经攒了一千三了，我要好好托人给你再找一个，让你重新结婚，就是花多花少，把这一院子房卖了，我也要给你找一个小的。兄弟，五兴他爹，我和你哥欠你的债，三生三世也还不完啊！我不知道我怎么才能报答你，看着你夜夜往老屋去，我在厦房里流泪，你哥在堂屋里流泪……他爹，你怎么都可以，可你听我一句话，你今夜就不要过去，我是丑人，是比你大，你让我尽一夜我做老婆的身份吧。"

"姐，姐！"

天狗痛哭失声，突然扑倒在了尘土地上，给女人磕了三个响头，即疯了一般从门里跑出去了。

第三天里，打井的把式死在了炕上。

把式是自杀的。天狗和女人夜里的事情，他在堂屋的炕上一一听得明白，他就哭了，产生了这种念头。但把式对死是冷静的，他三天里脸上总是笑着，还说趣话，还唱了丑丑花鼓。但就在天狗和女人出去卖蝎走后，他喊了隔壁的孩子来，说是他要看蝎子，让将一口大蝎瓮移在窗外台上，又说怕瓮掉下，让取了一条麻绳将瓮拴好，绳头他拉在手里。孩子一走，他就把绳从窗棂上掏进来，绳头挽了圈子，套在了自己脖上，然后背过身用手推掉大瓮。绳子就拉紧了。

天狗回来，师傅好像是靠在窗子前要站起来的样子，便叫着"师傅，师傅！"没有回音，再一看，师傅的舌头从口里溜出来，身上也已凉了。

把式死了，把式死得可怜，也死得明白。四口之家，井把式为

天狗腾了路,把手艺交给了天狗,把家交给了天狗,把什么都交给了天狗。他死得费劲,临死前说了什么话,谁也不可得知。天狗扑在师傅的身上,哭死了七次,七次被人用凉水泼醒。后悔的是天狗,天狗想做一个对得起师傅的徒弟,可是现在,徒弟对于师傅除了永久的忏悔,别的什么也说不出了。

堡子里的人都大受感动。

埋葬把式的那天,天狗虽不迷信,却高价请了阴阳师来看地穴,天狗就打了一口墓。墓很深。深得如一口井。他钻在里边挥锨挖土,就想起师傅当年的英武,就想起那打井前阴阳师念的"敕水咒"。

堡子里的人都来送葬。这个给堡子打出井水的手艺人,给家家带来了生存不可缺少的恩泽。他应该埋到井一样深的地方,变成地下的清流,浸渗在每一家的井里。

棺木要下墓了,女人突然放声号啕,跳进了墓坑,乞求着埋工说:"让我给他暖暖墓坑,让我给他暖暖啊!"

天狗也跳进去,解开了怀,将胸膛贴在冷土上。

日光荏苒,转眼到了把式的"百日"。这天,堡子里来了许多悼念的人,这一家人又哭了一场,招呼街坊四邻亲戚朋友吃罢饭,天狗就支持不住,先在师傅睡过的炕上去睡了。他做一个梦,梦见了师傅,师傅说:"天狗,这个家就全靠你了!家要过好,就好生养蝎,养蝎是咱家的手艺啊!"天狗说:"我记住的,师傅!"就过去扶师傅,师傅却不见了,面前是一只大得出奇的蝎子。天狗醒来,出了一身汗,梦却记得清清楚楚。翻身坐起,女人正点着灯,在当屋察看着蝎子盆罐。地上还有一批小瓦罐,上边都贴了字条,写着字。

天狗说:"五兴呢?"

女人说:"刚才把这些字条写好,看了一会书,到厦屋睡了。"

"蝎种全分好了?"

"好了,每家五只,除过五十家匠人顾不得养外,拢共得七百五十只,你看行吗?"堡子里的人都热羡着这家养蝎,但却碍于这是这家的手艺，便不好意思再来学养。天狗和女人商量了，就各家送些蝎种，希望全堡的人家都成养蝎户，使这美丽而不富裕的地方也两者统一起来。

天狗听女人说后，就轻轻笑笑，说："明早咱就送去。中午去药房再卖上几斤，五兴再过十天就要高考了，要给他买一身新衣哩。"

女人说："五兴考得上吗？"

天狗说："问题不大吧。"

女人揭开那个大瓮，突然说："天狗，你快来看看，这个蝎子好大！我还没见过这么大的，怎么长得这么大呀！"

天狗走过去，果然看见蝎子很大，一时又想起了师傅，心里怦怦作跳，就坐回炕上大口喘气。

任 氏

任氏是个女妖,与郑六在长安城里认识的。

郑六好酒色,但人丑陋,又贫困无家,托身于妻族,便终日跟从了妻表兄,叫韦崟的,喝三吆四,闲游瞎逛。一日,两人又约定去新昌里吃酒,走到宣平,郑六忽记起还有一桩别事,说要迟到一会儿,自个骑驴往南,在升平北门里遇着了任氏。任氏那天穿着白衣,款款在街上走,郑六猛地瞥见,一时惊艳,人驴都愣住不动了。想:天下还有这般美人!以为是在梦中,自己打自己脸,脸生疼,就哀叹自己贫而丑,只能守家中那个黄脸婆。恨恨骂道:美女人都叫狗×了!骂是骂了,却不忍掉过驴头,也忘了要办的事,策驴一会儿走到人家前边,一会儿又落在人家后边,欲要搭话,却又不敢。任氏并不作理会,裙长步碎,腰肢软闪,祆襟处掉下一条手帕。郑六急说:"哎,掉东西了!"任氏捡了手帕,拿眼看他,眼是会说话的,郑六胆就大了,说:"这么美的人儿,怎么步行呢?"任氏并不羞怯,却笑了说:"有驴的不让嘛!"郑六立即翻下驴背,说:"我这驴实在不配你骑的!你若肯,你坐了,我能跟在后边就高兴得很哩!"任氏说:"是吗?"郑六说:"是啊!"任氏也不扭捏,说:"那我真要坐了!"坐上去,郑六驴前驴后颠着跑。

郑六信着任氏走,一直走到城东乐游原,天色便黑下来,见着路旁有了一庭院落,虽土墙车门,里边室宇却华丽清洁。任氏就下了驴,说:"稍等一会儿。"自个先走进去。门屏间有一女仆,过来问郑六名姓,郑六告诉了,也问女人名姓,方知姓任,排行二十,郑六说:噢,任二十娘!过了一会儿,被引入室去,室里早已有人列烛置膳,热情招呼吃喝。酒过三杯,任氏更衣出来陪伴,两人相互敬酒，酣饮极欢。郑六先是心意急迫，额头出汗，手却索索直抖，口里也语无伦次起来。暗自骂自己没彩，待稳住神气，借低头去捡掉下桌的筷子时，趁机将椅子往任氏身边挪近。见任氏并未退让，伸手过去捏了一下她的腿，慌忙缩回。任氏笑笑，倒端了酒杯又敬他，郑六已耳脸彤红，接了酒杯，也接了女人身子，嘬口就要吹灭灯盏。任氏说："你啥不怕的，倒也怕灯？"郑六越发放肆，也不言语，抱了任氏在椅上解怀松带。任氏推拒，郑六已跪下说："你是我见到的第一个美人儿……你救救我吧！"任氏看着郑六，擦了他口角涎水，扶起来，说："这也是我命里所定……"郑六就抱起去了卧房。女人的妍姿美质，郑六从未见过，女人的歌笑态度，郑六从未经过，这一夜，郑六如狼如虎不能歇，如痴如醉又不敢信。

天明，任氏却催郑六早去，说是其兄在南衙任职，每日清晨要回来的。郑六不得已，又强支精神折腾了一番，还不忍走。任氏约了再会的日期，郑六方吻了女人从头到脚，又嗅了女人的衣衫鞋袜离去。

到了城门下，门还未开，城门外有家卖饼小店，店主正生火起炉，郑六一边坐于帘下等候城楼鼓响，一边与店主说话。

郑六说："从这儿往东，那一大院落的是谁家呀？"

店主说："哪里？那里一片荒地，没人家呀！"

郑六说："我刚才还经过那里，怎么能没有？"

店主一脸疑惑，突然说："噢，我知道了，这里有一个狐狸精，常诱男人过夜的，已经有过几个遭了道儿，今日你也遇了？"

郑六登时羞赧，却说："没。"但郑六终不肯信，天大亮后，偏返身回去看，果然只见土墙车门，里边却衰草败柳，是一片荒芜的园子。

灰塌塌回来，见了韦崟。韦崟指责郑六失约，郑六也不好实说，支支吾吾只是受着。想自己所遇美人原是妖狐，甚觉悔恨，发誓道：再不寻女人了，美女人都是狐狸精！但一见到老婆，黄脸焦发，又唠叨不已，不去想任氏，又能想谁？夜里与老婆上床，老婆噗地吹灭灯，他就想到那日之夜，闭了眼，幻想身下老婆是了任氏，老婆

说："你现在刚强哩！"郑六也不作答，事毕翻滚一边，眼睁睁着直到天亮。

每日清晨焚香，希望当天能见上任氏一面，但就是见不上。也去了那土墙车门处张望几回，仍无踪影。几乎心已经灰了，这日去西市买衣服，人多如蚁，正在人窝挤着，偶一回头，却见任氏在前边，急声呼叫。任氏才与一衣铺伙计论价，听到呼声，并未回头，竟裹入稠人之中就走。郑六哪里肯放过，掀倒了一排人，连呼带追，任氏是站住了，却背向，又以扇遮面，说："你什么都知道了，还来寻我干什么？"郑六说："知道是知道，但我不管！"任氏说："你不管，我却羞愧了，你走吧。"郑六说："我不走，我要看你哩！"任氏一时哽住，但仍不转身，也不扯扇。郑六转到她的正面，她又背过身去，如此周旋，郑六说："我想你都要想死了，你就忍心抛弃我？"任氏说："我哪里敢抛弃你的，只怕你见了要恶心我……"郑六心下一怔：莫非她脸面毁了？猛地扳过任氏身子，拨开扇面，任氏美艳如初，顿时情不能禁，下身有热东西滑出。任氏说："我是妖人……你自己看不出来，也怪不上我。"两人重归于好，出了西市，郑六见四下无人就搂抱了任氏，要求在一棵树背后寻欢。任氏拒不，却说："像我这样的，被人所恶，我也明白人恶的并不为别的，就害怕伤人，其实并不是这样的。在野外慌慌张张的，能有什么乐趣，你若觉得我并不会害人，又要长久乐趣，你得有个住处，我愿一生伺奉你。"郑六欢天喜地。但郑六无家，与任氏往哪儿住呢？任氏说："你往东，看见巷口有一高树的，那里有一处幽静房子，可以税住。前些日子，与你分手乘白马而东去的是不是你妻的表兄？"郑六说："是的，你什么都知道？"任氏说："他家生活用具多，可以借一些用嘛。"

郑六寻到有高树的巷子，果然有一处房子可税，就又去借用韦崟的家具。韦崟说："你做什么用？"郑六说："最近弄到一美女，已税了房，缺些日用家具。"韦崟笑了，说："郑六呀，瞧你这模样能弄到什么美女？！"借给了帷帐榻席之具，却让家仆跟着去看看丑八怪。

家仆去了，不一会就气喘吁吁跑回来。韦崟问："有没有女人？"又问："是个什么恶心样？"家仆说："这事日怪了，他竟能弄到那么样个大美人儿！"韦崟姻族广茂，又一贯风流，什么好女人没见过，当下就问有没有某某美？家仆说："不是一个档次！"韦崟又问有没有某某美？家仆说："不是一个档次！"如此比过四五个，都是韦崟见的绝色，家仆都是"不是一个档次！"韦崟说："难道有吴王六女之美？！"吴王之六女是韦崟的内妹，艳如神仙，中表素推第一。家仆说："吴王六女美不过她！"韦崟惊讶不已，遂洗了澡，换上新衣，要亲自去眼见为实。

韦崟去时，郑六恰好不在家，一仆正在扫庭院，一妇人一脚门里一脚门外，鲜艳异常。韦崟问仆：那位可是郑六的新人？仆人说："她哪里是？！"韦崟暗自叫道：这女人够美了，难道还有什么美人？就走进屋去周视。忽见有穿红衣者立于窗下，急近去，任氏已藏于窗扇之间，不得其面，只见其脚，精巧绝伦，便过去一把拉出光亮处来瞧，一时惊得目瞪口呆。韦崟是风流坏子，更是豪爽男人，见未能见到之美，爱之发狂，一下将任氏拥入怀中，口舌乱吻，手探入胸。任氏不从，百般挣扎，无奈韦崟力大，任氏被箍得不能动，就说："我就是服你，你也不能这样呀！"韦崟说："那好。"但不用力，任氏却逃脱就跑。韦崟又追上搂紧，伸出舌来，任氏闭口不接，头扭转如轴，说："你松开我，我依你。"松开又挣脱欲逃，衣带都撕断了。如此四回五回，韦崟就使了全身力气，终将任氏压上床去。任氏力气耗尽，汗湿了衣服，就不再拒抗，而神色突然大变。韦崟说："我经过多少美人，倒没有你这样，我这么爱你，你就偏偏讨厌我吗？"任氏哽然长吁，说："郑六可怜啊！"韦崟说："他可怜什么？"任氏说："郑六杠是一个男人，连自己的女人都保护不了！"韦崟说："难道我不如郑六吗？"任氏说："你当然比他好。可你是富贵人家，人又英俊，什么美人没见过，而郑六穷贱，样子又丑，他见过的女人能满意的却唯独有我。你怎么以有余之心夺人之不足呢？如果你觉得他穷贱不能自立，穿你的衣，吃你的饭，为你所用，他的女人也应该给你的话，你要我干什么我便给你干什么！"韦崟听

151

了,咽下口液,登时冷静,放脱了任氏。任氏偏也不逃,侧卧床头,韦崟就整理了自个衣衫,鞠礼而说:"我不敢了。"唤仆人取水洗脸,一派严正。

　　从此,三人归好,往来频繁,韦崟没有将强迫任氏的事告诉郑六,任氏也未说过韦崟坏话。三人相处日久,韦崟最为活跃风趣,对任氏百般殷勤,更口无禁忌,但再不有别想。任氏当然知道韦崟爱她,也从心里爱这男人,就说:"你这么对我好,我真不知道怎么才能报答你!我有什么能耐,女人家就是个身子,但我想过了,我就是以身许你,一是我这陋质不足以回报厚意,二是你又不能负了郑六,欢悦难以惬意。如果你肯,我一定要给你物色一个好的女儿家!"韦崟自然是肯,当下作揖称谢。

　　有一鬻衣之妇叫张十五娘的,肌体凝洁,韦崟一直暗恋她。就问任氏认识不认识。任氏说:"那是我表妹,我可以给你们撮合。"一月后,韦崟心想事成。但数月,又生了厌意。任氏说:"绝好的女子一般不在市面上抛头露面。市人易找,但易得到的又难长久,我愿再给你慢慢找更好的吧。"韦崟说:"昨日我去千福寺,刁将军张乐于殿堂,而其中有个吹笙的女子,年纪二八,双环垂耳,好得很,不知你认识不?"任氏说:"她呀,那是我内妹的女儿哩。"韦崟就求任氏,任氏一指头戳他额头,说:"你呀你……"日后还是去了刁家。

　　刁家的女儿恰好染疾,看过了多少郎中,医药无效,又请了巫婆在家禳治。自任氏去后,韦崟三日五日就来问情况,任氏只是劝告别急,直到一月,韦崟又问,就让韦崟出双缣行赂。韦崟极快送来了双缣,任氏将双缣便赂于巫,一番密议,巫婆对刁将军说女儿病要得好得换居住,最好为东边,若巷前有高树,其中房子幽静则更好。刁家人查访了正好是任氏处,刁将军就亲自来求任氏,任氏却托辞屋窄狭,有些不愿。刁将军夫妇连来求过三次,任氏方才应允。那女儿住过来后,果然病情好转,任氏就引韦崟来通之,竟经月乃孕。其母害怕,遂领女儿回去,也怨怪任氏经管不严,再与任氏不复往来。韦崟过意不去,往后任氏和郑六的一切生活费用就全包了。郑六也怪过任氏,不该老是拉牵自己的亲戚,弄到孤家寡人地方。任氏说:"我也知道这毕竟不好,但韦公子是何等人物,他要弄谁必会弄到手的,我只是报答他,使他得获顺利些罢了。况且,你也知道,我是妖人,我的亲戚都是妖人,这也无妨。"谁知郑六自此见着美人就作想是妖人,甚至提出让任氏也给他拉牵,任氏怒而责之:"你们做男人的这般德性?天下的美色并不都是妖人,妖人即使异物,异物之情也有人道,你哪里能识得出,又哪里能揉变化之理?"说得郑六满脸羞愧,再不敢有非非之念。

但郑六毕竟贫困,每日在家恨富人,恨自己,见了富人又热羡巴结。任氏说:"你能不能借到五六千钱?若能借到,我可以为你谋利。"郑六就借钱六千。任氏着他去市上,但凡见到马股上有疵者便买。郑六果然买了,很遭妻昆弟一顿笑话。过几日,任氏又着郑六去卖马,言说可得三万钱。郑六牵马去市,又果然有人愿出二万钱买。郑六不卖,至市尽,牵马返回。买者纠缠而随,已增价二万五千,郑六仍是"不给三万不卖"。昆弟得知聚而奚落,郑六才将马卖出。也觉奇怪,问买者为什么须要买这匹马?买者说,昭应县的御马疵股,死了三年了,但管养马的官吏并未及时除籍,官征其估,计钱六万,而以一半数再买,就能获半数以上利。何况有马以充数,三年的养马费用又能私得,所以才这么一定要买的。郑六深感任氏精明,以卖马钱买了许多新鲜服饰给任氏。任氏有了新衣,愈发美艳,每着一次,郑六就要求叙欢,任氏接受了,不免也说:"你给我买衣,其实全是为了你哩!"

一年后,郑六经韦崟推荐,被授槐里府果毅尉。平日郑六与任氏昼游于外,但因有妻室而夜寝于内,恨不得专其夕,故将官上任,便要任氏同他一块去。任氏顺从惯了,这回却不愿,说:那么长的路程,人困马乏,同行也不见得有什么乐处,你留些粮钱,我过些日子一定再去。郑六不行,再三恳求,又请韦崟劝说,任氏作难良久,方说:"有巫者对我说,今年我不宜西行。"郑六就对韦崟说:"这么明智的人却听巫者说!"还是恳请。任氏说:"就是不信巫,我这一去死了,有什么好处?"郑六和韦崟说:"哪有这事?!"任氏

名家作品精选

只好同郑六上路。韦崟特意借她一马,又送到临皋,挥袂别去。

出城往西到马嵬,任氏乘马在前,郑六骑驴在后,女仆又在后,正行走着,草丛中忽有苍犬汪地扑出,郑六还未定神,便见任氏欻然坠地,竟变一狐向南急奔,而犬穷追不舍。郑六知任氏是妖人,但眼见幻变成狐,仍是惊魂丧魄,掉下驴背。爬起来见狐虽快,苍犬更快,危在旦夕,遂撵赶叫呼,而犬仍是不止。一直追出二里远,撵是撵上了,但狐已被犬咬死,雪样洁白的美狐,脖子断而连皮,血殷殷染红一片草地。郑六痛哭不已,双手掘坑将狐埋了,返回见马仍在路边吃草,衣服还在鞍上,履袜还在镫内,如蝉蜕一般,唯首饰在地。女仆也不知去向。

又一月后,郑六从槐里府回长安城。韦崟迎见,问任氏还好吧。郑六潸然泪下,说:"死了。"韦崟当下哭出声来,问患什么疾病死的?郑六说:"为犬所害。"韦崟说:"犬就是再厉害,怎么能害人?!"郑六说:"她不是人。"韦崟惊道:"不是人?是啥?!"郑六叙说本末,韦崟叹息不能已。第二日,特意同郑六往马嵬,发掘坟丘看之,又是长哭一场,说:"她是妖人,咱们也非精人,徒悦其色而不懂其情性,要说是苍犬害她,其实是你我之人害了她啊!"

此后,二人视万物有灵有性有情,再不敢妄动。

1997 年 12 月 1 日

据(唐)沈既济原作改写

烟

　　石祥小的时候去山上古堡,就知道古堡的瓦砾中有这么个烟斗。那一年,石祥只有七岁,现在却是十八年的烟龄了。

　　夕阳如血地照来,是一天最好的时光,微风踏斜蓑草,汗水已不粘腻,蚊子也不到来的时候,山沟里真是偷得一时的闲静了。这边山坡上没有向那边山坡放枪,那边山坡也不向这边山坡放枪,似乎彼此达成了一种默契,谁也不要辜负了美妙的时光。石祥就赤身裸体趴在那块已经趴得很久的光溜溜的洞口,用意念放松着头皮,再是眉部、腮部、后颈、双肩、胸部,一节节到了脚脖,一股酥酥凉气沿脚心而出,他想要唱一句戏呢。但石祥不能唱,咽了咽唾沫,木木地发半晌呆,点燃了烟斗里的一颗香烟,旋即一缕蓝烟升起,在洞顶上受阻而摇曳变幻,有一丝二丝便顺着草叶飘出去了。如果站在对面的山坡,这个洞是发现不了的,戴着草编的石祥的头也是发现不了的,但阳光能照着这个烟斗,铜的光亮会像一颗小星子一样的,可是石祥放大着胆子照常吸烟,正是出于年轻军人的一种得意的显示。后来目光便移开了铜的烟斗,乜眼瞧那个红与黄的落日,日渐下坠,但很长的天幕上似乎残遗了无数的日影,以至看到了日行之迹。"日也是铜造的?!"不知怎么石祥想到如果以烟斗去磕那落日,一定是悠悠动听的铜声。瞧呵,这最南的边境线前的一片连绵不绝的山岭,石祥看得好远,但他没有去过,如同他只见过那同样是连绵不绝的赛鹤岭而仅仅是上过其中一座山峰的一个古堡一样,待在这坡下的沟里,恐怕你是永远也兜转不出,壑壑岔岔,哪儿都是开始,哪儿又都是结尾,山深似海,实在是海的模样。石祥想入

名家作品精选

非非了,要是有一架飞机,从飞机上往下视,这片山地又该是一个环窝套着一个环窝,那是风的舞蹈留下的巨形脚印吗?可是,可是整个的战事却在这里进行,于两面山坡上,你向我轰一阵炮,我向你轰一阵炮,或是零星的施放冷枪,这战事好庄严好残酷,是不是又有些好玩的意味呢。年轻的军人突然为自己的想象感到高兴了,他想说话,将烟斗在铁管上磕了一下,铁管随之也传来金属的颤响声,石祥忙把耳朵贴了近去。

"你瞧那落日!"

原本要告诉的正是落日,全没想那人却是在提醒他了。

"瞧那落日。"他说。

"落日好酸!"

"又看着老婆的照片了吧?"

"我抽烟哩!"

远隔十三米外的一个洞中,趴伏的是二十二岁的小李子,他们自进入阵地以后,已经是十七天没有见过面。每日小李子在那边一敲动流水的铁管,那洞里的滴水聚成潭就可以将一部分输流到这边来供他饮用。这几乎是一种发明,秘密的水管倒成了他们通讯的工具,只要口对着一头的管口说话,对方就能听到,当然这种低沉嗡嗡的音响,只有他们才能破译出其中的含义,以至他们在这称之为电话的水管里对话时不止一次地得意说:咱们现在的耳朵是有了特异的功能,可以听辨鸟的语言和蚂蚁的语言了!

"抽烟你在想什么呢?"

"我挺起你那个烟斗,它真的是古堡上的吗?"

"谁哄你天黑让挨了枪子!"

"你知道这烟斗你曾用过?"

"那当然。"

"那么,你前世是做什么了,也是打过仗吗?"

石祥不言语了。当他带着这个烟斗来到了军队,他是军队中烟龄最长的兵,大家都在嗤笑着他的这个玩意儿:在过去的年月,这或许是一件很精美很值钱的烟斗,但现在不免滑稽可笑,一副村相的蠢样,简直与一个现代军人不相称了。于是,他正经地讲过去的故事,故事当然使人人惊奇,随之皆又不信,做了士兵仍是一副乡间孩子憨态的石祥说完了故事,他也有些奇怪了:为什么就会知道呢?七岁的孩子,饥饿的苦焦使他跟着父辈一块去赶了驴驮贩粮,逼仄的山路上他们行走了一夜,天明方翻上了赛鹤岭。赛鹤岭是那么的广大,朝阳的涌出,使众峰群壑蚀上了红色,他看见了每一个山头上都是有一座石砌的古堡,也红如锈铁。父辈们感慨着,提出要往一个山头的古堡去,他们被壮观激动,为久远的发生在这一带许许多多的往事以及世事沧桑而长长叹息。他们自然是不允许石祥上去的,"看着干粮吧!"这么限制了他,似乎觉得不忍,就也允许他在看护干粮的时候可以大吃一气。但是,石祥却突然想吃烟,实在想吃烟,从来没有过的烟瘾令他这么烦躁,他也不晓得这是怎么啦?他将驴驮上的干粮袋一件一件卸下来往一处集中,就有一群长翅的鹰和黑丑的老鸦在头顶飞旋,数次冲下来要搏夺了那干粮袋子;就在他搬动了石板镇压住集中到一处的干粮袋时,一只老鸦已啄开了驴驮上的一条布袋,急忙呼叫扑打,老鸦竟衔了布袋起飞,那破了洞的布袋就遗漏着秫面糕的碎块四处扬撒。要是往常,石祥会痛惜大哭,会一面拾了石子掷打而一面捡着糕的碎块填到口里去,可这阵石祥的烟瘾是发了,当用身子趴在那压干粮袋的石板上时,烟瘾使他一阵昏眩,觉得眼前的一切是那么熟悉,他大声地对着已爬到半山头的大人们喊:不能上那个古堡,那个古堡什么也没有的,往左边那个古堡去呀,古堡的左边有一条小路的。大人们被他的话惊住,幼小的石祥并不在意,仍处于恍惚之中,说:古堡左角的那一棵树下,掀开那面白石板,下边是有一个烟斗啊!听着他这样的叫喊,大人们就认为这是在胡说了,但恰恰还是上了他所指点的古堡,竟出奇地是在那树下的白石板底下果真发现了一个小小的烟斗,人们呼叫着下来了。

"石祥,你说的是什么样烟斗呢?"

"子弹壳做的烟斗嘴,细铜管做的烟锅杆。"

说得一点没错。小石祥一把夺过来。

"这是我的!"

"你怎么知道这里有烟斗呢?!"

"我知道。"

就这样,石祥能知道前身的事流传开来,但前身的事还知道些什么呢,譬如姓什么,叫什么,干过什么事情,石祥却无论如何是说不出来的。

他现在也无法对小李子说得出来。

百无聊赖的石祥这时只有把玩他心爱的烟斗了,虽然他带的是整条的高档香烟,他偏要拔掉过滤嘴,将纸烟插在烟斗里或是干脆撕开了烟丝按到烟斗里来吸。黑漆漆的牙咬着烟斗嘴,那一块铜已经咬得发扁,似乎只有这么咬嚼才有了烟的滋味。长长的一口吸使烟输送到了身子的每一个关关节节,又带着关关节节里的疲倦悠悠从口中涌出,这个时候石祥就最有了想象力,眯缝了眼睛想起什么便来什么,要看着什么也真的就是什么,以至于真假不能分辨,连自己也我非我非非我起来了。那在洞壁顶上缭绕的是朝朝暮暮的云雾吗,那湿津津的洞壁上也是露水附着吗?一只身上有着光洁油亮的壳背的昆虫一定就是刚刚爬出水面的龟了吧。哎呀,云雾生发的早晨空气里到处是呛呛的腥味,岸边的峰峦将晨曦分割成无数的三角,这一个三角幽暗,那一个三角明丽,三角与三角接连处就变幻着五色或是七彩。石祥隐约听到一种嗡嗡细音,不用看,那该是一只小蜂千百次扇动了带露的薄翼了。但他还是把眼睛睁开了,首入眼帘的还是那只漂亮的龟在爬行,触动了洞壁角的一盘小小蛛网,蜘蛛却没有动,缀在网上的和珍珠一般的水珠在一瞬间垂垂欲坠了,却没有掉下来。掉下来的时候,那是多么美妙的一种音响啊!烟雾越来越浓,真是云雾无心出山岫,几只蚊子在其中飞动了。不不,这不是蚊子,怎么是蚊子呢,呈祥的仙鹤姿势才这么优美。仙鹤呈祥,洞便是仙洞,洞中一日世上百年,这一句自幼便听得的古话使石祥却忧患起来,想到了遥远的那个有着自己童年和少年的故乡,想到了要在某一日回去,村中的房子还在吗,人还认得他吗,他还认得那一座不会塌的石桥和那一口搬移不走的水井吗？烟愈是浓烈了，不再是袅袅，简直有翻腾涌滚之势，看不见了仙鹤的石祥担心天要下雨了，那么，天是什么呢，地是什么呢？噢，噢噢，天之所以为天的是云，地之所以为地的是水，水升蒸便为云了，云降落便为水了，天地原来是一样的。因此云纹和水纹多么相似呀，那云中的鸟水中的鱼除了毛和鳞还有什么区别呢？石祥在瞬间的玄想妙得后，感觉到了心身十分受活，在他重新打坐起来的时候，他发现了三面洞壁上茸茸地生就了一层绿苔，这是石祥为之得意的事呢，这些绿苔在很久前就生就的，它们已经同他沦同了一个生命，在他没有烟吃的时候，除了紧张的作战时间，他是无精打采的，这些绿苔也似乎蔫下去，附在洞壁上几乎没有了颜色也没有了形体，而他一吸烟，他来了精神绿苔也鲜活活地呈绿显形了。这么想起来，石祥突然觉得洞外的山坡上杂七乱八了的那些松、杉、栲、檞、青桐、白桦全然不是树了，是一群似乎见过面的熟人在陪他站着，站着的是那么英武和亲近。这是些怎样的人们呢，怎么就觉得熟悉呢？愈是这样想，耳际里就隐隐约约响起了激烈的枪声，且在枪声之中成片成片的人倒下去，然后是死死寂寂的安静，然后是树木萌生为林……这是怎么了，这是怎么了？恍惚中的石祥要求个究竟，满坡满谷的林子却突然像产生了无比强大的磁力，他又像是一只小鸟要被吸将包容而去，但他要被吸将去，林子却似乎一直在远处，他和林子同时在飞逝着而使他不知所以然地坠入一种境界中去了。

这是八十年前吗，这是那个赛鹤岭吗？

赛鹤岭上聚集着一群英武的人物。三省交界的边地，山高皇帝也远，这些落草的英雄差不多已经傲啸了十年，他们企图赶走三十里外的县城中的官家，目的却迟迟不能达到。当然，官家也并没有打败他们。可惜的是他们为着共同的业绩而生分抱怨起来以致内讧爆发，经历了残酷的厮杀，成片成片的人马死去，终于各自占领一个山头修寨筑堡为王起来。铁打的寨堡流水的大王，到后来，在一座五凤峰上突然出现了一位新的大王。大王从哪里来，什么出身？

土著的群王谁也不知道,他们简直不能容忍这外来的人在他们地盘上吃饭。但是,每当红日西坠,这新大王骑马在古堡上扬手放枪,就将天空中的飞鹤一只一只打下来,然后一动不动如雕塑一样地立在那里,昏黄的天幕正衬着是他的背景,气宇是那样轩昂又沉静,似乎手一伸就要拍打着太阳有玻璃一样的脆声,这剪影使赛鹤岭的人都看见了,所有的大王都有些怵惧了。他们恨他,却又怕他,终有一个姓胡的大王历来是杀人不眨眼的枭雄,便派了一个头目去探虚实,他要试试新大王的厉害。这头目喝了三碗烈酒,自是凶凶豪气,爬上了那座最高的山峰,攀登了六十四台长条青石铺就的古堡门洞长阶,新大王正坐在最上的一台石阶上盘脚搭手着吸烟。那时所有的大王都吸用着装板烟丝的水烟袋,这位新大王口中却噙着一个铜管制作的小烟斗,烟斗锅里恰插着一支纸烟。头目不知怎么就慌乱地跪下,头也不敢抬的,说:"禀告大王,我是南峰胡大王派来的。"新大王说:"我等你好一辰了。抬起头来吧,坐到这里吸颗烟。"头目听见语句是那么柔软平和,于是把头抬了,却立即胆子壮大起来,他从来没有见过一个吃粮的逛山竟会长有这么俊秀的面孔,眉细眼长,鼻准圆润,腮帮有红似白地细嫩。头目差点嘻地笑起来,如果不是听闻到这就是那个厉害的新的大王,他会要初阳发动上去捏捏那细皮嫩肉的脸蛋了。新大王说:"胡大王有什么事吗?"头目说:"我家大王让告诉你,三天后有人要来端了你的窝子。"这话是胡大王来试探的,意欲新大王听后自动能离开此地,但头目现在想立功了,说完话就看新大王的脸,他要趁这美男子不注意,一刀砍了脑袋提回去。新大王听罢,却无动于衷,竟将双目微合了深气吸烟,那烟一丝一缕没有再飘出来,甚至刚才吐出的还绕在额头上的一团烟缕也悠悠吸进口去,像是一堆乱绳寻着了绳头收走一样无踪无影。头目便有些呆了。但也就这时候,那烟却又从新大王的口中飞出,飞出的是一个烟的小小的圈,旋即扩大,倏忽套了头目的脖子上,接着又一个一个烟圈套来,瞬间烟圈接踵而生一个接一个地套在头目的脖子上了,头目立身不能动,脖子也僵硬起来,用手去抓又抓不下也赶不散,浓烈的呛味使他一时昏然不知所措。新大王却说话了，仍慢条斯理的："多谢你家胡大王，回报说我知道了。"头目已经听不见他在说什么，惊恐地看着脖子上的烟套终于慢慢散去，便真如绳捆索绑之后的身骨散架似的倒在地上。当新大王再要他也来吸一颗烟，说这烟真是好味道呢，他慌忙磕头，倒退着要从六十四阶石台上下去。新大王说："你这样回去，胡大王要怪罪你了，我送你一个立功的东西吧。"遂从地上拣起一块瓷片，只那么在左手上一划，便有一枚指头断下来，头目失声大叫，新大王说："这枚六指只怕就是为胡大王长的。"左手扬了扬，还是五枚指头，那一枚却在地上虫子似的蹦跳不已。

从此新大王就长居五凤峰的古堡，他可以到每一个大王的领地内收取税款粮草，每一个大王领地的巡哨都不能拦截阻挡，新大王成了实际上的赛鹤岭上众大王的大王。

又一年的三月清明，赛鹤岭风传着新大王有了压寨的夫人，众大王便都携了厚礼前来祝贺。宴席还没有开，五凤峰寨的场子上摆下了茶点供宴前小坐，新大王就让压寨夫人为大家斟茶了。夫人果然美若天仙，鸦云乌发，星月眉目，裙下的一点品红绸鞋小脚走过来如水上漂一样消声静气，而散发的幽香却是每一个人都浓浓地闻到了。众大王的夫人都是有姿有色的雌儿，但却绝不能与新大王的夫人伦比，这毕竟使他们心中充涌了嫉妒和悲哀，便也立即想开：这武艺高强的青年大王有一张俊美的脸孔其实人家是天设地造的一对啊！但是，很快他们交头接耳起来，因为有一个大王发现这夫人正是城里县太爷的姨太，却怎么现在成了五凤峰的压寨夫人了呢？那位胡大王发话了："尊敬的大哥，嫂夫人果真是天上人物，不知娘家何处，又是从何方娶了来的？"

新大王已经看出这些大王的猜疑，他不愿对着这些人推心置腹，见姓胡的如此问，就哈哈大笑了："这个你们也不知道吗？你们多少年里与官府打交道，还是我听了你们的传言，才去请了这位县太爷的姨太来给我压寨了！"

众人是已经知道这夫人的来历，听了新大王的话却更为惊讶，他们为了打败官府成十年的搏杀而不能，他竟不声不吭将县令的姨

名家作品精选

太掳来当了压寨夫人,且说得那么轻松,岂不无疑在对他们的无能而嘲弄吗?况且这新大王是在什么时候单独去攻打了县城呢?!姓胡的便说:"大哥如此威风,想必县令的那一颗狗头也在这里了!"

新大王说:"攻打县城是大伙的心愿,我怎能一人去坐了县城?我这夫人与我有缘,她一见我,随我就来了的。"

胡大王说:"我明白了,明白了,听说湖北山中有一种蛇叫魅蛇,人将猫尿洒在油布上后铺在蛇洞口,蛇闻见尿味出来交配,就把精液遗在油布上,再是晾干油布,只要拿这油布在女人面前摇摇,女人就三昏六迷自跟着来了。大哥原来是湖北人氏,这夫人怕是在县城关帝庙会上所得的了!"

年轻的武人面颊微微红起来,说声"胡兄一定是很想去湖北一趟了",遂哈哈大笑,将一盒只能在省城买到的纸烟发散给众人。

众大王早就听说新大王吸的是新式的纸烟,一上古堡看见他口衔着烟斗,烟斗里插着稀罕玩意儿,便觉得自己那手捧的水烟袋而自惭了形秽,如今新大王发散纸烟,也就丢开了那压寨夫人如何得来的兴趣,只将发散到手的烟支反复玩看了叼在口角来吸。但是,新大王挨个发烟,偏就没有发散给胡大王,甚至走过了胡大王的面前看也不看一眼,兀自等大家全都把烟支点燃了问道:"味道怎么样呢?烟是好东西,世上不吸烟的是那乌龟,乌龟有个大盖,吸了烟会呛的。兔也不吸烟的,兔是豁豁嘴叼不了烟支呀。驴蹄子是两半,它更是捏不住烟支啊!"众人哄然爆笑,扭头就看起胡大王了,胡大王顿时脸色灰白,站起来一掌拍在桌上骂道:"白脸小子,你这是要羞辱我吗?!"声起枪响,新大王还未转过身来就扑地倒地了,子弹洞穿了他的胸口,血水喷起来洒在石桌上,他的口里还衔着那柄烟斗,在冒着一柱细烟。

这个故事已经十分遥远了,只有年长的人似乎还记得父辈们隐约说到过一些,但是谁说得清细节呢,谁说得清这故事是发生在七十三座峰峦的赛鹤岭间哪一峰上的古堡呢?

一个月的最后一个太阳在最南的边境线上沉没了，土石洞下的坡沟里，那一道如线的细水开始了蛙鸣。战争并没有使水蛙灭绝，在仅有的几只中，依旧公的和母的交配，生出无数黏液的东西，无数的小蝌蚪甩掉了尾巴，在这一个宁静的夜里发出了声音。那勾心斗角的巉岩里，一咕涌一咕涌再也长不完整却还存在的梢林间一定是有着魔穴的，穴里的魔也一定是吸烟草的，现在喷烟似的冒着雾气，弥漫到坡上来，是洞里的蚊子打锣般地轰嗡时间了。石祥最忍受不了的是夜晚，他的身上被蚊子叮得没一片完肤，只要随便用手在背上一抹，就是血糊糊一片。举手在眼前，看着艳红的往下缓缓流动的血道，他不知道这是自己的血还是蚊子的血。双方交战，到了这个年代，最痛快的是山顶上的大炮，可以将无数的雷霆轰然倾泻过去，也轰然倾泻过来，但是，他们却仍然要蹲在这低矮潮闷的土石洞中。石祥不明白将军们的作战意图，自己觉得这样必要吗？可这是命令，他只能在炮轰中于十七日前进入这里，直等十三天后又一次炮轰中再从这里撤离。现在无战事，一切静悄悄，他无声地将与蚊子战斗，吸大量的纸烟把蚊子呛出去，更不失自豪地为自己有这个小烟斗而庆幸了。正是这烟斗使他有了强烈的烟瘾，等到将来复员归去，他可以炫耀自己抽烟的能耐了，嚯，胸部上挂着勋章的年轻英雄同时是超凡的吸烟之最者，一口气吸一包烟，两包烟，没有战争能吸这么多好烟吗？这时候，他想象不出右边十五米远的洞里的那个魏班长，一个从不吸烟的瘦小男人，这一夜该怎么过了？

第十五天，一早，对面山坡上向这边放冷枪，这边的洞里并没有回击，那边的枪声也停下来，而对面坡的一棵弯脖子树下的白石台上突然出现了三个赤身的女子。石祥先以为是三株柔弱的白桦，后来又以为是三只银光的长狐，终于看清为三个艳绝的女子，他的心头蓦地怔了一下。在霞光被山峰分割成巨大立体的明暗里，弯脖子树正在水津津的朝阳明辉之下，如舞台灯光罩住一般，女人在清丽的霞色中向着这边扭捏展示。毫无疑问，这是那边的敌军一种美

人计,以此来羞辱和勾惹这边隐蔽的兵士。石祥确实是一股激荡的热气极快地流贯了全身,不自禁地想起了什么,同时舔了一下发干的嘴唇。"女人都是一样的美丽",他这么想着,又愤愤起来,明白这是可望不可及的,既不论它的政治上的企图和阴谋,这种展示如水中月镜中花又能与一个战地的士兵何相干呢?他端起了枪瞄准,几次要勾动了扳机,但他放下手来,嘲笑自己这是一种不可及的怨怒呢,还是一种经不住引诱的逃避?同时却也觉得这里的战争真是不像所有书籍上所描写的战争,他索性又看了一阵女人,就蹲在洞口拉起屎了。洞边的树叶铺在地上,粪拉上去,然后提了叶子的四角摔出去,石祥为这种战地的大便感到滑稽可笑,也为对方女人出现的同样的滑稽可笑开心了。但就在这一时,他发现了对面山坡的左侧一片蒿草里有了敌兵向沟底爬行,草很深,几乎谁也没有注意,眼看就要进入沟底,那么,只等潜伏到了沟道,钻入这边的山坡草木林中,他们就可以摸进别的土石洞来了。这样的事情曾经发生了一次,结果牺牲了三个秘洞中的战友。石祥来不及提起了裤子,端枪瞄准着爬行的头一个敌人开枪了,清晨的枪声特别清脆,那人跳了起来,像一只弓腰的狗,接着就重重地摔下去不动了,后边的四个爬起来就跑。几乎同时,这边山坡的各个洞穴发现了目标,四个敌人就在乱枪中全平摆在了那里。石祥抬头看那白石台上,已不见了三个赤身美女,倒后悔他上了美女的当,一梭子弹就射向那里,恐怕是这边所有的兵士都后悔了,他们几乎一瞬间里都向那白石台开火,火光在白石台上飞溅,石祥觉得那美女就在上边,如雪如玉的身子被子弹洞穿,殷红的血顺着起伏有致的躯体下行,感到了一种从未见过的美艳。

这样的仇恨的射击在久久的一段时间后对面坡上并没有回击,一种激起来的战斗的冲动未得到全部宣泄而结束,石祥又吸了一支烟,开始无聊地眯起了双眼。洞里的战争,使年轻军人有力使不出,深感窝囊,但战争确实是这样的战争,没黑没白,不激烈也不得放松,石祥最容易处于一种昏朦状态。是的,他没有完整的不瞌睡,也就没有完整的瞌睡,随时打盹,一打盹就似乎做梦,梦大多支离破碎。现在，他就梦见他住在一个小而黑的房子里了，是房子里吗，还是就在这个土石洞里，石祥却搞不清起来，意识里一会儿觉得我现在是在考虑土石洞里又做梦了吧，一会儿又觉得梦里我毕竟又回到了土石洞，或是在梦里梦到了土石洞里的我在做梦吧。

反正这个房子是小而黑，他没有烟吸了，他太想吸烟。

那个疤脸兀自在抽半截烟，眼睛红红的，两腮鼓得很起，几乎将所有的烟一丝一缕不漏地吸进肚去。这可恶的东西，贪鬼，烟蒂已经烧到手指了还不肯丢弃吗？打一个喷嚏吧，打一个喷嚏吧！阿弥陀佛，果然疤脸打了一个喷嚏，口鼻里的烟缕冒了出来，他们全张开了口，在空中吸着飘过来的烟味。

为什么又是做这样的梦呢？是梦中自己的烟瘾发了吗？人常说有所思则有所梦，但我现在并不觉得想抽烟呀！

石祥记起来了，三天前他也是做过烟的梦的。鬼知道他怎么就听到了警车响，正欲开门，门口有了三个警察说："你被捕了！"他不明白他为什么要被逮捕，但却觉得他是应该跟他们走的，就走了。那时，他口里正嘹着烟斗，他把烟斗装在口袋向家人告别，警察却将他的烟斗夺过来，那么看了看，丢掉了，"不用了，牢里是不准吸烟的"。此时此刻的石祥立即感到坐牢并不可怕，可怕的是他将从此没有烟吸了！他被带进牢去，他什么也看不见的，过了一会儿，黑暗中出现五个人的脸，他笑着拱拱手。"都来得早？"五个人没有理他。"我来了，请多多关照。"还是没人理他。他要拣个地方坐下去，要歇歇好多好多的疲劳，那一个疤脸的，突然地说："带草了吗？"他不明白什么是草，说："草？"立即另外四人将他按在地上搜身了，搜得很狠，连下身也抓到了，终是在他的口袋里翻出了往日装烟时遗下的半根纸烟，交给了疤脸。疤脸走过来嘿嘿地笑了："你还敢骗我呀？"这时他才明白说草是要烟的，未等解释，疤脸已揪住了他的头发："哥们，初来乍到，你可看看这里的电灯泡比你家的灯泡怎么样，是圆的还是方的？"牢中的灯泡当然也是圆的，"圆的，"他说。他的头立即被扼着在墙上撞了，撞得咚咚响，撞起一个血泡。疤脸

名家作品精选

再问:"是圆的方的?"他说方的吧,疤脸放开他了,大笑起来:"还聪明。我这是教你。"他从此又是大笑,笑得他从此老实得不能再老实了。

其实疤脸不揍他,他也是害怕疤脸的,在他一进牢门第一眼看见了疤脸,就觉得好眼熟,在哪儿见过,心里就嗖嗖泛凉气,曾有一次隐约想起赛鹤岭上的那个胡大王,似乎左脸上也是有过一个疤的,但这个疤和那个疤有什么联系呢,他得不出个明白来。

那是一场吓死人的梦,做过了也就过了,现在,他又梦见了疤脸,梦是怎么搞的,怎会反复一个境界呢?他每次打盹前总希望能梦见自己的父亲和兄弟,还有那个曾经相好过但并未确定恋爱关系的女同学,可没有一次梦见过他们,倒是梦到他从未有过的被捕和牢中的事。石祥迷迷糊糊之际,突然一个感觉袭上心头,使他悟到了梦是再世的幻影,或者说就是再世。这种感觉一经产生,他就极度地惊慌了,因为这感觉和他七岁时突然知道古堡上有个烟斗一样,这是自己怎么啦,一种特异的功能呢,还是他本身就是一个奇人?这么想着,他倒觉得蛮有意思,前身是做过一名英雄的山大王的,后身又是蹲过牢的,但那毕竟是前身和后身,而现在呢,他是一名军人,一名参加了战争的真正军人。遂又想,一个人在现今的生活中能知道过去和未来,这岂不是很幸运的事吗?枯燥艰苦的土石洞里,如同在看电影,他就希望每日都在回想前身之事,每日又在梦中经历后身之事,他极力想将这自己仅知的三世联系起来,看清其中的原因,一世与一世怎样的转化,但除了吸烟外,再也寻不出别的来。唉,罢了罢了,反正活一个人真怪的,既然如今是军人,就真真正正活个军人的样子,爱我的枪,爱我的这个土石洞,当然还有这个小烟斗了。

又是一个炮击的白天。炮击是土石洞最好的休息日,石祥敲打了水管让水放过来泡吃了一些饼干,就和小李子在那里通话。通话很长,声音很大,小李子情绪很高地说着梦见妻子的具体细节,后来又说到他们的新婚之夜。"你是不懂得女人的,"小李子说,"冬天女人睡过的被窝里有一种奇特的香，你闻过吗？"这是很悲哀的事，他不知道。那一位眉心有一颗痣的女同学，他很早很早就注意到了，曾经寻找着各种借口去接近她，在暗地里琢磨她的每一个眼神和对他说过的每一句话，企图发现她对自己的一点暗示或一种什么象征的东西，但是没有，××，我这不是懦弱，只要你给我有那么丁点的意思，我就会有成倍的勇敢的啊！记得有一次，她是来到了他的家，家里并没有别人，他激动得不知怎么接待她，翻箱倒柜地寻找了那么一堆核桃亲自砸着让她吃，有一颗核桃就骨碌碌滚在了她的腿下，他原本是近去要捡核桃的，就在捡起的瞬间触着了她的腿，她明显地身子动了一下，脸色通红起来。他以为她不好意思了，愣了一下又回坐在他的座位上，却立即大觉后悔了：她脸色通红，是以为他突然去要拥抱或接吻的紧张和害羞吗？但她以为了只是紧张和害羞却并未成怒或避开岂不是对他的拥抱或接吻表示接受吗？！唉唉，他又失去了一次机会，失去了机会再也没有了机会，他就是这样在暗地里放诞着爱恋，当面了却那么无能的人，他连靠近她也没有靠近过怎么有闻到女人被窝里奇香的艳福经验啊！石祥停止了与小李子的通话，默然滚在了一旁。

炮击在继续轰鸣，对面远山头上已经没了树木，连一棵草也没有了，炮弹使那里成了一片焦土，浓浓的硝烟味直漫过来，使石祥连声咳嗽。他想象着在赛鹤岭上的那些远古的石堡算什么呢，如果用现在的大炮，几下就可以轰开了。那时的枪是有的，枪毕竟又仅是山大王的佩物，长矛大刀的兵器进行的是一种什么样的战争呢？还有，那个新大王，生就的一张俊秀如美妇的脸孔，怎么就统率了狼虎一般的喽啰部下？石祥觉得这样的脸是宜于花前月下的谈情说爱，他出战的时候，是应该戴一副凶恶的面具的。石祥又犯玄想了，一玄想就坠入别一种境界。是的是的，新大王是有一副面具的，这面具是他营建了五凤镇后才觉悟而制作的。当胡大王的头目试探失败之后，新大王的地位谁也不敢偷觑，远远近近的山民就潮水般地向五凤峰的辖地涌来，以求得生存的安定。新大王就选择了峰下的一块平坝让山民规划住宅，极快地竟形成了赛鹤岭最大的镇落。为

名家作品精选

了镇落的安全，也是为了炫耀年少英雄的武威，新大王每日的清晨和夜晚要骑马在镇街上巡逻。这已经成了一种规矩，也渐渐成为镇民掌握时辰的标准，马蹄一响，人们就开始呼儿唤女地起床了，或是关门吹灯地歇睡了。但是，总有许多人家在这个时候要趴在了窗户缝里往街上看，就看见了一匹白色的大马上端坐着多么俊美的少年大王，晨曦或者月光之下，那额角分明，鼻梁高耸，双目炯炯若星，简直是天神一样的人物啊！多少青春少妇和妙龄的女子从此心旌飘荡，夜里的风雨多么紧，她们是不会醒的，婴儿的啼哭多么吵，她们是不会醒的，而街的那头一有了哒哒的马蹄声和当当的马鞍上的铃铛声立即就翻身起来了。那时候，山寨和古堡里需要做饭的厨子，镇落里的人家要派出妇道去义务，但谁去谁不去得亲自由新大王决定，新大王就在巡逻时只消将那柄精制的皮革马鞭悬挂在某一家的门环上就是了。能到古堡中去，能到新大王的身边，这马鞭的悬挂就成了女人们企望的幸事，被视作了一件无上的体面和光荣。于是，一宗悲剧便产生了。镇落里最漂亮的一位姑娘，她差不多已等待了很长很长的日子，马鞭却并没有悬挂在自家的门上，她同爹爹做小炉匠的活计，几乎是全镇落第一个早起开门，等着新大王的马匹过来的时候她已经燃起炉火工作了。那一时里，她要红堂堂的炉火映照出她自以为最美丽的侧影，手在忙活，耳却在街上，小锤敲打铁皮的声响完全同马蹄声一致节奏。知道马匹已到了身后，这种知道是并不用眼看的，凭着感觉，凭着闻到的气息，她几乎停止了呼吸，一根一根汗毛都透起了紧张和羞怯，但马匹并没有停地依然走过，似乎是并没注意到她的存在，这姑娘不免在漫长的一天里泪流满面。再不好生干活，要给爹发脾气。镇落里来提亲的人很多，姑娘全不同意，她要嫁给新大王，最坏也是同新大王一样英武俊秀的人，她对自己充满了自信。但新大王压根儿不知道她，甚至连让去古堡为厨的差事也轮不到她，姑娘的神经就犯毛病了。常常夜半醒来，突然觉得马鞭是挂在了自家门上，她就要跑出来看一看，或者感觉到今晚马鞭会挂上的而一整夜在炕上长坐不眠。她知道新大王喜欢吸烟，她也喜欢新大王吸烟的那一种优雅潇洒的姿势，她决

定要为新大王做一个烟斗；我不能接近他，烟斗却要时时揣在他怀里，噙在他口中。她是有高超的小炉匠手艺的，硬是用小锤锻打成了精美的烟锅和烟杆儿，为了有一个称心的烟斗嘴，她设计了无数的方案皆不满意，终在一次新大王持枪射击飞鹤时她捡到了一枚弹壳，竟透了孔儿恰到好处地安在上边。一件倾注了全部感情的烟斗终于做成了，她要在新大王的某一日的来到时亲手交给他，但是，她到底没有享受到门上挂马鞭的荣耀，且一个震撼的消息传来：新大王攻克了县城，杀退了官兵，收伏了县太爷的太太要做压寨夫人了！姑娘在那一天里如痴如呆，精神完全崩溃了，如一朵花寂然地在无人知晓的山阴处放绽了一番奇丽后而红英脱落。五天的不吃不喝，她要死去了，临死时还在呼唤着新大王的名字。这情况终于有人大胆地报告了新大王，新大王匆匆地骑马赶来，他全然不知道竟有这件事，坚强的很少动了感情的新大王为姑娘的痴情而后悔了，痛哭了，他用手拍了拍依旧美艳动人的姑娘的脸颊，将手中的马鞭轻轻放在了她的身上，却从她的攥着的手里取过烟斗噙在自己口中了。他没有说话，默默地插上一支纸烟，浓浓的烟雾就袅袅在姑娘的头上和脸上。

新大王再一次巡逻在镇落石街上的时候，戴着了一副凶恶的面具，而那张棱角分明的嘴上迟早是噙着那一柄烟斗。

这烟斗终于遗落在了古堡的乱石之下，八十年后的七岁的孩子竟明白无误地指点寻出，"我真是新大王的再世了，"石祥这么想，却怨恨了既是再世化身为什么不也是一张俊秀的脸呢？自己同那个女同学之所以迟迟确定不下恋爱的关系，她就是嫌石祥长得太憨啊！

石祥的头实在胀得厉害，眉圈阵阵抽痛，想要再知道一些过往的事体，脑子里出现一片空白，什么图像皆没有，浩浩莽莽一声长叹，再不知该做些什么，歪头睡去了。一睡去却立即听到了声响，屏息静听，不是蚂蚁，也不是蚯蚓，是疤脸在说了："你去过堂，一定要沾回一颗烟蒂的！"他便被人带走了，穿的依旧是一双露出脚趾的破鞋，也已经在大拇脚趾上点着了牙膏，头低着走过了长廊和院子一直往一间小屋去了。这一路线，他没有发现烟蒂，直到坐在了

169

审问室中的椅子上了,仍在熬煎着怎么才能给疤脸带回一颗烟蒂呢?审问员问什么,他答什么,终于瞧见了就在椅子左前不远的地上有一个烟蒂!他把头扬起来对着审问员,一派认真听审的样子,一只脚却使力伸过去。离烟蒂一尺了,半尺了,身子不觉弯起来,好了,碰着烟蒂了,他的大拇趾就要去粘了,审问员突然问:"你在干什么?"他坐端了身子,但腿又伸过去粘烟蒂。审问员又问:"腿?"他只好说:"那里有颗烟蒂。"立即,身后站立的警卫人员一脚将他的腿踹直了,那颗已粘上趾头的烟蒂飞到了墙角。但就在这时候,一块弹片呼啸着落在了土石洞口,土石飞溅到石祥的身上,石祥醒来,一抹脸,一手血,同时感到有许多小沙粒深深嵌在肉里。石祥愤怒地骂了一句娘,第一个念头是沙石嵌进肉里是不能立即取出来,那将来就肯定是一个麻脸石祥了。石祥是麻脸,那个女同学该会果断地与他结束了吧?他使劲从肉里往外挤沙粒,结果又是血流满面,而且疼痛使他嚎的一声昏了过去。

苏醒过来,已是月在中天,炮击平息了。这一夜的月光十分好,但石祥口渴得难受,他用手去击打通水的铁管,手拍上去连他也听不见声音,就在地上摸索,摸到了那个小烟斗去敲打,旋即将大瓷缸接上去,但水没有过来。他嘴对了铁管口向里边轻声呼叫,仍没有回应。这是从来没有的事情啊,石祥心中掠过不祥的念头:小李子那边也出事了,负伤了,牺牲了?!那么,"我也要死了,我也要死了",仰身倒在那里,手脚再也无法抬起来了。

整整两天,石祥未能喝上水,饼干无法下咽,勉强爬起来尿了三泡,三泡尿喝完,再也尿不出来了,现在唯有的是吸烟。

疤脸又在吸烟了。这烟是石祥的家人在送来的棉被中夹带的烟丝用卫生纸卷做的烟,但烟归属于疤脸,疤脸吸过了一半,终于递给了他,他双手颤抖,眼珠突出,腮帮深深陷下去,烟缕就进了肚中直至小腹,他感到了从未有过的舒服,每一个关节却酥酥发软。当他久久之后睁目四顾,看见了那三个可怜的人正涎水长流瞧着他,目光是多么卑下和乞求啊,"来,"他说,"你们也吸一口吧,只是一口！"他把烟递过去，三个丑陋者感动得泪水溢流，爬着过来接住，一个狠狠吸了，递给另一个再狠狠一口。仅仅是三口，没有冒出一丝烟缕，烟支已经燃到烧指的地方了……

又是梦，又是来世的情景，难道我的来世永远要在监牢中吗，永远是一个无烟吸的烟鬼吗？他惊怕而醒，醒来又渴又饥，吸过一支烟后便木木发呆起来。一只蚂蚁在洞口经过，这是一只很大的蚂蚁，头与肚滚圆，腰与脖却细若线丝，看上去若即若离的样子，但通体的油光黑亮是石祥前所未见。他伸出手去，蚂蚁就爬了上来，手握成拳，蚂蚁仍在上边爬，企图寻找能下去的边缘，他把拳顺着它的爬行而旋转，蚂蚁也就不停地匆匆地循环往复。这愚蠢的家伙！石祥似乎觉得这样戏弄它有些残酷，却不愿停止拳头的旋转，恍惚间自己也看拳头巨大起来，蚂蚁顺了那手纹爬行犹如是那山的壑沟。

是一条壑沟，一个人气喘吁吁往上爬，爬到了赛鹤岭最高山峰的古堡门洞。

"哐啷"一声，石祥从一个境界的边缘被扯回来了，他听见是铁管在响，忙附近去，逮住了那边闷闷的呼叫声。

"石祥，石祥，你死了吗？"

"你没有死？你没有死？！"

石祥激动得低声急叫，泪水就流下来。他听见了小李子在说他才醒过来，不知道昏过了多久，是一两个小时，或是五六个小时。石祥还在哭，这哪里是几个小时，整整两天又一个晌午啊！但他说不出来。后来小李子又是怎么告诉他如何受的伤，石祥没有听见，直到水咕嘟嘟流过来，他用口接住了先喝个够，然后才在水壶里、缸子里接满。现在，脑子，眼睛，耳朵，一切都清楚了，天是瓦蓝瓦蓝，山坡那边的树一片翠绿，又有什么昆虫在动听歌唱，石祥要舒舒服服来享受一下了，他感到了活人的幸福的滋味。但是，不知怎地想起刚才闪过古堡的事，啊啊，今天是什么日子，过去的事和未来的事几乎在不长时间都显示给了他，这是一种什么天意呢？在这低矮艰苦的土石洞里，面对着凶恶的敌人，面对着死亡，他应该全心身地处于战斗状态，为什么竟要让他一次又一次知道得那么多

名家作品精选

呢?过去的生活毕竟还悲壮有趣,未来的事却如此恐惧厌恶,石祥想摆脱这种困境,不希望再做那些来世情景的梦吧。

那么,唯一的办法就是不打盹。不打盹的唯一办法就是战事进行。但现在双方都安静了,他只有吸他的烟来刺激精神了。

坚持了一个晚上,又坚持了一个白天,烟已经不能为他驱赶睡魔,恰在这又一个黎明他听见了鸟叫,偶一探头,发现了朦胧的晨曦里几个敌人已经爬到了沟底,不,还有三个人头在洞下并不远的树丛中闪了一下。石祥立即感到事情的危急了!这些可恶的敌人摸到了这边,如果再迟几分钟,不可设想的局面就发生了。当他把枪端起来,却寻不着了目标,他知道敌人藏在某一处的树木中,开枪不但不能消灭他们,而且只能暴露自己,急中生智,抓起了自己的几包纸烟丢过去。果然,在一丛蒿草深处有两个人头晃动。叭叭两枪,两个凶残的也穷惨了的偷袭者血水激溅,石祥同时看见有三颗纸烟也溅了起来,不见了。沟底里的敌人往回逃遁,其余的掉头就跑,他们猫着腰跑得极快,如蛇在窜行,晨雾中只见有数道蒿草在动。所有土石洞的枪都一齐爆响。

石祥毫无睡意了,他为自己最早发现敌人和机智举动而激动不已。想着那些洞穴中的战友一定在感激他了,一定会在将来集体请求为他记一大功的。石祥一兴奋就嚼了烟斗,拿手在一个布包里掏烟,但是令他沮丧的是布包里已经没有了烟!没有了烟,这日子怎么过呢?他空嚼着烟斗,真是后悔得要骂起来了。这同时,猛烈的炮击开始了,山沟上空,炮弹呼啸着飞来飞去,到处是乱石飞木,到处是浓烟土气,石祥缩进了土石洞的里边开始去睡觉了。他原本是不愿再睡的,而现在没有他们潜藏在洞穴里的兵士的事可干,又没了烟吸,犯着烟瘾呆坐比那梦境更使他不堪忍受啊!

仅存的烟发现少了许多,疤脸立即把所有被褥翻起搜查,终在放尿桶的墙角的草下发现了。这是谁干的?三个人拒不承认,疤脸就和他将三人轮流按在地上打,便有一个承认了。承认了好,疤脸歇下来,又命令他和另外二人继续收拾那一个,抓了头发往墙上撞,竟撞得脑壳破裂，这一夜躺下没有动，第二天早上也没有动，等到中午看时，人都已经僵硬了。

他被判处死刑拉出去枪决了。他十分后悔，但有些不服，怎么疤脸没有枪决呢？刑车通过了大街。街上那么多人指指点点议论，他听见在说："瞧，为了烟送了命！""这个烟鬼，为了烟值得吗？""该杀，为了烟都可以杀人，那什么事都可以干得出来的了。"他忍受着人们的咒骂，却心里说：为什么他要偷烟呢，有什么能比烟更重要呢？可惜我现在不能吸烟了。他抬起头来，看见了全副武装的行刑警察，有的在吸着烟，烟味是那么香，他暗中在逮吸着有烟味的空气，直吸得肚皮都鼓了，终于说："能让我吸颗烟蒂吗？"吸烟的刑警看着他，似乎要笑，但没有笑，说："临死了还想吸烟？"他说："要死了，让吸几口吧。"刑警就将吸过一半的烟塞进了他的嘴里，他嗞嗞地吸起来，很快吸完了，火已烧到了嘴唇，但他没有唾，还在吸，直到嘴上烧出的油和血把最后豆大的烟蒂沾灭，他仍未吐掉，一伸舌头将那烟蒂吞在口中嚼开了。嚼过了大街，嚼到了一片河滩，他跪在那里，口中的烟蒂还未彻底嚼尽，一声剧烈的响动，他立即死去了。

梦里，石祥是死去了，但是，土石洞里的石祥醒来的时候，他已被一块飞进洞里的石头击中了脑袋。石头并不大，来势却十分猛烈，立即在他的前额陷进一个洞，他昏迷了，再也做不出梦来。铁管在不停地响着，他似乎又苏醒了，硬着目光看着铁管，还知道小李子在为他焦急，但他醒来最急需的是想吸一口烟啊，隐隐约约的梦境依稀闪现，那个来世的他在死前已吸到了烟的，而他却带着烟瘾要死去了。他拼足了气力扑到铁管口，以最大的力量在喊：

"给我一支烟！给我一支烟！"

"石祥，你还活着，你真还活着？！"

"我要吸烟！我要吸烟！"

"烟怎么能给你呢？"

"你在那边吸一口，吹进管子里，我在这边就吸着了！"

一会儿，烟果然从铁管中飘过来，石祥将嘴张到极限，完全是

把铁管插在口里，他吸到了烟，幸福的烟。当小李子在喊："石祥，你吸到了吗，吸到了吗？"石祥嘴还在铁管口上，眼睛微闭，一种满足了的微笑僵硬在了脸上。

十天过去了，又一次猛烈炮火的掩护下，土石洞里的军人按期撤下来了，又一批新的士兵重上岗位。战友们将石祥的已经发出臭味的躯体背了出来，装上了汽车，运往后方的火葬场火化。石祥的灵魂并没有远离了躯体，不，他现在才明白了这并不称作是灵魂的，是应该叫作古赖耶的怪诞名字的。为什么不叫灵魂而叫这么个怪名，反正石祥现在获得了这么个名字，并且还明白了作为人是有八个意识的，即口、耳、目、嗅、感、思之外，第七是潜意识，第八就是古赖耶识，而人的躯体死亡，前七识都要俱之而灭，但第八识是不灭的。当石祥的古赖耶识现在离开了躯体，也才发现满空中到处在游荡着古赖耶识，它只能是同类的一种，再称之为"石祥的"便是错误了，它除了是古赖耶识就是古赖耶识。这些古赖耶识似乎在自身裂变着，同时相互拥挤撞击而上升，已经有很厚很厚的一团聚集在天之高空了。世界竟原来就是这些古赖耶识吗，一切都是这些古赖耶识在发生着作用吗？它们这么聚集在一团游荡空中，寻找着地面上的似乎有着什么频律相通的东西而附体吗？那么，它们碰到了草木的花粉受孕而附就成为新的草木的生命，碰到了人类的男女交配而附就成为新的婴儿的生命吗？那么那么，同样的道理，它们也是成为了一切家禽和野兽，一切飞鸟和鱼虫的生命吗？当这个生命的个体成熟死亡之后，它又是飘离而去吗？啊，伟大神奇的古赖耶识，这无生无灭、无时无空的创造世界的种子，这一次附在了人身上成为人，下一次附在了树木之上成为树，如此反复不已就是人世上所说的轮回转世吗？石祥的古赖耶识，不，它飘离了石祥的躯体而在空中默默注视着石祥的躯体的古赖耶识，它为石祥没有坚持到任务完成而惋惜了！但是，它又是多么为它存在于石祥这个个体的生命期间完满了这个体活人的价值而自豪得意了！

火葬场里，躯体装进炼尸炉，立即化为灰烬，一部分留下来，一部分顺着高大的烟囱冒上天空。古赖耶识彻底要与一个石祥永别了，它顺着巨大的烟囱而上，它突然感到丢失了一件什么东西，想了好久，是那个小小的烟斗。古赖耶识是不知道石祥所做的梦，因为它纯乎是无形无影无言的东西，它也不知道将来它又会附着哪个时候的哪一个物体，当它飘出了烟囱来到高空的时候，看见了那炼尸炉的大烟囱还在浓浓地冒着黑烟。

这是谁的烟斗呢？

美穴地

柳子言给姚家踏坟地是苟百都的一顿烂酒后的多嘴惹下的。苟百都使威风,呼啦着漂白褂子,一进门鞋就踢脱了仰在躺椅上说,柳哥,你来钱主儿了,北宽坪的掌柜请你哩!柳子言说,他咋知道我,八十里的路我不去。苟百都一边拔根胸毛吹着一边嘿嘿地笑了:"掌柜不晓得你,苟百都却知道你呢。我带了一头驴子一条绳,你先生是坐驴子还是背绳呀?"驴子在门前土场上烟遮雾罩地打滚;苟百都一扬手,腰间的一盘麻绳嗦地上了梁,再扯下来,陈年尘灰黑雪似的落了柳子言一头。

柳子言就这么跟着苟百都走了。

穿过房廊,金链锁梅的格窗内,四个长袍马褂在八仙桌旁坐喝,他们斜睨着柳子言,便把一口浓痰从窗格中飞弹出来了。柳子言耸耸肩上的褡裢,将鞋壳里垫脚的沙石倒掉,笑笑地,看鸡啄下浓痰,微醉起来,趔趔趄趄绞着碎步。四月的太阳普照。苟百都已经进里屋去禀告了许久时间还不出来。空中飘落下一根羽毛,是鹰的羽毛,要飘到面前了却倏忽翻了墙去。廊头的一只狗随之大吠了。柳子言打也不是,不打也不是,里屋门里便有一声叫道:"让我瞧瞧,来的又是哪一路先生?"声音细脆尖锐,柳子言想,老树一样的财东还有这嫩骨嘟儿女儿?遂一朵粉云飘至台阶,天陡然也粉亮了。眉目未待看清,锥锥之声又起:"光脸犊子!你真能踏了风水?"酒桌上的长袍马褂立时噤了拳令,重又仡视了柳子言,说句:"该是庙会上唱情歌的阿哥吧!"哄然爆笑。柳子言脸涨红了。柳子言的脸不是为谑笑而红,倒是被这女人震住,女人的目光罩住他如突然从天而降在面前的太阳，乍长乍短的光芒蜇得难以睁眼，一时自惭形秽站不稳了。掌柜在内室喊："让先生进来！"狗还在咬，柳子言走不过去，苟百都再唬也唬不住，女人说："虎儿！"腿一叉已将恶物夹在腿缝，柳子言同时感觉到了后脖子有一点凉凉的东西，摸下来是一片嚼湿了的瓜籽皮儿，女人很狐地丢过来了一个笑眼。

掌柜在烟灯下问候柳子言，说百都夸你大本事，姚某就把你请到了，姚家上下都是善人，踏出吉地有重谢，踏不出吉地也有小谢。话说得帖妥温暖，柳子言就谦虚着，晚辈没本事，但会尽力而为，"有多大的虮子出多大的虱吧。"掌柜也笑了，要苟百都陪先生到后厅单独吃酒去，柳子言身不胜酒，摆手谢免，掌柜就欠起身把烟灯推过来，柳子言也是不抽。风吹动了门帘；琉璃脆儿的帘钩叮叮当当作响，帘下出现了一只穿着窄窄弓弓白鞋的小脚。柳子言知道掌柜的女儿站在了那里，他准备着女人要来了，但那鞋尖蠕动了几下却始终没有走进。苟百都后来就领着柳子言从后门出来往坡根去了。

柳子言转遍了后坡寻找龙居；几次觉得后脖子似乎还在发痒，痴一会呆，随之拿手拧脸，骂一句"荒唐"，小跑着上坎下涧把自己弄得气喘咻咻起来。苟百都一边提鞋跟一边骂："你是鬼抬轿了?!你不抽烟，你也该讨个泡儿给我呀！你算×男人，驴子都在后腿根别个烟具，你倒不会抽烟?!"柳子言坐在了一个土峁下，说："太阳还没落，你去接掌柜来，吉穴就在这儿了！"西边山一片红霞，掌柜来了。柳子言放着罗盘定方位，遥指山峁远处，河之对岸有一平梁为案，案左一峰如帽，案右一山若笔，案前相对两个石质圆峁—可作鼓一可作钹，此是喜庆出官之象。再观穴居靠后的坡峁，一起一伏大倾小跌活动摆褶屈曲悠扬势如浪涌，好个真龙形势！且四围八方龙奴从之，后者有送有托有乐，前者有朝有应有对，环抱过前有缠，奔走相揖有迎，方圆数百里地还未见过此穴这等威风！淫浸到地理学问中的柳子言此一刻得意忘形，口若悬河，脚尖划出穴位四角让下木楔。北角第一楔却不打下去，刨开土看，土下竟有一楔，又下南角楔，南角土下又是木楔。四角如是。掌柜哈哈大笑了："柳先生真是好身手，不瞒你说，我已请四位高手七天踏出此穴，请你

来就是再投合投合的,这里果然是吉穴了!"柳子言却一下子坐在地上,后怕得一身冷汗都湿漉漉了。

夜里,苟百都在厢房里给柳子言铺床展被,柳子言骂:"苟百都,贼,你好赖认识我的,怎不透风是要我来投穴,你成心要捣我一碗饭吗?!"苟百都说:"柳哥,妈的×没良心,这不是更显派了你的本事吗?算我瞒了你,我请你客!"便一掌推开后窗,推出了一个黑糊糊世界来,顿时有猫在叫春,谁家的尿桶里女人在小便,声散而漫长,一盏灯幽幽地从小而大了,幽幽着:"回来哟,回来哟……"柳子言便听着苟百都对着那里问话了:"喂,谁个?""我。他苟叔呀!""西门家的!这般黑了你是来踏掌柜的溜子吗?""爷!话可不敢这么说,孩子烧得火炭样的烫,我来叫叫魂呀!""你两口耍活龙蹚了被子把孩子凉了吧?掌柜今日踏坟地,你家不送礼吗?""哎哟,真是不知道呀,我明日灌二升小米过去吧。""有心就是。我给掌柜圆场,小米就留给孩子吃吧,你过会提只鸡来应付一下作罢。""实在谢你了,他苟叔!""不谢。我在这儿等着,来了敲窗子!"苟百都收回头往墙角架柴火了。火燃起来,窗子果然被敲响,苟百都扑啦啦丢回一只鸡来连嚷柳子言好口福是个母鸡哩!合窗时却又探头出去,问西门家的你手里还拿着什么?西门家的回说这鸡近日怪势,白天不下蛋偏在晚上下,刚才路上就把一颗屙下来了。苟百都便变了脸,说:"鸡已经是掌柜家的了,你怎敢就拿掌柜的鸡蛋?递过来!"递过来就在窗台上磕了,一口吸干。

鸡并没有杀脖开膛,活活拔毛,屁眼上捅根铁条就架烤到火上了。苟百都一边说鸡还叫唤着什么呀,一边抓了盐往流油的鸡身上撒,嚷道:"好香,好香!"后来就撕下一条腿给柳子言。突然门哐啷推开,风把墙窝子的灯扑灭:"好呀,百都,又杀谁家的狗偷吃?!"柳子言立即听出是谁来了,吓得一口吐了鸡肉,退身到柴火黑影处。

苟百都嘿嘿笑着:"四姨太,我知道你会闻香来的。一条腿正给你留着,牙签也给你预备了的!"

黑影里的柳子言终于看清了火光涂镀了的女人的俏样,但他吃惊的是这女人竟不是掌柜女儿！四姨太。有这么年轻的四姨太吗？

四姨太伸手去接苟百都递过来的鸡肉时，发现了柳子言，女人的眉尖一挑，遂平静了脸道："哟，先生也偷吃嘴儿！偷着吃香吗？"柳子言好窘，女人偏死眼儿看他，"北宽坪的女人都是单眼皮，柳先生倒是双眼皮！先生吃肉，也不让让我吗？"

柳子言便说："四姨太你吃！"

"好，我吃你的肉！"女人把柳子言的鸡腿接过咬一口，嘴唇撮撮地翘开。柳子言说："太烫的。"女人说："我怕揩了口红哩。口红还在吗？"嘴更撮起来，红圆如樱桃。

这一宵，柳子言没有睡好。一贯沉静安稳的先生感觉到了浑身燥热，兀自地翻来覆去睡不着，唠唠叨叨的苟百都由鸡肉叙谈起他的食史，吃过了除掸灰掸子外的长毛的飞禽，也吃过了除凳子外的生腿的走兽，"你吃过吗？"他没有吃过，睁眼看着又点亮的一盏燃着独股灯芯的矮灯檠，柳子言的心如同墙壁上的灯影一样晃乱了迷离的图景。如果在往常的柳子言，白日在驴背上颠簸八十里，又在北宽坪的后坡跑动一个后响所构成的疲倦，一捱上枕头就睡着要如死去，不想现在却回想起了八岁的孤儿跟随师傅在玄武山上学艺的情形，想起了这么多年每日为人踏勘风水的生涯，不该走的路也走了，不应见的人也见了，人生真是说不来的奇妙。便是今日的事情，当初怎么被苟百都知道了自己，要挟而来，竟认识了北宽坪财名远播的掌柜和他的四姨太，一个怎样艳丽的美妇啊。

一提起美艳的四姨太，柳子言耳膜里，就消灭不了女人尖尖锥锥的调笑，只有小孩子才会有的放肆出现在大户人家少妇之口，别有了一种的大方，甚至是浪荡，已致使少年热情的柳子言就如在一块林中新垦的沃土上，蓦地撞着了一只可人的小兽。为了他，女人在台阶上把狗扼伏胯下，身子在那一刻向一旁倾去，支撑了重量的一条腿紧绷着弓，动作是多么的优美。为了保持身子的平衡，另一条腿款款从膝盖处向后微屈着的，胳膊凌空下垂的姿势，把一领缀满了红的小朵梅花的白绸旗袍，恰恰裹紧了臀部。隐隐约约窥得小腿以下一溜乳白的肌肤。且一侧着地将鞋半卸落了，露出的似乎无

力而实则用劲的后脚也给看见了。是的，这样素洁的肥而不胖的一只美脚，曾经又在门帘下露出一点鞋尖，柳子言能想象出那平绣了一朵桃花的几乎要鲜活起来的鞋壳里，一节节细嫩的五根趾头和玉片一样的指甲了。

对于柳子言，这无疑是一种不可思议的奇迹，他从未见过一个鹤首鸡皮的老头娶得如此鲜嫩的年少妇人，且又是他第一回一见而心跳不已。后脖子又酥地一下痒了，一片被女人香唾嚼湿的瓜籽皮永远使那一块皮肉知觉活跃，这时候的柳子言不免又想起了初黑天时一句"男人倒长双眼皮"的赞语。这样的话，柳子言可以在每一处地方差不多听到，皆觉无聊之风，过耳即消，唯这一次经这女人说过了，那一时手脚无措，鼻尖上都沁出汗来。现在回想，那是多么憨傻的一副村相哪！也是确确实实的事，以自己英俊的面孔，高出一般内行人的堪舆本事，蛮能得到一位人物整齐的妻子长相厮伴。但走南过北的柳子言至今一把锁封了家门，日日背着装罗盘的褡裢流浪了。如果从小就窝在家里种地牧牛什么也没见过，独身也就安心独身，而如今经见了万千世事，又偏偏目睹了一个枯老头的妙龄姨太，柳子言恨起这巧讨饭一般的风水家技艺，而苍苍茫茫地一声浩叹了。

噗地一口吹灭灯盏，柳子言不忍在若即若离的灯芯光焰中淫浸往事，坠入幽深的黑暗。但院中的狗还在咬，遂听见一声"虎儿"，接着有一串细微的金属丁零的音响，柳子言不觉屏息而静，双眉之上的额心像要生出一只眼来也似透视了院中的一切。女人已经是换了一件圆领的晚服短衫吧，那短衫使女人别有了一种与白日不同的柔媚，情致婉转，将粉颈根两块突凸的锁骨微微暴露，女性的美艳皆如四姨太这一类，该肥的胸部和臀部浑圆，该瘦的后脊和两胁则包骨不枯。她牵着狗的铁绳走过，铁绳使她柔不胜力，牵住一头其余软软拖地，一径经过了公公病瘫卧床的窗下，经过了吃斋的婆婆诵着祷告之声的经房。然后就歇息睡到掌柜的床上去吗？真的，一双退了脚足的红尖白鞋，在床下是怎样的一对停泊了的小小船舟，送去了一支带露淋淋的花朵偎长于一根已锈腐苔的枯木边了。

这般想着的柳子言陡然睁圆了眼睛,脱口在黑暗中说:"苟百都,你家的四姨太好风流!"

"世上的好女人都叫狗×了!"苟百都竟全然未睡,似乎正被一种事情所愤怒着。"你也想着四姨太呀?!"

一句话破坏了所有的美妙遐想,柳子言后悔着叫起这粗俗丑恶的下人。苟百都却连连砸着火镰要点灯,火石爆溅着细碎的光花,在反复明灭的灿烂里,柳子言看见了掀被而坐的赤条条的苟百都和苟百都两腿之间挺硬的一柄恶根,他把头别转了。苟百都说:"把纸媒递我,纸媒在你床头墙窝里!"柳子言没有去摸纸媒,说声"给!"将一团火绳扔过去,却故意失手把灯檠哐啷打翻了。苟百都骂了一句,摔了火镰,却说起掌柜怎样地不行,吃人参鹿茸也不行,夜里只拍着四姨太的屁股光说是好东西,四姨太就不止一次地在那松皮脸上抓下血印,养了"虎儿"靠"虎儿"了。"柳哥,你信不信?"柳子言不作声。"反正我是信的!"苟百都咽了一口唾沫,"咱行的,可咱不如一条狗么!"

柳子言不愿再听下去,发出了悠久的鼾声。苟百都说:"不说了不说了,柳哥,你试试,用席眉儿掏掏耳朵,下头那东西就不想她了。不想了!你是踏坟地的,坟地真能起了作用吗?"

柳子言说:"不起作用,掌柜能请这么多人来?"

苟百都说:"四个先生踏穴,你一来踏的还是那个,这么说姚家的坟地是最好的了?"

"最好。"

"还有好的吗?"

"有是有,北宽坪怕也没有再胜过的了。"

"妈的,那他姚家世世代代要做财东,要×好女人了?!"

天明,柳子言起得早,站在院子里仰头看一棵枣树。四月里的叶芽长得好快,生着刺的,硬着折弯的枝柯,把天空毛茸茸地割裂开了。四姨太抱着两床绿被往廊前的绳上晾,轻轻就咳嗽一下。柳子言回转头,绿被与绿被之间恰恰地露一副白脸正笑着看他,这景象在柳子言的感觉中妙不可言,想到了荷塘里的出水芙蓉,兀自地

181

发呆了。女人说:"先生起得早呀!"柳子言便说:"四姨太也起得早!"女人从被子下钻过来,抱怨着掌柜微明送那些风水老先生,顺路又要去前村的铺子里收取些银元,害得她也没瞌睡了。"先生看枣树看了那么久,枣树上有花吗?"女人已经站在柳子言的身边了,并没有看枣树,却看柳子言的脸,柳子言慌了,竭力饰其心机,不敢苟笑,说:"瞧,枣树上有一颗枣哩!"枣树梢上是有一颗去年的陈枣,虽有些瘪,却经了一冬一春的霜露更深红可爱,女人也就瞧见了。

"我要那颗枣哩!"女人突然说。

柳子言摇了一下树,天乱了,枣没有落下来。

"我要哩!你给我摘下来吃!"女人仍在说。

面对着同龄的已经噘了嘴撒娇的四姨太,柳子言也忘记了被雇请来的手艺人的身份,兀地鼓足了勇敢,一跃身抓住了树枝,一只手扯着一只手竭力去摘干枣,将一颗在满掌扎着硬刺手心中的枣儿伸到女人面前。女人却并没有去取,喜欢地说:"你真老实!"喘笑着竟往厅房去了。

一时间,柳子言窘起来,女人已上了台阶,回身向他招手:"傻猫,你不来挑挑刺吗?"脖脸仍窘烧不退。遂走到厅房,却不见了女人,兀自用牙咬着拔掌上的刺,无法拔净,女人却又在东边的小房里轻唤:"进来呀!"柳子言再走过去,一挑帘子,房内的窗帘布并没拉开,光线暗淡,幽香浮动,女人竟已侧卧于床上,靠的是一垒两个菱叶花边的丝绸枕头,身子细软起伏,拥上去的月白色旗袍下露着修长如锥的两条白腿。柳子言的胸中立时有一只小鹿在撞了,欲往外退。女人说:"不挑刺了吗?""我已经拔出了。""是吗?"女人翻身下来,拉柳子言于床沿坐了。"先生不用我的针了,我可得求先生事哩。你识得阴阳,一定也会医道的,你凭凭脉,这夜里总是睡不稳呀!"一只手就伸来平平停放在柳子言的膝上了。柳子言何尝识得病理,听了女人的话,不知怎的,竟也伸出三枚指头扼按了女人的玉腕。是的,女人的脉在汩汩跳着,柳子言的三枚指头跳得更厉害,如此近地挨靠着女人且扼按了人家的手,柳子言如果真会凭脉,脉象里的强弱沉浮,能告知女人夜里睡不稳,害的是和自己昨晚一样的心思吗?是一样的心思了,该要说些什么样的话语,透出心迹呢?但是,但是,或许这女人真的有病,是诚恳在请教着一个医家郎中呢,柳子言后悔了不懂假懂,柳子言的手现在是再也取不下来,一瞑目,深自痛恨起来了。为什么有了这样的对于四姨太不经的妄念呢?自己对医药常理一窍不通,却要将一夜的痴恋发展到这步举动来作伪行骗,这不是很可卑的吗?紧张得出了热汗又自悔的柳子言这么想,又为自己的检点发生了疑问。看见了一个美妇人而生爱恋,这爱恋又是他人生第一次萌发,这当然算不作什么可卑,如果见了美艳的女人冷若冰霜心如死灰,柳子言就不是今日一身堪舆本事,是一截木头一块石头了。既然女人的玉腕已在怀中扼按,不识凭脉,也得像模像样地凭一次脉了。柳子言终于心静下来,感觉到了女人的脉正和自己的脉同一节奏的跳跃,为了庄重起见,他侧勾了脑袋。但控制住的思维在不久就又恍惚出游,头虽没有抬,却知道女人一眼一眼瞧着他,而窗布关不住的一格细缝里透进了一道初出的太阳,使万千的微物一齐在其中活活飞动,同时衬映出了女人脸上的一层绒绒细毛所虚化的灵晕般的轮廓。这时候,一只小鼠从房角的什么地方溜出来,做了一个静伏欲扑的姿势,遂钻过门槛不见了。柳子言不知怎么说出了一句:"有猫吗?"

"毛?"女人轻轻地惊了一下,明显地被平放在那里凭脉的手在骤然间发胀了。柳子言抬起头来,看见女人一脸羞红地说:"不多,……稀稀几根。"

柳子言立即明白了女人的误会,暗暗叫苦了。怎么能提问这些无聊的话呢?女人在不得已回答了提问而要认定自己将是多么淫邪呀!凭着感觉,女人是喜欢了自己,起码可以说并不讨厌,方在没人干扰的空房里能让他凭脉,一旦认定了淫邪而反目,岂不同这可爱的女人连话也说不成了吗?柳子言赶忙解释:"我,我……"女人却在羞红脸面的瞬间被另一种东西所刺激,被凭脉的手捏住了一个小小的软拳捶在他的肩上,喘笑道:"你这是什么先生?你这是什么先生?"拢在头上还未完全梳理好的一堆乌发就扑撒而下,摩抚了柳

子言的额角和一只眼,以至在一副软体失却了平衡倒过来的时候,柳子言一揽胳膊,女人已在怀里了。

突如其来的变化,不期然而然,柳子言如梦中从高崖纵身跳下,巨大的轰鸣使心脏倏忽停息了,他疑惑着这是不是现实,又一次注视了在怀中已微闭了眼皮而嘴唇颤动的女人,头脑里极快地闪过这女人怎么就委身于我的问题。是真的钟情了我还是个淫荡的雌儿或者更有什么阴谋而陷害我?如果在怀里的不是掌柜的女人,是普通人家的待嫁的姑娘,这一切顺理成章的事情就会有了。但自己一个被姚家雇请来的贫贱之人怎么能干这种悖礼违常的事体呢?正如苟百都所说,这是个饿慌了的娘们儿,这一刻里淫情激荡,为了满足自身而要他充当一个工具,作用如同一条狗吗?坦白的仍是纯洁童子身的柳子言这么一思索,笨拙得竟不知如何来处理了这女人。再一次看着女人,女人眼睛睁开了,燃烧着火一样的光芒,樱红的口里皓齿微开,一点香舌颤抖出没,柳子言的血又重新涌脸,将刚刚闪现出的思索又都粉碎了。他把女人再次搂紧,潜意识里似乎明白面对着的将是一盏鸩酒,但鸩酒泛着嫣红颜色的美艳,使他只感到心身大渴。

柳子言把四姨太放倒在了床上,解开旗袍,女人竟根本没穿衬裤,白腴的肚皮上裹着一件艳红的裹兜。四姨太说:"不要看,你不要看!"柳子言松掉了裤带,却怎么也挺不起来。女人已经蛇一般地蠕动了身子喃喃不已,柳子言还是不能成功。他满头的汗,只狠劲地用手按了一下,立即提穿了裤子一脸羞红地走出门了。

出山的太阳已经灿灿地照着了半个房廊,院中枣树上落下一只翘尾的喜鹊在欢快地叫。小房里的四姨太在砸摔着茶碗,踢倒了凳子,随之一疙瘩东西从窗子里甩出,哭声就起了。柳子言看见了那是女人的红裹兜,兜带儿已全然撕断。

贼一样回坐到厢房的柳子言,心仍跳得守不住,他怨恨着自己的无能,原来是这样一个泪蜡头的男人吗?他想,虽然并没有从肉体上接触过女人的经验,但自己并不是这样呀,且现在又是多么刚劲有力,为什么那一时竟会那样呢?柳子言细细回想着刚才的场面,便听到了狗咬，去村前河里挑水的苟百都在房廊口喊："姨太，你拦拦你的狗呀！"他就为方才的事件后怕起来，庆幸没有成功而避开了被人撞见的危险。到了这时，柳子言又怀疑了女人大天白日主动于他是不是故意要让家人发觉而加害他，最起码要使他免去踏坟地的报酬吧。或许女人在淫心激荡后而未能满足，恼羞成怒，待掌柜回来，又会怎样地指控着他强行奸淫的罪恶呢？

挨到了苟百都叫他说掌柜招见，柳子言站在掌柜的面前坐也不敢坐。

"坐呀，"掌柜说，"你给我踏了吉地，我说过要谢你的，这些银元够吗？"这时候，柳子言看见了八仙桌上齐齐摆了五个银元柱儿，森森放着毫光。

柳子言心放下来，他看着掌柜核桃一样的脸，脸上读不出什么阴谋和奸诈，便知道四姨太并没有告发他。他说："我不收你的钱。能帮掌柜出些力我就满意了。"掌柜说："那怎么行？总得补补我的心意呀，那么，你看着我家的东西，看上了什么你拿一件吧！"

柳子言的意识立即又到了四姨太的身上，遗憾着自己的失败，却同时为自己被艳丽的女人钟情感到得意和幸福。那场面的每一个细节皆一齐在甜蜜的浸泡下重新浮现，将会变作一袋永远嚼不尽的干粮而让柳子言于一生的长途上享用了。这么想着，却神忽他往，不禁心里又隐隐地发痛了，一个身缠万贯的财东的女人爱上了自己，一个家穷人微的风水先生，在背后是多么放纵着痴恋，却在她的赐予面前阴暗地审视着她的不是，这不是很耻辱的事吗，很下作的事吗？唉！唉！讲究什么走州过县的见了世面，讲究什么饱肚子的地理学问，屁！忧虑、怀疑、胆怯、恐惧，再也无法弥补地辜负掉怎样的一个清新早晨啊！柳子言扭头斜视了一下旁边的小房，门帘依然垂着，那女人并没有出来。"即使她出来送我，我还有什么脸面再见她呢？"柳子言盯起阳光流溢的厅外院子，院子里的捶布石下软着一疙瘩红，是女人发泄恼恨扔掉的裹兜。他终于说了："掌柜是大财东，能到你家，我也想沾沾姚门的福气，如果掌柜应允，院子里的那块红布能送我，我好包包罗盘呢。"

　　掌柜在吉地上拱好双合大墓的第七天，久病卧床的姚家老爷子归天了，灵柩下埋在了墓之左宅。三年里，姚家的光景果然红盛，铺子扩充了五处，生意兴隆，洛河上的商船从南阳贩什么赚什么，北宽坪的四条大沟田畦连片，逃荒而来的下河人几乎全是姚家的践户。逾过八年，姚母谢世，姚家又是一片孝白，双合大墓将要完全地隆顶了。

　　苟百都仍在姚家跑腿，仍是夜里不在房中放尿桶，数次起来去茅房要经过掌柜的窗下听动静，回来睡不着了，手淫下脏东西涂在墙上。姚母去世，依然要披麻戴孝的苟百都却不能守坐灵前草铺，也不可拿了烟茶躬身门首迎来送往各路来客，他是粗笨小工班头，恶声败气的着人垒灶生火，担水淘米，剥葱砸蒜。在龟兹乐人哀天怨的唢呐声中，苟百都听出了另一种味道，为自己的命运悲伤了，他注意了站在厅台阶上看着出出进进接献祭品的四姨太，这娘儿们穿了孝愈发俏艳，他突然冒出一个念头：怎么死的不是姚掌柜呢！现在，苟百都被掌柜支派了去坟地开启寐口，苟百都实在是累得散架，但他又不能不去。背了镢头出门，经过四姨太身边，故意将唾沫涂在眼上，却要说："四姨太，你别太伤心，身子骨要紧哩！"

　　四姨太说："呸！苟百都，你是嫌我不哭吗？"

　　苟百都说："我哪里敢说四姨太？其实老太太过世，这是白喜事。再说，老爷子住了吉穴使姚家这多年暴了富，老太太再去吉穴，将来姚家的子子孙孙都要做了官哩！"

　　四姨太说："你个屁眼嘴，尽是喷粪，又在取笑我养不出来个儿吗？我养不出个儿来，你不是也没儿吗，要不，你儿还得服侍我的儿哩！"

　　苟百都噎得说不出话来，在坟地启寐口越启越气，骂姚掌柜，骂四姨太，后来骂到柳子言把吉穴踏给了姚家，又骂自己喝了酒提荐了柳子言好心没落下好报。整整半个早晨和一个响午，一个人将双合墓的宅右门的寐口启开了，苟百都索性发了恨：姚家发财，还不是靠这好穴位了吗，你掌柜有吃有穿，老得咳嗽弹出屎来，却占个好娘儿们，还想世世代代床上都有好×！一镢头竟捣向了严封着的左宅门墙，"喀啦啦"一阵响声，门墙倒坍，一股透骨的森气当即将他推倒，且看见那气出墓化为白色，先是指头粗的一柱直蹿上去，再是于半空中起了蘑菇状，渐渐一切皆无。苟百都死胆大，站在那里捋捋头发又走进去，那一口棺木尚完好无缺，蜘蛛则在其上结满了网，若莲花状，也有官帽状，官帽只是少了一个帽翅罢了。苟百都听人讲过，棺木上有蜘蛛或蚂蚁结网绣堆便是居了好穴，网结成什么，蚂蚁堆成什么，此家后辈就出什么业绩人物。而苟百都此时骇怕了，他明白了他是在出散了姚家的脉气，坏了姚家世世代代作威作福的风水，禁不住手摸了一下脖子，恍惚间看见了有一日自己的头颅要被掌柜砍掉的场面。但苟百都随之却嘎嘎狂笑了："姚掌柜，姚老儿，苟百都不给你做奴了，我帮你家选的穴，我也可坏你家的风水的！"

　　姚家明显地开始衰败，先是东乡的染坊被土匪抢劫，再是西沟挂面店的账房被绑票，接着洛河上的商船竟停泊在回水湾不明不白起了火，一船的丝帛、大麻、土漆焚为灰烬。掌柜怨恨这是坟地散了脉气所致，一提起苟百都便黑血翻滚，提刀将八仙桌的每一个角都劈了。但逃得无踪无影的苟百都再没在北宽坪露面，只是高薪请了会"鬼八卦"的术士画符念咒，弄瞎了远在深山的苟百都的老娘一只眼。

　　约摸三年，正是稻子扬花时节，掌柜在为其母举办了最后一个服孝忌日的当晚，与四姨太吵了嘴，闷在床上抽烟土，村人急急跑来说是在村前的稻菽地堰头见着苟百都了，苟百都一身黑柞蚕丝的软绸，金镶门牙，背着一杆乌亮的铁枪。问："苟百都，你回来了，这么多年你到哪儿去了？"苟百都把枪栓拉得喀啷响。问话人立即脸黄了："噢，老苟当逛山了？！"苟百都说："你应该叫我苟队长，唐司令封我队长了！"唐司令就是唐井，威了名的北山白石寨大土匪，问话人赶忙说："苟队长呀，怎不进村去，哪家拿不出酒也是有一碗鸡蛋煎水呀！"苟百都说："我等个人。"问："等谁呀？"苟百都躁

了,骂:"你多嘴多舌要尝子弹吗?没你的事,避!"掌柜听了来人的述说,跳起来把刀提在手里了,又兀自放下,一头的汗水就出来。掌柜明白了铺子遭抢,商船被焚的原因,也明白了当了土匪的苟百都在村口要等的是谁了,立时脸色黑灰,拉了四姨太就走。四姨太说:"我就不走,苟百都当年什么嘴脸,不信他要打我?!"掌柜翻后窗到后坡的涝池里,连身蹴在水里,露出的头上顶个葫芦瓢。直到苟百都在天黑严下来骂句:"让狗日的多活几天。"走了,来人方把掌柜水淋淋背回来。

又是一夜,人已经睡了,北宽坪一片狗咬。村口瞭哨的回报着苟百都又来了,是四个人四杆枪。掌柜又要逃,大门外咚地就响了一枪,苟百都已经坐在门外场畔的石碌子碾盘上。不能再逃的掌柜心倒坦然起来,换了一身新衣作寿衣,提上灯笼出来说:"哪一杆子兄弟啊?哎呀,是百都贤弟!多年了,让哥哥好想死你了,你怎地走时不告哥一声就走了?今日是来看哥哥了!"

苟百都说:"听说北宽坪来了几个毛贼,唐司令要我们来拿剿的,毛贼没害扰了掌柜吧!"

掌柜说:"有苟队长护着这一带,毛毛贼还不吓得钻到地缝去!来来来,把兄弟们都让进屋来,今日正好进了几板烟土好过瘾呀!"

苟百都领人进了屋,还是把鞋踢脱了仰在躺椅上,急去抽那烟土,一抬眼却愣住了。四姨太从帘内出来正倚着门框,一腿斜立,一腿交叉过来脚尖着地,卟地就吐出一片嚼碎的瓜子皮子儿。苟百都说:"四姨太还是没老样儿!我记得今日该是老太太的三年忌日,四姨太怎没穿了更显得俏样的孝服呀?"四姨太说:"百都好记性,知道老太太今日过三年!?"掌柜忙责斥女人没礼节,应给苟队长烧颗烟泡才是。四姨太仍是嚼着瓜子,款款地走近烟灯旁了,苟百都便伸手于灯影处拧女人的腿,女人一趔身子将点心盘子撞跌,油炸的面叶撒了一地。苟百都忙要去捡,四姨太说:"沾土了,让狗吃吧!"一迭声地唤起狗来。

苟百都在女人面前失了体面,脸色就黑了,说:"这虎儿还听四姨太话呕!"顺手抓过枪把狗打得脑门碎了。枪一响,满厅药烟,姚家上下人都失声慌叫,掌柜笑道:"打得好,咱们口福都来了!今晚吃狗肉喝烧酒,这狗皮你百都贤弟就拿去作了褥子吧!"

苟百都却懒懒地说:"今日不拿,你让人将皮子熟了,改日送到白石寨就是。"

熟好的狗皮送去,苟百都捎回的口信是:苟百都再不要掌柜的一分一文,只想和姚家认个亲哩,如果把四姨太嫁给他,掌柜也永远是苟百都的仁哥哥。

十天后,得了红帖的苟百都真的骑了一匹披着彩带的黑马来到姚家。苟百都就把四姨太抱上马背,自己也骑上去,回头对掌柜拱拳道:"仁哥哥留步吧!"四姨太却说:"老当家的,我要走了,夫妻一场,你不再来给我整整头吗?"掌柜突然老泪纵横,过来要抱了四姨太痛哭,女人却一口唾在他脸上骂道:"呸!老龟头,你就这么让姚家的一个跑腿的抢了老婆么?!"掌柜昏厥在台阶上。

一匹油光闪亮的乌马像黑色闪电一般地驶过了北宽坪,晨霭浮动,河蛙乱鸣,丑陋而剽悍的苟百都在这个美丽的早上并没有奔上白石寨,他为巨大的快乐所激荡,纵马在河川道的石板路上无目的地疾驰。直待到火红的太阳一跃跳出山巅,马已经通体淌汗,他才揽了缰绳,往五十里外的老家而去。身子发热,那一顶黑绒红顶的礼帽不知滚落在了哪一丛草中,敞开裰子,风摆旗般地啪啪直响,而锃亮的长枪斜背身上,枪带已紧勒进一疙瘩一疙瘩隆起的胸肌里。浑身被汗浸得热腾腾酸臭的汉子,一手牵着缰绳,一手死死地搂着面前的女人,女人像蛇缠住了一样无法动弹,先是不停地惊叫,再后便被颠簸和胳膊的缠裹所要窒息,迷迷晕晕,只剩下一丝幽幽喘吟。

"四姨太,"他说,"不!不不!你终于是归于我的娘儿们,你是我的老婆!你哭吧,闹吧,踢我的肚子,咬我的胳膊吧,我就喜欢你这个烈性子雌儿,你唾那老家伙一口实在解气!你这么闹着也实在解气!你知道吗,在我给姚家当使唤的年里,我每夜叫着你名字入睡,可你宁去抚摸狗不肯伸给我一个指头,现在你却是我的老婆了!"

名家作品精选

女人从昏迷中知觉过来,她的后脖子被苟百都的嘴吻咬着,涎水湿漉漉顺脖流向后背,那一只蒲扇般粗糙的手扼着她的左乳,且有两个指头在掐着乳头。她知道她现在是一只小羊完全被叼在了一只恶狼的口中,在姚家十多年里,不能说没有吃好和穿好,但她厌恶着干瘦无力连胡子都不扎人的掌柜,她因此而使尽了执拗性子,摔碟打碗,耍泼叫喊,想象着她能在一种强有力的压迫下驯服和酥软,如今这土匪苟百都给了她这种强力,她却是这么恐惧和悲伤!往昔受她戏弄的人,面孔丑陋,形状肮脏,那么在往后,也就在今日的晚上,他竟要爬上自己的身上吗?她后悔在掌柜极度痛苦的决定后,她竟如释重负又怀有一种幸灾乐祸的心情所发出的笑声,也后悔今天早上没有悄然遁逃或撞柱而死反倒顺从地被苟百都抱上马背!女人在这时,感觉却回到了姚家,可怜起那个瘦弱的财东姚掌柜了,遂一口咬住了扼着她左乳的那只手,血从嘴角流下来。苟百都一松手,她迅疾地扭转身,啪,啪,啪,将耳光扇在了那一张毛孔溢着油汗的丑脸上,骂:"你是什么猪狗,你能娶我吗?你这洗不白的黑炭!你尿尿都是黑水!"

苟百都被这突兀的打击震住了,一时出现了在姚家跑腿时的下贱呆相。但刹那间,这土匪丢开了马缰绳,一手按住了女人的下腭,一个勾拳向她的腹部打去。这一拳打得太重了,女人呀地在马背上平倒了上半身,呼叫着,喊骂着,四肢乱踢乱蹬,苟百都按着,看见勾拳打下去时指上的戒指同时划破了肚皮,一注奇艳无比的血,蚯蚓一般沿着玉洁的腹肌往下流,这景象更加刺激他的兴奋了,浑身肌肉颤抖着,嘿嘿大笑。像在案板上扼住一只美丽的野鹿,一刀刀割破脖子而欣赏四条细腿的挥舞;逮住了老鼠浇上了油点着放开,看着在尖厉的叫声中一朵焰火飘动。苟百都就这么慢动作地扯开了女人的裤带,剥开了女人的衣裤,将身子压下去。

马还在跑着,受惊似的几乎要掠地而飞。犬牙相错的山峰在跳跃中纷纷倒后,成群的蚂蚱于马蹄下溅来在枪托上留一个绿印而瞬息不见。苟百都张大了嘴发出怪叫,在女人的身上终于结束了自己一段漫长的历史,女人肚皮上的血也同时粘上他的胸毛,干痂成一片,揩也揩不掉。受到了前所未有的震撼的女人,如风中的柳树曾经左倒右伏,但就在几乎一时要摧折了之际,又从风中直立而起,无数的反复冲击中则不期然而然地享受了柳之柔软性能和死去又活来的快感。她终于在马放慢了步伐悠悠而行的时候,一句话也说不出来,作为一个女人,毕竟是一个女人,再也没有了在姚家的掌柜面前的泼悍和任性,她说:"你真是个土匪!让我到河边去,我要洗洗。"

苟百都停住了马,放她而下,苟百都俨然已成为一个伟丈夫,并不防备她逃走,懒懒地看着头上的太阳闪耀光刺,看着女人走到河边双手掬水再让水从指缝漏下,银亮亮如撒珍珠。水里落着女人的影子,女人一定疑惑了水流得活活,而影子却如长了吸盘的鱼一样静沉河底。她蹲下去,似乎在小解,却撩水洗起下身,像要把一切都洗掉。

这时候,河对岸的一条小沟里,山路上踽踽地走下来一个人。路细乱如绳。女人看了一眼,提了裤子又垂头洗脸,觉得那人是牵着绳从沟垴下来的,或是绳拉他而来的。但那人在河边站定了,惊疑地哦了一声,随之叫道:"四姨太!"

从水皮面子上传过来的叫声并不高,且颤颤地如水溅湿了发潮发沉,女人却倏忽间蜂蜇一般地冷丁了,多熟悉的声音,又多陌生的声音,多少多少年里只有在睡梦里听到,醒来却茫然四顾而慢慢麻木淡忘以至重重遗失得没了踪迹的声音,如远山里吹来了一缕微风,如大海的深处泛上了一颗泡沫,她的一根神经骤然生痛了。她再一次看着那人时马背上的苟百都已经认了出来,张狂喊道:"柳先生!咋就在这碰着柳子言你狗×的哥了!"

柳子言在喊声中看到马背上背了长枪的苟百都,他要从河水面上跑过来的腿僵硬了,木桩似的戳在沙里:"是苟百都呀,听说你当粮子逛山了,是唐井的队长了,果然是!你这是往哪儿去呀?"

苟百都说:"柳子言,我告知你,我今日娶了老婆了,你该是第一个恭贺我的人!"

"娶了老婆?"柳子言看着苟百都在太阳下咧着金牙的嘴,他想

戏谑了,"娶的是哪一位,能压了寨吗?"

"你瞧瞧,你叫过她四姨太的!"苟百都说。

女子已经立起身,隔河望着柳子言。望着依旧是长袍短褂背着褡裢的柳子言,他虽没了往昔的年轻,但英俊依然!女人张开了嘴,感觉到的一颗心跳到喉咙了,噎了噎却并没有吐出来,她注视着柳子言听到苟百都娶了她的话后表情,果然笑容陡然硬在脸上,喑哑了似的长久地没有说话,脚下的松沙在陷落,水汪上来湿了鞋面裤管,人明明显显地矮下去了一截。"柳先生!"她叫了一声,但她的耳朵并没有听到她的声音;柳子言也没听到,却怔怔地瞧她一眼,那是多么悲惨的一眼啊!

"娶了四姨太?"柳子言对着苟百都,声音已变调了,"你是枪打了姚掌柜?!"

苟百都说:"娶亲是吉利事,怎么能杀人呢?好女人就不兴咱×吗?"

柳子言勾了头就走,却忍不住还看一下河这边的女人,踉跄而去,石头就无数次地将他绊倒,绊倒了爬起来还是走。

艳阳下女人身子摇晃着返回来,说:"走吧。"牵着苟百都的手上了马背。苟百都笑骂一句"柳先生",一松缰绳,撮嘴吹着口哨,马噔噔噔地跑起碎步,伴响起风前的鸟叫,流水的鸣溅,再一揽胳膊重新要箍了女人的腰,女人突然锐声说:"我要柳先生!"

苟百都勒了马:"你要柳子言?"

女人反转了身来再说一句:"要柳子言!"更直直看着苟百都,随之噘了小嘴,将两道尖眉也翘挑了。粗悍的土匪在短暂的疑惑中为女人的变化无常的脾性开心了,这是真正成为自己老婆后的一种要强吧,在姚掌柜面前那种四姨太式的泼劲重演,是女人终于从哭闹而转为顺悦的标志吧?苟百都喜欢女人像烈马般的暴躁而在降服过程中得到快愉,同时也喜欢在降服之后马时不时抖抖臀部,耸耸耳朵,或者毫无缘由地喷一个响鼻。"你要柳先生,看上他那小白脸吗?"他也来了调侃。

女人说:"柳先生是咱见到的第一个熟人,他没有祝福咱们一句话，你就让他走了？"

　　苟百都觉得妇人言之有理，扭转马头，柳子言已经离他们很远了，便举枪在空中叭地放了一枪。枪声很脆，震动着河谷，踉踉跄跄的柳子言在突兀中惊跌在地，并没有立即爬起来，枪声震掉了崖头上的松石哗哗啦啦掉下来的时候，也震掉了一时涌在心头的懵懂，顿时清醒于往事的追忆中。多多少少的岁月，他离开了姚家，再没有遇见过像四姨太美艳又钟情于他的女人，谁能在踏过了风水之后还器重一个贫贱的风水先生呢，没有的，愈是为自己的命运悲哀，愈是为失掉了四姨太的情爱而痛惜。一件记载着女人的懊恼和怨恨的红绸裹兜，便一直视为定情物贴身穿在自己的童子体上，他细细感受着红绸裹兜的柔软，体会着红绸裹兜穿在女人身上时的情形，就不免有一阵幸福的晕眩。他曾经数次徒步赶到北宽坪来，希望能再见到一次四姨太，如果四姨太提着瓦罐在泉边汲水，他会要将她从泉台上抱起而不管了瓦罐摔成七片还是八片；如果在山坡上见到捡菌子的四姨太，他会将她放平于蒿草之中，并使蒿草千百次晃动不已。柳子言的暗恋放诞了奇异的光彩，一看见了北宽坪后的山峁上的那个古战场残留的石堡，就心身皆进入恍惚之境，觉得曾经是有一个夜晚，月色清丽，空气甜润，他们携手登上石堡，一任小小的窗洞里风呜呜长鸣，也一任露水湿了他们的睫毛也打湿了鞋袜和裤腰，静静地躺过了千年百年……但是，每一次山下村庄的鸡犬之声破碎了他的幻想，远远看见了姚家炊烟直上的屋宅，他却不敢再走下去，落泪独坐，几次已疑心自己是风化成的一块石头了。

　　这日葫芦峪有人家请去踏坟地，葫芦峪可以从另一条沟直达，脚仍是不自觉地拐进北宽坪的山路，他愿意多绕道数十里看看心爱的女人居住的地方，谁知女人竟一河之隔，活生生的，就站在他的面前！

　　令柳子言悲惨的女人竟不再是姚家的四姨太，她成了逛山土匪的老婆！在柳子言的意识深层，他爱着这女人，但这女人真正要成为自己的老婆长年相厮那纯是远山头上的一朵云，登上山头云则又远。他们的缘分恐怕只是一种偶然的相遇相爱。因此，在痴恋转为

名家作品精选

暗恋的漫长日月中,柳子言不管怎样步涉到北宽坪的山上希望去见到四姨太,到最后都将是一种单相思。唉,自己就是这般的薄命,只能在盐一样的生活中把她的身影腌咸了,风干了,在孤独寂寞中下酒吧。问题就在于,女人是姚财东的姨太也好,是另一个什么官家的娘子也好,他柳子言有什么办法呢,可现在女人成了黑皮臭肉的苟百都的老婆,却实在无法接受!粮子,逛山,土匪,就全凭那一杆能喝血吃肉的长枪吗?当苟百都向他炫耀,一脸的恶肉刷漆似的油亮,他恨不能一个石头砸过去,砸出个五颜六色的脑浆来,但面对着高头大马和乌黑的枪管他惧怕了。柳子言的泪水倒流肚里,为女人伤心了,为孱弱的自己伤心了!他不愿多停留,在丑陋的苟百都面前的无能比那一次面对着女人的无能更使他羞辱,再不要让钟情过他的女人看见他了!

一声枪响,使他跌倒了,蓦然间他估摸这一枪是苟百都打向他的。女人现在既已做了苟百都的老婆,瞧着自己无能的样子是不是感到可怜可笑,不经意中会把过去发生的事情失口泄露于她的匪夫吗?土匪毕竟不是守财的姚掌柜,一定不允许一个风水先生曾对他的老婆做过的事体。

马蹄腾着沙石过来了,苟百都在喊:"你站住,站住!"柳子言猛然之间翻身而跑,苟百都愈发怒了,开始叫骂,马匹一个飞跃,几乎是掠过柳子言的头顶落在了他的面前。柳子言准备死去。

"苟百都,你要打死我吗?"他说。

"你跑什么?"苟百都说,"我的老婆要给你说话的!"

柳子言吃惊了,他看着女人,女人从马上跳下来向他走。女人站在了两丈外的一株细柳下,一头乱发飘拂,蓬蓬勃勃如燃烧的黑色火焰。

"你没给我说一句话,你就走了?"她说。

"恭喜你。"他说。

"你再说一遍!"

"你要做压寨夫人了,我恭喜你。"

女人嘎嘎地怪笑着靠在了细柳上,细柳负重不了,剧烈地摇晃了。

　　柳子言掉头又要离去。"你就这么走吗?"女人突然地厉声嘶叫，手抓住了细柳上的一枝，竟将枝条扳下来，凶得像恶煞一样扭曲了五官。"你就会走吗?你一辈子就会乌龟王八一样地走吗?!"

　　当女人发疯地扑上来，柳子言不知所措地呆住了，倏忽间柳枝劈头盖脑抽下来，啪啪啪声响一片，柳叶碎纸似的满天皆是了。柳子言没有动。他知道今日是丢命了，与其死在苟百都的枪下，还不如被心爱的女人活活打死！他感觉到的并不是疼痛，女人手中的也不是柳条，是锋利无比的刀，在一阵迅雷不及掩耳的砍杀下，他似乎还完完整整，瞬间则一条胳膊掉下去，另一条胳膊也掉下去，接着是头，颈，腰，腿，一截一截散乱了。女人喘着粗气无休无止地挥动枝条，留给了柳子言满脸的血痕，一截截柳枝随着一缕缕头发飞落在水面，终于只剩下一尺余长的了，仍不解恨，哗啦一下撕裂了他的褂子，赤身上露出了那红绸裹兜，女人呆住了，软在地上，嚎啕哭起来了。

　　遍身是伤的柳子言与女人倒在沙窝，泪水和鼻涕一齐递出之际，蓦然明白了一个女人的心。女人竟还在爱着他！感激之情油然生出，珍视着从自己脸上流下来的血滴在河滩的石头上溅印出的奇丽的桃花，他要弯身扶起哭倒在面前的女人了。苟百都却以为柳子言欲反击自己的老婆，在马背上吼道："柳子言，你敢动我老婆一个指头吗，我一枪敲了你的脑壳！"柳子言高傲地抬起头，说："我哪儿能打了她？苟百都，我现在正式恭贺你了！"苟百都笑了："你早这么说就好了！你现在可以走了。"但柳子言没有走。女人说："我不让他走！"苟百都说："柳子言，你听见了吗，她不让你走；你就给她下跪再道个万福吧！"女人说："我要让他和咱们一块走！"苟百都疑惑了，眉头随之挽上疙瘩。女人说："柳先生能踏坟地，怎不让他同咱们一块回家去踏个坟地，你不指望我将来的儿子不要像你一样半辈子给姚家跑腿吗？"苟百都哈哈大笑起来："说得好，说得好！柳先生，苟某人就请你为苟家踏吉地了，姚家有钱，能赏你一桌面银元，苟某人有的是枪，会抢一个女人给你的！"

名家作品精选

三个人结伴而行了。

先是苟百都和女人同骑一匹马，马后步行的是柳子言，小桥，流水，古木，巉崖，女人不停地就遗落了手帕要柳子言捡了给她，或是瞧见一树桃花，硬要柳子言去折了她嗅。行过三里，马背上的女人便叫苦马背上颠簸，一身的骨头都要散架了，苟百都便命令柳子言背着她："你不乐意吗？不乐意也得背！"柳子言巴不得一声唤，在女人双手搂了他的脖子，树叶一般飘上背来，立即感觉到了绵软的肉身热乎乎地如冬日穿了皮袄。哎呀，女人的香口吹动了一丝暖气悠悠在后脑勺了，女人耳后别的一撮柔发扑闪了前来抚摩着他的额角了，柳子言重新温习了很久之前的那一幕的情景，他不知道自己是载负了重量行走，还是被一朵彩云系着在空中浮飞。当半跪在背上后来又换了姿势的女人将两条腿分叉地垂在了两边，柳子言紧紧反搂着一双胳膊，眼睛就看见了两只素洁的肥而不胖的红鞋小脚，呼吸紧促，噎咽唾沫。扬扬得意的苟百都在马背上又吹起口哨。柳子言终是腾出手来把那脚捏住了，捏了又捏，揣了又揣，乐得女人说一句："生了胆了！"苟百都看时，女人用手指山崖上一只在最陡峭处啃草的羊，而同时另一只手轻抠起柳子言的后心了。

到了过风岔，苟百都的家就在岔垴。三间石板和茅草搭就的屋里独住着瞎了一只眼的老娘。山婆子见儿子冷不防地带回一个美妇人，喜得没牙的嘴窝回去，脸全然是一颗大核桃了。举灯将女人从头照到脚，悄声对儿子说这婆娘是从哪儿拾掇来的，屁股好肥，是坐胎的坯子，只是奶太端乍，将来生了娃娃恐怕缺了奶水子吃。天一黑，柳子言被安置到屋旁的旧羊棚里歇息，女人才过来看他，苟百都便也过来扔给了一个缝了筒儿装塞着禾草的老羊皮，说："你要孤单，搂了它睡吧。"一弯腰将女人横着抱到草房东间土炕去了。

幸福了一路如今又被抛进冰窖和油锅受水火煎熬的柳子言，掩了柴扉，静听着山里的鸟叫。鸟叫使夜更空。石磴上插着的松油节焰也不旺，直冒起一股黑烟，柳子言想，这烟也是松油节的气吗，燃不起焰就只是生黑烟吗？躺卧在深山破败寂冷的旧羊棚里，自己背了来的女人却在了一墙之隔的炕上，这是与那个女人算什么一种孽障啊。而苟百都呢,一个黑皮土匪,今夜里却搂了爱自己的恁个美艳的妇人在自己旁边,这真是天下最残酷不过的事情。这样想着的柳子言,随手咚的一声,抛过褡裢将那个松油节打灭去了。

石板房里,传来了苟百都熊一般的喘息声,间或有女人的一声"啊!"叫,睡在房西边炕上的山婆子开始用旱烟锅子敲着柜盖了,问:"百都,你怎么啦?你们打架了吗?"苟百都回话了:"娘,睡你的!你老糊涂?!"后来,一切安静,老鼠在拼命地咬噬什么,柳子言听见石板房门在吱呀拉响,女人嚷着拉肚子,经过了旧羊棚,就蹲在棚门外的不远处。隔着柴扉的缝儿,柳子言看不清她的眉脸,一个黑影站起又返回房中去了。一次如此,二次又如此,柳子言知道了女人的用意,她并没有闹什么肚子,她冒着寒冷为的是经过一次旧草棚来看看他了!柳子言的眼泪潸然而下,他把柴扉打开,他要等待女人她再一次来解手,但女人重新蹲在了旧羊棚门外,他刚要小声轻唤,野兽一般的苟百都却不肯放掉一刻她的肉体,赤条条地跑出来一等她解了手就抱她回去。

翌日,同样是消瘦了许多的三个人在门前的涧溪里洗脸,柳子言在默默地看着女人,女人也在默默地看着他,飞鸟依人,情致婉转,两人眼睛皆潮红了。早饭是一堆柴火里煨了洋芋和在吊罐里煮了鸡蛋,苟百都只给柳子言一颗鸡蛋吃,便爬上屋前槐树杈去割蜂箱中的蜜蘸着鸡蛋喂妇人。女人说:"我是孩子吗?你把你鼻涕擦擦!"苟百都的一珠清涕挂在鼻尖,欲坠不坠,擦掉了却抹在了屋柱上。女人一推碗,说:"柳先生,你吃我这些剩食吧,我恶心得要吐了!"柳子言端过碗,碗里卧着囫囫囵囵五颗荷包蛋,心里就千呼万唤起女人的贤惠。

柳子言有心给出土匪的苟家踏一个败穴,咒念他上山滚山下河溺河砍了马的打了枪的得病死的没个好落脚,而苟百都毕竟在姚家时跟随诸多风水先生踏过坟,柳子言骗不过他。"你要好好踏!"苟百都警告说,"听说吉穴,夜里插一根竹竿,天明就能生出芽的,我就要生芽的穴!"柳子言踏勘了,苟百都真的就插了竹竿,明天也真的有芽生出,苟百都喜欢了,提出一定要亲自送他走二十里山路回

去。柳子言又得和女人分别了,女人说:"柳先生,你现在该记住我家的地方了,路过可要来坐呀!"苟百都说:"是的,苟某人爱朋友。"女人送着他们下山,突然流下泪来,说:"山里风寒,小心肚子着凉呀!"柳子言按按肚子,感觉到了那肚皮上的裹兜。苟百都就笑了:"瞧,一时也离不得我了!柳先生,你不知道,有娘儿们和没娘儿们真不一样哩!"

苟百都真的把柳子言送出了二十里,到了一座山湾处,正是前不着村后不靠庄,苟百都拱手寒暄柳子言是苟家的恩人,永远不会忘了,柳子言喉咙里咕涌着一个谢,爬上山坡去。差不多是上了坡顶,苟百都掏了一颗弹丸儿,鞋底上蹭了又蹭,还涂了唾沫,一枪把柳子言打得从坡的那边滚下去了,说:"苟百都有了美穴,苟百都就不能让你再给谁家踏了好地来压我!"

已经是一年后的又一个初夏。苟百都已不再是昔日的苟百都,黄昏里蹴在前厅后院的新宅前,举枪瞄一棵山杏树上的青果子打,打下一颗就让妇人吃一颗,得得意意又说起柳子言踏的坟地好。可不是吗,自滚了坡的老娘白绫裹了葬在吉穴,他不是顺顺当当就逃离了白石寨,树了竿子坐山头,他唐井是司令,咱也是司令嘛!做了司令就有人买司令的账,这不就一院子的青堂瓦舍么,不就有大块的肉,大碗的酒,苎麻土布,丝绸绫罗,连尿盆不也是青花细瓷么?妇人在姚家那么多年,生养出个猫儿来吗,没有,现在凸了肚皮,一心只想吃个酸杏,这狗×的柳子言真是好本事!

女人听厌了苟百都的排阔,扭头起身回屋坐了。她不能提柳子言,柳子言就是一枚青杏果,一提起心里便要汪酸水。柳子言为苟家踏了好风水,柳子言却怎地再不照面过风岔!不爱着的人,狼一样地龇牙咧嘴敢下手,爱着的人却是羊羔似的软,红颜女人的命就是这等薄了?!

哀怨苦命的女人,只有独坐在后窗前凝视林中月下的青山。青山是那么照人的明艳却不飞扬妖冶,白杨林子是那么庄严又几多了超逸,但青山与杨林的静而美,美而幽,幽而哀的神意实在不容把握。这样的月夜里,是决不要听到枪声的,白石寨的土匪一来,枪支并不比唐井多的苟百都就要着人背她先去山峰顶上的石洞里避藏了。石洞里凿有厅间卧间和粮仓水房,洞外的光壁上石窝中装了木橛架了木板,人过板抽,唐井的子弹爆豆般地在洞口外的石崖上留一层麻点。这样的月夜里,也是不要狗吠的,一条狗吠起,数百条吠声若雷,苟百都的喽啰回山了,鼓囊囊的包袱摊在桌上,黄的铜钱,白的银元,叮叮当当抓着往筐里丢,同时在另一处的幽室中就有了一个呻吟的绑了票的人。这样的月夜里也是不要酒的,喝得每一个毛孔都散着酒气的苟百都就又要得意于他的艳福,想象着皇帝老儿该怎么淫乐,把炕席揭了,撒上豌豆,放上木板,使行房事晃悠如在船舟。今夜的月下,就只让女人静静地临窗坐吧,恨一声柳子言你哄了我,骗了我,一架蓬萝开了耀眼的葫芦花就是不见结葫芦!但终在一个月夜,女人看到了窗外不远的洞沟畔上的一株钻天的白杨,白杨通身生成的疤痕是多么活活的人眼哪。这眼是双眼皮的,这眼就是柳子言的眼,原来柳子言竟天天在看着她!女人从此天天开了窗户,一掰眼就看着他的眼睛在看她。但是看着她的只是眼睛还是眼睛,柳子言,你到哪儿去了,真的再也不来了吗?婆婆的泪水溢满了女人的脸面,女人最终把双手抚在了突出的肚腹上,将一颗慈善的心开始渐渐转移到了未出世的儿子身上,说:"你将来要当官的,真的,娘信着柳先生的本事,你也要信哩!当了官你就要天南海北地寻了他回来!"

柳子言其实并没有死。

一颗子弹打了来,那涂了唾沫的炸子儿当即炸断了一条腿在坡顶,而柳子言血糊糊滚落到坡那边的一蓬刺梅架里了。一位砍樵的山民背回了他,他央求着说他可以禳治这一家祖坟使主人从此家境滋润而收留他养伤,便开始了整整半年的卧床未起的生涯。半年里,北瓜瓢子敷好了断腿的伤口,他单足独立,再也不能爬高下低地跑动了。被抬回到老家去拄了拐杖学行走,一次次摔倒在地,磕掉了两枚门牙,终于能蹒跚移步了,就常倚残缺的石砌院墙看远山如眉,听近水呜咽,想起那一个自己答应过要去见的女人。但他独足去不了过风岔，他没有枪，他对付不了土匪苟百都。

夏日正热，于堂前的蒲团上坐了燃香敬神，祈祷着思念中的女人能大吉大安的柳子言，听到了一阵异样的脚步声，回过头来，一副滑竿抬进门，下来的竟是仍没有老死的姚掌柜。掌柜一脸老年斑，给柳子言拱拳了，说找了先生数年，一会听说先生遭苟百都的害了，一会听说先生还活着，他无论如何要亲自来看看，果然先生还这么年轻这么英俊，竟好好的嘛！柳子言无声笑了笑，就站起来，一条腿没有了，惊得掌柜忙扶住他，日娘搞老子的骂那土匪苟百都："苟百都害了你害了我，他是咱俩不共戴天的贼啊！"柳子言又一次被掌柜请去北宽坪重新踏风水了。但他不是骑了驴子，他坐在背篓里雇人背着。

旧地重游，柳子言坐在了女人曾经赐给他情爱的那个小房里失声痛哭。掌柜问他伤了什么心，他说想起了四姨太，还是这间房，还是这把椅子，却再见不到四姨太了！掌柜遂也老泪流出，劝慰柳先生不必为他难受，说四姨太好是好，再也寻不到她这般俏眉眼的娘儿们了，可毕竟现在是土匪的婆子，他掌柜也不为她哭坏身子了。柳子言说："你知道她的近况吗？"掌柜说："我只说她被抢了过去不是拿剪子捅那土匪，也得触柱死去，她竟旺旺活着！听人说她出门，后边有两个护兵跟随，真真正正是土匪婆了！"柳子言心里愤愤起来：一个家有万贯的财东，一个不该娶少妇偏娶了少妇的老头，你拱手把四姨太献给了土匪，却要怨怪四姨太没有在新婚的夜里触柱死亡，得一个贞节的名号！这也算一个与四姨太十余年的丈夫，算北宽坪地方的绅士么？对着并不慈善的掌柜，柳子言收回了对他遭到苟百都的迫害的同情，也全然坦然了多少年里总有的一丝对他不起的心思。厌恶起掌柜的柳子言这么骂着一个男人的歹毒，却也从掌柜身上看见自己的丑恶，骂起自己不也恰恰和这枯老头一样没能保护了那个女人吗？女人原本不爱掌柜，况且掌柜人也老了，而自己呢？柳子言扭头看窗外，窗外的枣树还在，他不禁戚戚感叹："今年枣树上没干枣了。"

"枣树上哪儿还会有干枣的？"掌柜干笑了一下，忽问起一个问题来,"柳先生,听说苟百都也占了一处吉地?"

柳子言说:"那也算一块吉地吧。"

掌柜说:"那他还要有大气数吗?你知道吗,为了占那吉地,他是将他娘掀进沟里跌死,对外说是失了足……哼,一个瞎眼山婆子能守得住?!"

柳子言说:"甭提土匪那一宗了,柳子言会给你再踏出一块好穴位迁埋骨殖的。"

掌柜连声就呼着丫头,催问酒温好了没有,又说柳先生这次来不必着急踏勘,先喝三天的醉酒,姚家大院中的这些使唤丫头喜欢上哪一个了就只管招叫了去伺候你。

柳子言也真的这一顿酒吃醉了。

就在柳子言醉吐了一定要掌柜来打扫着秽物的时候,一个爆炸的消息传到了北宽坪,说是苟百都被龙抓了!掌柜一把搂住了也被惊得酒醒的柳子言长一声笑,短一声哭,夸奖着天神之公道,也夸奖土匪早不死迟不死偏在柳子言要重踏坟地迁葬父母骨殖的今日而死,这定是将要踏出的美穴预先兆应了。两个人已经听报信人说过一遍苟百都被龙抓的经过,却仍要再说一遍又说一遍,确确实实地核证了这一切皆是事实。威风着方圆百里的苟百都是在前三天下山到黑龙口坪坝里的一家财东炕上抽烟土,已经抽过三个时辰仍不过瘾,他眉飞色舞地给财东和另几个土匪讲他的英武。说唐井派人来杀他,此人枪法好,刀法也好,却不知他苟百都是怎么个人物竟使唐井也奈何不得!那人来了,他枪也不带刀也不挎,端了火盆在门口吸旱烟哩。来人问:"谁是苟司令!"他说了:"我就是苟百都,伙计,来吸一锅子吧!"来人说:"嚅,原来是黑皮八斗瓮!"他说:"是长得差些。"还是低头吸他的烟。烟灭了,用手在火盆里捏一颗红炭按在烟锅上,来人眼就看没了。点燃了烟叶取下火炭,火炭没放在盆里却放在了膝盖上,膝盖上的肉就嗞嗞响,再说一句:"这烟叶真香,你真不吸吗?"来人就跪倒在地了,说:"苟司令你是条汉子!要么你砍了我的头,要么我跟你吃粮!"那一把短刀就摔在他面前了。在座的财东说苟司令就这么收了来人了?苟百都说,屁!当

名家作品精选

粮子逛山不敢杀人我要他干啥？拾起来人的刀在眼前看锋刃，说句好刀口哩，忽地一下砍下来人的头。头因为掉得太快，那眉儿眼儿还在笑笑的，就再割了鸡巴塞在嘴里差人直送白石寨去了！在座的皆土色了脸面，苟百都就哈哈大笑，笑未毕，屋外忽然天变，一朵云停在屋当顶，接着嘎嘟嘟一个炸雷一道电光打开窗子冲进来，众人全都震昏了。待眼目睁开，屋里一切完好，唯独不见了苟百都，急奔出门，空中咚地掉下个黑炭来，苟百都烧焦成二尺长。掌柜又是一串大笑，突然说："可惜了，可惜了！"报信人说："掌柜说土匪死得可惜了？"掌柜说："听说有两颗金牙，花了大钱镶的那金牙就烧化了！"报信人说："哪里就烧化了，他的喽啰敲了金牙才用白布裹了苟百都，正为了这事，他们不敢回去见那四姨太，不不，见那匪婆子，才一哄都散了，苟百都的尸首还是那家财东埋了的。"掌柜说："你说得对，是四姨太，今日晚上我就要去过风岔接回那娘儿们，回来了你还叫她四姨太！"

姚掌柜匆匆去张罗要接四姨太的事宜了，留在了厢房里的柳子言却仍在为突如其来的喜讯震得说不出话来。四姨太，那个心爱的美妇人竟然还能再次一见吗？他不能不感慨这是怎么的一种缘分啊！当掌柜领了一班人灯笼火把去了过风岔，柳子言的死而复生般的惊喜却遂被另一层为自己和那女人的悲哀代替了。一个逃离了老朽去当了三年的压寨夫人的四姨太，到头来又回到朽而又朽的老头的炕上，那女人就是因为长得太美么？每一次像猎物一样被狼叼来叼去，又每一次偏让柳子言遇着，短暂的相会，留下的竟是长长久久的悲伤和凄凉，这是对那可怜女人的残忍呢还是对为此而残废了的柳子言的残忍?！那么，自己对一个可望不可及的女人的爱恋是一种自寻的罪过了，就不要再把这种罪过同时带给那个女人吧。这么想着了一夜，发起了高烧的柳子言终于决定在四姨太被接回时绝不去见她，眼不见心则不乱，让她度过她后半世的清静岁月吧。

天稍稍发亮，柳子言收拾了褡裢，扶杖而走了，但门前的土场上一副滑竿急急抬了过来，他看见了坐在滑竿上面色黑灰眉眼扭曲的掌柜，却没见到四姨太。他拱手搭问："四姨太呢？"掌柜却并没有回答他，昨晚那飞扬的神气没有了一点痕迹。"四姨太没有接回来吗？"他又问了一句。掌柜哼了一声，显得那么的不耐烦，却恶狠狠对放下了滑竿要散出的随从说："把吃的用的东西送去，好好看管。今日大门关了，后门掩了，外边人一个不准进来，家里人一个不许出去！"便踉跄进了大厅去自个卧屋了。柳子言是不能私走了，看着立即有人抱了被褥提了饭盒出去，大门砰砰下了横杠，不知究竟出了什么事情。姚家的丫头和跑腿的在外交头接耳，一有人又噤声散开，柳子言不能询问任何人。他默默地回坐到厢房去，寻思四姨太一定没有接回来，或许四姨太已经死了，或许四姨太已逃离了过风岔。厢房的门口远远正对着院角的厕所茅房，短墙头上的一蓬豆荚萝窸窸窣窣响后，一个人头冒出来，柳子言知道这是姚家大太太在那里解手用豆荚叶揩了屁股了。但大太太却在短墙头上向他招手。

"来呀，柳先生！"她又一次招他，"你不想听听稀罕吗？"

柳子言走近去，蠢笨得如捣米桶一般的肥婆子走出了茅房短墙，一边系裤带一边说："你知道小骚货的事吗？"

"四姨太？"柳子言忙问，"她到底怎么啦？"

婆子说："哼，老鬼总忘不了吃嫩苜蓿，只说小骚货的×叫土匪×了，心还在他身上，没想土匪死了骚货还不回来！"

"不回来了。"柳子言说，"她到底是不肯回来的了。"

"不回来老鬼行吗，她有一副嫩脸脸么！老鬼真不嫌她脏了，她是给土匪怀了个仔儿，肚子都那么大了，喝苦楝籽水怕也坠不下来了！"

柳子言惊呆了："四姨太有了孩子？！"

婆子说："老鬼一看就上了气！要当场把土匪仔踢落下来，又怕丢了骚货的小命儿。可那匪婆子竟也往涧里跳，被人拉住，头上又破了一个洞。老鬼气得骂：你那时怎不就跳了崖，我还给你立个节妇牌呢！我现在来接你，你倒寻死觅活？！就把骚货用滑竿抬回来了，真该让她死去才好！"

柳子言忙问："怎不见抬了回来？"

婆子说："抬回姚家让生下那个土匪种吗？姚家是什么人，不要

名家作品精选

说招外人笑话,这邪祟气儿要坏姚家的宅舍吗?你瞧瞧,关在那个石堡里,让生下匪仔儿了,还要放三天的炮竹,艾水洗了身子,方能倒骑了驴子回姚家的门!"

肥婆子说着捂了嘴嘎嘎直笑,柳子言的脑子里已一片混乱,他望着院外山坡顶上的古堡,泪水拂面。那一座古战场残留的石堡,数年前他默默地从远处观望,想象了一个月夜他怎么地能和四姨太幽会其中,数年后的今日,四姨太竟真的被幽闭在那里了。石堡上到底是如何的败旧,荒草横长,野鸽遗矢,孤零零的一个美艳女人就在那里生养胎儿再将胎儿亲手处死吗?柳子言不知道肥婆子何时离去,他双手抠动着墙皮一步一跳地不能在厢房门口安静,指甲就全抠裂了,墙面上抹出了一条一条血道。突然单足跳跃竟走到厅房台阶下,他改变了主意要看看四姨太,甚至拿定主意请求在姚家长期住下,他要永远能见着那个女人,也要让那女人永远能见到他!他跳跃到台阶下再要跳上台阶,他摔倒了,碰掉了一颗门牙。对着听见响声出来的掌柜说:"你怎么能将四姨太关在石堡呢?你不能这样待她!"

掌柜疑惑地看着他,说:"柳先生,我是器重你的,你不要管我家私事。"

"不!"柳子言再一次从地上跳起,单脚竟如锥一样直立着,说:"掌柜,这是你家的事,我本是不能管的,可我是你请来为姚家踏吉地的,你是知道的,积德为求地之本,知积德善人未有不得吉地的。苟百都为何死于非命,他行恶多端,吉地也成了弃地啊!"

掌柜说:"我何尝不正是这样做呢,那娘们儿怀的是土匪的种,我让她出血流污地在姚家生养,岂不辱没了姚氏祖宗?我要不是待她好,我早在过风岔一刀挑开她的肚皮了!柳先生是手艺人,怕是昨日的醉酒还没完全醒的吧?来人,扶柳先生回屋去,熬了莲子汤好好服侍先生吧!"

几个跑腿的男人几乎是抬着柳子言到厢房去了。

躺倒在厢房土炕上的柳子言,现在只能是无声的抽泣,为了将来还是掌柜的四姨太的女人,他遭到了掌柜的拒绝和厌烦。他的那

点勇敢可怜得毫无作用可起。漫长的一天里,他恨着自己不是个土匪,若是有土匪的蛮力和枪杆,他也不至于这般容忍了掌柜这老狗!到了这时想,反倒那苟百都真是个汉子,可惜了苟百都的死去,女人宁愿跟着土匪也比来姚家要好了。这一个天终于将尽,四山严合,逼出了黑暗下来,月亮也随之出现,多清丽的月夜呀,原本是浪漫的人儿飞身于山峁,依山上下曲折的石堡栈道,让月光浸着白净的衾绸,让月光逼着玲珑的眉宇,有了如丝的幽梦,有了如水的思愁,有彻悟有祈祷有万千种话……而现在的女人于石堡中哭淌了多少泪水?柳子言担心着女人经受不了生下骨血让人活活弄死的折磨而要死去的。是的,她要死去的,任何一个最坚强的女人都会在灰了心的绝望中死去!一时间,柳子言紧张得一身汗都出来了,他似乎就看见了女人披头散发地在那里吼叫,风却灌满了她的口,谁也听不到她的呐喊,她开始痴痴地盯着石壁看那一群快活的蚂蚁了。她是那蚂蚁就好了,上苍啊,怎么不在这女人来世时托生一只自由自在的蚂蚁呢?石堡的门洞外,女人能看到月下起伏的万山壑岭么,能看到浮云浸涌的栈道石廊么?不不,石堡如塔压着她,如笼囚着她,她从门洞看到的是一堆堆磷火。对了,柳子言想起了发生在这山头的一个古远的传说,说是一位英武的将军驰骋鏖战了一生却终在最后被敌军包围在了这座石堡中。同样是一个美丽的月夜,石堡的内外躺满了部下的尸体,只剩下了将军的妻子和一个忠诚的卫士,将军看着满山围拢上来的敌军,他血刃了自己心爱的年轻的妻子,他不忍心妻子落入敌军手中受辱,在血刃了妻子而又抱着她还微笑的头颅而哈哈大笑,对着吓呆了的卫士说:"好了,我英雄的一生要结束了,现在,我要成全你,他们以三百两白银悬赏我的头,你就提了我的头去见他们吧,我忠诚的卫士!"说完,风吹动着他的长发,星月照耀着他的铠甲,一只手抓着头发,一手扬刀就抹掉了自己的头,竟然那只手把抹掉的头颅提着而身子不倒!这古远的传说这么清晰地在柳子言脑海中浮现,他想,四姨太一定在这个时候听见了一片鬼的嚎叫,看见了那英雄的将军和将军的妻子而在哀叹了:谁是我的英雄呢?英雄的将军保不了妻子的活着,却保护了妻子的死

去，这妻子也是幸福的。我一个容貌美丽的女人，为美丽而为臭男人们活着，如今要死在一个可爱的人的刀下也不成啊！柳子言愈这么想，愈坠进了不可自拔的境界里去，过去的一幕幕的无能、软弱、忍耐全然激发了一个男人的所有勇敢，咬牙切齿道："我是你的英雄，是的，我是你的英雄！"

英雄了的柳子言在夜静人睡之时，拨开了姚家的大门拄杖往山上去了。

崎岖的山路上，柳子言摔倒了一次又一次，他开始往山头爬，他的衣服全破了，一条惟一的腿和两条胳膊血肉模糊。他预想着爬到石堡怎样地打开石堡洞门的栅栏，怎样地呼叫着四姨太的名字而与她相见，他要告诉她不要哭，也不要叙说长长久久刻骨铭心的思恋，赶快逃离石堡吧，即使天黑不能远离，也要到另一处的什么地方躲起来，然后他们在某一处相会，然后他要和她，或许她愿意独自一人，他都可以帮她逃到很远很远的地方去的。但是，当柳子言刚刚爬到了石堡下的栈道长廊下，看守着四姨太的人发现了。这是一位年迈的在姚家跑腿的老头，他是认识柳子言的，询问着柳先生摸黑怎么能到山上来。柳子言瞒不了他，老老实实地把一切都告诉了，他明白有人看守着石堡他是不能去搭救女人了，却说尽了女人的苦愁来感化这看守，甚至应允，若看守人能放他上去救那女人，他保证付一笔数目巨大的银钱，也保证为看守踏勘出一处大吉大贵的坟地，永保其家族后代安乐昌盛。看守同意了，却劝柳子言不要亲自去，一个残废的人怎么能爬上那石堡，就是这栈道长廊，健全身体的人也要小心才能过呀。"先生请相信我，我就去帮四姨太逃走吧。明日掌柜要问，我就说我去拉屎，回来不见人了，大不了掌柜勒我一绳，罚了我一年的工钱。"柳子言感动得直磕头，说他今生今世忘不了老伯大恩，又千叮咛万叮咛了许多许多要小心的事，方又倒爬着下山。

柳子言返回了姚家，天已经麻麻泛亮了，他若无其事地招喊了一个下人要求背篓里背了他去后坡根踏勘坟地。背篓背出了大门外，他却对着从河里挑水的姚家用人说："你就给掌柜说一声吧，我去后坡根踏吉地了，让他随后也来看看。"可是，当柳子言踏勘到了晌午，掌柜却没有来，柳子言也不急着回去，就躺在暖和的地坎下打盹了。昨夜的奔波已经弄得他疲倦之极，现在该是好好的歇息了。蠢笨的掌柜这阵在干什么呢，他哪里能知道石堡中的四姨太已远走高飞，而这一切又都是一个残废的风水先生所为的呢！他作想不出在某一个山洞里还是松林中的四姨太，这阵儿是怎么的感激和思念着他啊，他得很快地踏勘完坟地去相见，而那个尊敬的看守老头能在他一回到姚家碰见，告诉他四姨太的去处吗？柳子言终于在松弛心身后迷糊起来，将隐隐的一种后怕和一种暗自涌上来的英雄气概的念头带到了梦境，但同时听见了声音："先生，你醒来，掌柜来了！"被用人推醒了的柳子言果然瞧见掌柜远远走来了，且笑眯眯地在几丈外就说："柳先生，你怎不多歇几天就踏坟地了！你这么为姚家费力，姚某人真是不知该怎样谢你了！"

柳子言说："掌柜不必客气。你来瞧瞧，这个穴可真不错哩。"

掌柜说："是吗，这么快的?！先生你怎么受伤了，满手是血呢？"

柳子言脸红一下，忙说："刚才下坎时不小心跌了，没事的。我想你既然来了，咱就把方位定了好下楔哩。"

掌柜却说："先生急着是要走吗，这次来可不能让你很快就走的，我得好好款待你才是。过午了，回家吃饭吧，明日再来好了。"

柳子言被背了随掌柜回到姚家大院，掌柜却并没有让他去厢房用膳，而让人一直背他到厅房，掌柜则仰躺在睡椅抽起烟土了。一个泡抽完再抽一个泡，掌柜再不看他，也不说话，柳子言起身要往厢房去，掌柜突然说："柳先生也爱上我的四姨太吗？"冷丁一句，柳子言脸唰地黄了，扶桌站了起来又坐下，说："掌柜，你怎么说这话？我姓柳的有什么冒犯了你吗？"掌柜说："昨晚出了一件怪事儿，有人想要再夺走我的女人，竟到了石堡去，先生是能人，你估摸这是苟百都吗？"柳子言心里作慌了，他想一定是人逃走后，掌柜在追查了。一想到女人已经逃走，柳子言又暗暗得意，恢复了脸面，故意作惊道："四姨太真的接回来了，谁到石堡上去干什么？苟百都不

是早被龙抓了吗？"掌柜就冷笑了："苟百都是死了，可惜学苟百都的人没他那身膘肉！德顺，你进来吧！"厅房里便有一人进来，竟是石堡那看守四姨太的老头。老头看了一眼柳子言将头就垂下了。掌柜说："姚家的下人出一个苟百都咬人的狗，可再没第二个对姚某人二心的人，德顺告诉我了一切，我现在只想问柳先生一句，你爱上我的那个四姨太了吗？"柳子言在刹那间天旋地转了。他恨死了这个叫德顺的老头，龙该抓的不是苟百都而是狗德顺了！自己英雄了一场，竟坏在一个卑贱的下人手里，柳子言知道他现在的结果了，却为女人将受到又一重的惩罚而叫苦不迭了。到了这步田地，柳子言还掩饰什么呢，胆怯什么呢？他虎虎地看着掌柜，突然说："是的，我是爱上四姨太了，我第一次到姚家来就爱上了四姨太！掌柜你杀了我吧！"掌柜一丢烟具，哈哈大笑不已，直笑得身子连同睡椅前后摇晃，说："柳先生真个坦白！我还可以告知你，你不但是爱上四姨太，四姨太也爱上了你！"柳子言叫道："不！这与四姨太无关，要杀要剐，我柳子言一人承当！"掌柜说："柳先生真是爱女人爱得深呀！我并不杀你，你是我请来的贵客，我还要酬谢你哩，你知道我要谢你什么吗？我就把四姨太送你！我虽然爱这娘儿们，我为她破过家，在她当了匪婆子还把她接回来，但我今早去到石堡里见了她，我决定就送你了！"柳子言直直看着掌柜，他估摸不出这老谋深算的掌柜说这话的真正含义，他站在那里不动，等待掌柜的突然变脸面吆喝了五大三粗的打手冲进来。掌柜却又在说："柳先生，难道你也不回谢我一句吗？"柳子言简直不能相信事情竟是这般变化，阴霾密布的天突然透亮，湍急凶猛的水突然拐弯平缓，狂旋的龙卷风突然消失了吗？他一低头颇笑道："掌柜说话若真，那我多谢了！"掌柜却说了："但我却也要你保证，一定要踏勘个吉穴给我！你今日草草踏了一下就说要定方位，我姚某就不能依你了！好吧，四姨太我先让她在石堡上待几日，几时吉穴踏成，你就带她走吧！"

整整踏勘了六天，真心真意地选好一处美穴吉地的柳子言爬到了石堡，出现在他面前的四姨太已是于那一日的早上被掌柜抽打一通鞭子将儿子降生，儿子却活活地在她的面前摔死了，而她也同时于掌柜的面前,用石片从左额直划出四条裂口到右腮,说:"你不是总爱着我这张脸吗?我现在一心一意是你的四姨太了!"柳子言看着毁了容的女人,他啊的一声惊跌在地了。几分得意的掌柜也觉得愧对了柳子言,几分歉疚地说:"柳先生,我不该瞒着她毁容的事,望多谅解。娶女人就是娶一张脸,柳先生若不喜欢这个,姚某再送你个丫头女子,整头洁脸的乖巧人哩。"柳子言一下子跳起来,将女人搂抱住了!

用鸡毛粘好了脸伤的女人,从此再也没有了往昔的俏丽,那四条从左眉斜斜下来到右腮的疤永远留下了红道,但柳子言用驴子领回到他的家屋,怜爱如初。他拥抱着这个千难万难方遂了心的女人,再不是旧日无能的男人,他是丈夫,尽着丈夫的职责。

他们在五年之后终于生下了一个儿子。

有了儿子,使这一对夫妇不再是为了过一种安静可心的日子了,他们幻想着在这个世界上,要活得顺心适意,有头有脸,必须是要当官的。他们商定要为柳氏家族选一个最好的坟地,大半生为了他人的幸福,柳子言踏遍了山山水水,现在他们是在为自己而选穴了。一头瘦小的毛驴子,载着已经花白了头发的夫妇,终于在一个雨后天朗的正午寻觅到了一个山嘴下,柳子言激动不已,满口白沫论说勘踏美穴的妙处,什么风水以山名龙,故山之变态千形万状,走坯之体转移顿异,其潜现跃飞变化莫测,惟龙为然。何以曰脉,是统人身之脉络,气血所由以运行而一身之禀赋,脉清者贵,浊者贱,吉者安,凶者兀,地脉亦然。什么龙要旺,脉要细,穴要藏,局要紧,砂要明,水要凝,化生开帐两耳插天,虾须蟹眼左右盘旋,明堂开睁砂脚宜转。他满口文言古辞,女人哪里听得明白,问这山嘴下该是什么穴,柳子言又得意指点,说那山嘴两边呈半环,环后有横岽,岽后又一山成大环抱,虽不是五山耸秀四水归朝,青龙双拥官诰复钟,但却也是梧桐枝穴,此龙身枝脚均匀之格,梧桐枝双迎双送,两平势对节,分枝作穿心,该祖宗儿孙相顾,至贵呢!女人乐道:"好了,好了,我不懂你的这样穴那样穴,我只要我儿子当官

的穴哩！"

柳子言自小没有了父母，被师傅收养学道，他不知道自己的父母葬在哪里，坟墓拱好了，便做了先考先妣的灵牌安放进去，又为自己和女人拱了双合大墓，便宣布再不为人察识风水了。在儿子长到了十二岁，男长十二接父志，在一个早晨，夫妇俩烧了一锅菊花汤水沐浴，穿好了所有崭新的衣服，对儿子说："儿呀，我们不可能看着你长到三十四十，也不可能为你留下青堂瓦舍的一院房屋，百亩良田，万贯资产，可我们可以助你去当官。从今往后，你不要想着你的父母，也不要守在这个地方，你可以出外去干你的事了！这个世界这么大，你不会孤单，你会有许多大事要干的。"儿子是聪明俊秀的人物，听从了父母的话，磕下一个响头，下山而去了。

这父母骑上了毛驴。女人虽然老了，身架还俏，人依旧干净，头脚整洁不乱，却把一块印格手帕顶在头上，手帕太大了，四个角便遮了脸。柳子言说："今日暖和没风，遮得那么严吗？"妇人说："不遮，难看呢。"柳子言端详着她，脸上皱纹是纵横了，五官却不多一分不少一分地端正，那四条伤痕虽是发红，他却看到了往昔的美艳，说："你一点不难看。你是天人，你原本是在天上，但你到了人间，桃花恨你，春风恨你，所以你尽受磨难，你只有了这四道疤你才活得安生了！太阳这么好，咱要出远门，为啥要遮呢？"

妇人听从了丈夫的话，要骑上毛驴了，柳子言就去扶她，趁机要捏捏那一双精精巧巧的脚，再将一竿柳条给她，让她当驴鞭。女人就说："你再捏，我可要抽打你了！"两人遂想起过去长长的一幕，相视在阳光下就全笑了。

他们一个在前一个在后，就这么骑着毛驴来到了他们的坟地，直走到地下拱好的坟墓穴里，便动手将墓坑中的砖石一块一块封了墓穴口。封得是那么严，没有一丝风可漏，没有一点光可透。柳子言说，今晚会有一场雨的，坟顶上的土能塌下来埋了墓道，咱们可以安安静静睡了。

该怎么睡呢？漆黑的世界里，女人并没有立即感到呼吸的紧促，她询问着柳子言，并撒娇地一定要柳子言扶了她睡下，且要双手就紧紧搂住她,让她头枕在他宽宽的胸脯上。柳子言按她的要求去做了。他们在这个时候听到了坟外风扫过墓顶,那几丛枯草摇曳着冷冷的金属声,有蚂蚁在叫,蚯蚓在叫,墓壁上爬动的湿湿虫释放着姜葱一样的气味。两人同时想起了过去的岁月,想到了那一切一切细微得不能再细微的细节,倒后悔忘了带一壶酒来,这些记忆是用盐风干了的肉丝,蛮能有滋有味地下酒呢。柳子言开始摸索着从身上解那件已经很旧很旧几乎稍稍一撕就破的红绸裹兜,妇人并没看见,却感觉到了,也伸过手来,拉平了,盖在他们的脸上。

"这是咱们的铭旌哩!"柳子言说。

"铭旌都是要写一生功德的。"妇人说。

"那上面不是有血斑吗,那就算咱自己写下的。"柳子言说。

两人无声笑了。

"咱们的儿子会当了官吗?"妇人悄声又说。

"会的,这是一个好穴哩!"

"能做了什么官呢?"

"很大的官,真的,大官哩!"

十年后,四十里外的洪家戏班有一个出了名的演员,善演黑头,人称"活包公"。他便是柳子言的儿子。柳子言踏了一辈子坟地真穴,但一心为自己造穴却将假穴错认为真,儿子原本是要当大官,威风八面的官,现在却只能在戏台上扮演了。

饺子馆

在西安，常常被编成段子受戏谑的是上海人和河南人。说上海人如何地小气，买烧鸡只肯买鸡爪子，买一只鸡爪子从西安上火车，一路都在嘴里啃呀，啃呀，到上海了还没有啃净。编河南人的段子就更多了，著名的是董存瑞炸碉堡：董存瑞去炸桥上的碉堡时是和他的战友一块去的，战友是河南人。河南人让董存瑞手撑着炸药包，说，我去寻个棍儿来支。河南人一去却再不回来，总攻的号角吹了，董存瑞只好拉响了导火索。西安人戏谑上海人，上海人不多理会，因为上海离西安远。河南人就不行了，骂西安人"日巴耍"。"日巴耍"是西安的土话，意思即没正经没品位。陕西和河南是邻省，西安城里五分之一又都是河南籍人，西安人和河南人就有故事啦。

这个故事是在西安的一家饺子馆里开始的。

时间是中午，咚，门被脚蹬开了，胡子文领着三个中学时的女同学进来吃饺子。胡子文说：日巴耍，这么小个饭馆！同学说：不小啦，再大的饺子馆还不都是只吃一肚子。胡子文说：那就委屈各位了！同学说：是荣幸，文联组联部的主任平日都是吃请哪有过请吃的？胡子文笑着说：这倒是。勾着一个指头把服务员招来，问都有什么馅儿的饺子？服务员很热情，忙说了两个"中，中。"胡子文说：怎么说河南话？服务员说：老板是河南人，要求我们必须说河南话。胡子文说：这才是怪事，日巴耍，我就要你说西安话！服务员说：对不起，这是我们饭馆的特色。胡子文有些躁了：把你们老板叫来！服务员转身走去。同学劝胡子文：说河南话就说河南话吧，只要饺子好吃，生什么气呢？胡子文就笑了笑，把眼镜卸下来放在桌上，一边松着领带一边逐个询问同学的近况。三个女同学大概说了一下，因为都混得不好，有些不好意思。胡子文说：好日子会有的，以后就顺了。一仰头，瞧见从收银台处有一个黑矮胖子迈着步子走了过来，就把眼镜又戴上，说：工厂效益差，可以辞职自个儿干么，比如卖服装……一个同学说：老板真的来了！胡子文已经估摸过来的是老板，哼了一下：农民！接着说：人家农民进城都赚钱了，城里人倒混得没头没脑了？那个同学一直在看着过来的老板，低声说：这么个黑胖子，怕是黑道上的人哩。胡子文当然不能和一个黑道上的人论理了，老板站在了桌边，张口才要招呼，胡子文偏不理会，继续给同学说道理，甚至说到了古人：熬过一段，前景就光明了，古人也说了，"远上寒山石径斜，白云深处有人家"。黑胖子和蔼地说：斜字在这里恐怕不念邪音，该是念峡音吧。胡子文猛然觉悟斜字是要念作峡音的，耳梢红了一下，却随之眼睛乜斜了，说：你是这里的老板？胖子说：小门面，不成体统。胡子文轻笑了：我难道不知道会念峡音吗，我是故意试试你的！西安自古居不易，我要看看一个河南人在西安怎么就办红火了一个饭馆？！还行，老板！老板更加和蔼了，胖脸上开始出现酒窝，酒窝不是在腮上而在两眼角下，显得憨厚又滑稽，说：我是从河南乡下来的。胡子文说：这看得出来。老板说：我小学没毕业，到西安怕人瞧不起，多认了些生僻字罢了。胡子文说：平日看些什么书？老板说：就是字典。三个同学嘎地笑了，胡子文却说：这倒是捷径。书用不着看得多，这如口袋上插钢笔，不插是文盲，插一支是小学生，插两支是中学生，插三支四支就成修理钢笔的了。老板说：说得好，先生是文化人？胡子文把自己的名片递过去，老板立即惊乍：是文联主任呀，我没文化就最尊重文化人！服务员有眼无珠，她把界石当兔哩……胡子文对同学说：听懂了吧，这是乡下的歇后语。老板说：不好意思，说几句就露了底了……主任，我能不能和你照个相？胡子文说：行么。服务员立马跑到后室拿来了相机，就给胡子文和老板合影，说：主任你笑一笑。胡子文没有笑。拍照了一张，老板说他可能眨眼了，要求再拍一次。又是咔嚓一道闪光，胡子文的眼睛被光耀得发花，一边揉着一边说：那就和三位副处也合个影吧！胡子文指的

是三个女同学,三个女同学面面相觑。老板说:副处?这么年轻的小姐都是副处级了?!三个女同学笑了一团,说:还是小姐?小姐都在家里,这里的是小姐的娘喽!老板说:城里人面嫩。一阵拍摄后,老板让服务员上菜上酒,说能结识三位文化人真是三生有幸,这顿饭就算是他请了。胡子文偏把钱包掏出来,说:那不行。老板说:这你就不给我面子了,难道以后不让我再求教你啦?胡子文就把钱包装进口袋,说:那就简单上几个菜。

　　胡子文就这样认识了饺子馆的老板。老板叫贾德旺。胡子文觉得这个河南人有辅导性,往后的日子就常到饺子馆去。胡子文每次去,显得很匆忙,一只手插在裤兜里一只手弯着抱一堆书和杂志。不是说吃罢饭要去审查一个歌手赴京参赛的节目,这个歌手是他在歌厅发现后推荐给音乐家协会的;就是说下午有一个业余作者要拜会他。他说:这孩子潜质不错,你瞧瞧,新发表在这份杂志上的小说蛮有味道啊!贾德旺就说他不懂小说,狗看星星一处明。胡子文说:你还是读字典?贾德旺说:字典够我读一辈子了。胡子文说:那你就好好给咱赚钱,如果人人都只读书,社会也害怕了。贾德旺就殷勤地把饺子端上来,又掏出两包香烟放在桌上,问照片放大了挂在墙上好看不好看。胡子文瞧着墙上已挂着的他和老板的合影,心里受活,嘴上却说:这让我给你做了广告么!贾德旺说:秃子要沾月亮光呀!胡子文吞进一个饺子,舌头搅着,说:沾就沾吧,不帮朋友又帮谁去?贾德旺就忙添酒,胡子文说:酒不敢再喝了。又吞进一个饺子,他觉得饺子很香。

　　胡子文再一次领了三朋四友去饺子馆,贾德旺没有在。他问服务员:老板呢?服务员在旗袍开衩处抓痒,赶忙侧身靠了墙,说:去银行了。一句话未落,贾德旺推门进来,一把将胡子文抱住,说:你不想饺子,我倒想你了!胡子文一一介绍了朋友,贾德旺说:那几个副处没来?胡子文说:哪儿的副处?贾德旺说:一起照过相。胡子文嘎嘎大笑:日巴耍,我给你说个段子吧。贾德旺说:你们西安人爱作践我们河南人,是不是又说董存瑞的故事呀?胡子文说:那不是,我说的是一个干部在歌舞厅问小姐是不是处女,小姐说这该怎么说呢，要说是处女，我怀过孕，要说不是处女，我还没结婚，就算是副处吧。贾德旺恍然大悟，拿拳头捶着胡子文的肩大笑，一笑，一排牙掉下来。贾德旺是假牙，他把假牙又塞进嘴里，说：今日来的都货真价实？胡子文严肃了：虽不是干部，可尽是些文豪哩！贾德旺便指使厨房先弄一桌菜，专挑了那个穿旗袍的服务员往上端。服务员漂亮，几个人话就多了，不说人漂亮而说旗袍漂亮：小姐，能不能让我抱抱你那衣服？服务员害羞，端一盘菜放下了，慌慌就退下去。胡子文说：小姐，你得报名哩！服务员再端一盘菜了，说：王桂花！又端上一盘菜放上了，说：王桂花！胡子文说：让你报菜名不是报你的名！大家就笑这是个河南农民开的店，就议论起文化界的人人事事。有人说到从北京来了个著名诗人，市上接待的规格很高，从机场接回来用警车开道哩。胡子文说：你知道他的代表作吗？那人说：不知道。胡子文说：我也不知道，恐怕谁也不知道，他是人人都知道的著名诗人而人人都不知道写过什么诗的著名诗人！那人说：日巴耍！不服一人或见人就服都是妄者。你是妄者。胡子文说：对不起，那不是妄者，是佞者。那人说：我把它念妄者。胡子文说：文化人老念错别字就丢脸了！那人说：好，好，你能行，我给你写个字你认认。指头蘸了酒在桌面上写，写的还是一个行字。但行字的左右两部分写得很开，成了两个字。胡子文认不得。在座的人都认不得。胡子文说：你说是什么字？那人说：我问你呢？贾德旺端了酒杯过来要给大家敬一杯，看见桌面上的字，说：这念耻音和厨音。大家都抬起头，对贾德旺刮目相看了。胡子文趁机说：贾老板可是满腹经纶哩！写字的那人喉咙干咳了一下，较了真儿，伸手又在桌上写了一个字：孑。说：这怎么念？胡子文瞅了瞅，说：那一笔是平的还是斜的？那人说：斜的。胡子文说：我认得它，它认不得我。贾德旺说：基耶杰的杰，念杰音。那人说：错了，念决音！贾德旺说：念杰不念决。双方各持己见，争执起来。胡子文说以字典为准，饭馆里有字典没？饭馆里当然有字典，服务员立即跑到贾德旺的办公室拿来了字典。字典已经污损不堪，翻了半天，查出来了，孑字是读杰音。桌面上的气氛有些尴尬，贾德旺一抹袖子，

将那个字擦了,给大家斟酒,说:关公门前耍大刀,我玩胆大哩,正好碰上我认得这个字,瞎猫碰上死老鼠了!大家也就说:你这个河南人不像河南人。胡子文说:吃羊肉图膻哩,没腥味了就不叫羊肉。贾德旺说:我是河南人。大家说:河南人把耍猴能称作文化娱乐活动,你肚里墨水不少倒还开了饭馆!失败了的那人一时落寞,出气不顺,噘了嘴拿筷子也不夹菜,哪哪地桌沿敲节奏。旁边的一位便给他台阶下,随节奏哼了一句流行的歌:我们的大中华,五十六个民族五十六朵花……

"不对,"失败了的那人说,"是五十七个民族!"

"还有哪个民族?"

"担族。"

大家就拿眼睛看贾德旺。因为说担族,大家都明白是指河南人。二十个世纪三十年代河南遭水灾,大量的灾民挑着担儿逃来西安,西安人便称河南人为河南担。而现在在河南人开的饭馆里吃饭,又当着饭馆的老板说担族,大家就觉得贾德旺要生气了。但是,贾德旺没有生气,脸定得平平的,说:你还少说了一个民族。

"哪一个?"

"耍族。"

"耍族?"

"耍族。"

贾德旺笑笑的,一笑又出现了眼角下的酒窝,憨厚又滑稽。贾德旺笑过之后转身走了,大家猛地晓得了耍族指的是日巴耍族,是贾德旺在戏谑了他们这些西安人。西安人的好处是爱戏谑别人而别人戏谑了也不上怪。贾德旺戏谑得有趣,就都也笑了,倒惹得失败了的那人骂道:真当的是日巴耍!

胡子文和他的朋友受了戏谑后,一连十天再没去饺子馆。第十一天,他却在一家茶社里拨通了贾德旺的电话。

"喂,儒商!"

"你这是在骂我哩么。"

"狗咬人不是新闻,人咬狗才是新闻。"

"可咱是卖饺子的呀!"

"你是想挣些零花钱了就回河南乡下去,还是要在西安当餐饮界龙头?"

"你要给鸡戴暗眼呀?!"

"日巴耍!"

胡子文咔嗒把电话挂断了。

电话突然挂断,还拿着听筒的贾德旺喂喂了几声,立在那里发了愣。发过愣了,拿过字典在翻,蓦地觉得不对,拔脚就赶往了茶社。

胡子文正要结茶水钱,让服务生打个折。服务生请出示打折卡,胡子文没有打折卡。没有打折卡是不能享受打折的,胡子文说:你们老板呢,让你们老板来!一扭头,瞧见玻璃窗外贾德旺往里瞅,一张脸压扁了个大柿饼状,挥手让服务生走了,继续吃茶。贾德旺就进来了,说:处长生气了?

"你要不来,我永远也不会见你了。"胡子文说,"弹琴不能给牛弹,朽木上雕花雕不成还坏我手艺哩!"

"上次冒犯了你和你的朋友还望包涵。"

"冒犯得我要让你发大财呀!"

贾德旺就坐下来,憨厚而滑稽地笑,并且用手指将胡子文面前桌上的茶水痕拭擦了一下。两人就叽叽咕咕说起来。胡子文说话要做手势,说着说着身子就坦靠在沙发上,贾德旺先是低着头,再是抬起头,渐渐距胡子文越坐越近,末了就侧了身子,只将半个屁股坐在沙发沿上了。

"就这么吧,"胡子文说,"下午我还要开个会的。"

"到底是文化人,点石成金!"

贾德旺满怀喜悦,主动将茶水钱掏了。两人出门,又抢先把门拉开,拦了出租车,付了车费,还叮咛司机开慢点,一定要安全送到。

从此,贾德旺每天在饭馆门口竖一块广告牌,上面写着一个极生僻的汉字,注明凡是来饭馆的顾客若能认得此字,所用饭菜酒水全部免费。头三天,广告牌上的生僻字竟无一人认得,但消息却传开来,说南大街那个开饺子馆的河南人是个儒商,办的饺子馆富有文化味。越是认不得的生僻字越是有更多的人前来要认。饺子馆的生意陡然火爆,往往顾客没有座位,就在饭馆门口排长队等候叫号。到了深夜,贾德旺把饭馆的前后门关了,让三个员工在那里点钱。自己则在旁边翻字典,寻着一个生僻字,写下来,问点钱的员工:认不认得这个字?员工不认得。又写一个,员工还是不认得。贾德旺说:你能认得个啥?员工说:我只认得钱。贾德旺发了一声恨,却笑了,说:这也是,认得钱就好!寻生僻字寻到十多个了,一时再寻不出,一个员工说:老板,我写个字也认认。贾德旺说:用河南话说!这个员工是从陕西乾县招来的,学说河南话说得不好,就不说话了,拿指头在地上写了个曌字。贾德旺当然认得这个字念照音,也知道这是埋在乾县的那个武则天在生前所自造出来的字,但贾德旺的脑子一下子活了:何不也自造些字呢?于是,第二天,饺子馆门口贴了一副对联,上联七个字谁也不认得,下联七个字谁也不认得。门口时不时有了争论,贾德旺听着十分得意,专等着一伙人进来让他定夺正误,贾德旺偏笑而不语。这一日饭馆才打了烊,有服务员慌张张过来说:对联的一半被撕了!贾德旺说:是谁认得了那些字?跑出来,一只游狗就在旁边,嘴角还叼着一团纸。就乐了:这是只文化狗嘛!着人把狗撵到饭馆,拴在厨房后每天喂骨头养着。

一年后,这只狗养得肥头大耳,贾德旺的饭馆也扩大了门面,左右两边的店铺全部吞并,又把上边的二楼买下,饺子的品种也越来越多,发展成了饺子宴。西安的电视台请他去做过节目,贾德旺当然说的是河南话,好多人都觉得这河南话蛮好听的。任何企业有了钱,肯定就有人来要拉赞助了。比如报社需要办个征文比赛,电视台需要播放一部新片,还有音乐会,艾滋病预防宣传,书画联展,贾德旺都掏了钱,胡子文也就来了。

"生意好得很啊!"胡子文用河南话说。

"你也说河南话了?"

"现在不是春节冷清而圣诞节热闹吗？前几年广东发达了到处是广东话，再过几年西安恐怕要规定河南话是第二语言了。"

"都是托文化的福！"

"是要打文化品牌！"胡子文说，"听说你又给一个观赏石协会赞助了？"

"要是五年前向我借二百元钱，那我拿不出来，现在也是回报社会么。"

"小勺子也会把一头牛炒完的！如今兴建设企业文化，你为什么不在饺子文化上想些招呢？你知道不知道'马太效应'？"

"不知道。"

"不知道算了。"

"我是狗咬汽车不用脑子！"

"不要说这农民的话！"

"可我就是农民啊！"

"你不是农民！"胡子文说，"你记住，你现在是饺子王，是西安著名的儒商！"

"那你说怎么办？"

"我想了，开一个饺子文化研讨会。把国内的一些专家学者教授请来，研讨会的规格越高，饺子馆的声名越大，将来可以去北京上海广州开饺子宴连锁店么！"

"嘿嘿嘿。"

"嘿嘿啥的？"

"我这是狗吃麦苗装羊（洋）呀！"

"又说农民话了？！"

"我能把专家学者教授请来？"

"这有我哩，以文联外联部名义来请。"

"那你给咱整！"

"这还像个大老板的气派，办大事就得有八个字：整大，煽起，动匀……"胡子文不说了。

"那最后可不能尿管呀！"

"你也知道八字方针？"胡子文笑了，"我怎么能屄管呢，我策划过的事没有不成功的。"

"那你做个计划表，看得多少钱？"

胡子文在夜里起草了一个详细计划表，各项开支用费一合计，得二十五万元，笔一挥，写成了三十万。翌日，贾德旺认认真真审核了计划表，他决定只拿出二十万元。贾德旺用一只破面口袋装了二十万元提到胡子文家里时，胡子文没在家，在朋友家里搓麻将。老婆电话里说：贾老板给咱行贿来了，你快回来。胡子文说：你尽想得好，那是会议经费哩。老婆说：还送来一只狗，狗肥得很肥得很。胡子文赶回来，问：这是多少钱？贾德旺说：二十万元，你点点，给我打个收条，将来会毕了你拿票证来换条子，花销不敢突破这个数。胡子文有些不高兴。贾德旺说：我打问了，会议机票和宾馆客房都打折哩。胡子文还是阴沉着脸。贾德旺便拍着胡子文的肩称兄道弟了，拿出一份聘书，说：我请处长老兄当顾问，顾问当然要有顾问费，一个月一千元！你不是说嫂子喜欢狗吗，我把我的狗送来了。狗一分不取，拴狗的那条绳子是用皮子拧的，也一块送啦！胡子文说：我的大老板呀，你到处赞助，我以为你是出手大方的人，原来你和上海人一样，精明又小气。你要明白我这是在包装你，搭了台子让你唱戏哩。日巴耍！贾德旺说：这我怎么不明白呢？你瞧瞧这钱，都是零票子积起来的，每张票子都油腻腻的，也不容易啊！这些钱办会可能手头不滋润，以后事情真的弄大了，有我的就有你的。你知道我贾德旺毛病不少，但能从河南乡下到西安站住脚，得益于就是爱朋友嘛！胡子文说：不说啦，那就这样办吧。贾德旺说：那你给我笑笑，你不笑，我心里不踏实。自己先笑起来。胡子文见贾德旺黑胖脸上又出现了眼角下的酒窝，也就笑了。

胡子文真的以文联外联部的名义邀请了十多位国内著名的专家学者教授，很快地在西安召开了"饺子文化研讨会"。贾德旺很谦虚，对各位专家学者教授毕恭毕敬。他愈是这样，专家学者教授愈尊重他，开幕的那天让他坐在主席位上。贾德旺坐在主席位上只让人拍照了一张像就离开了，此后就回到饺子馆再不露面。专家学者教授对贾德旺印象极好,也满意这次会议商业味道淡,便围绕着饺子文化畅所欲言了。专家学者教授却有一个秉性,什么都要往性意识上寻究竟,认为性是世界万物的根本,自然就论起饺子的形状便是从女性生殖器逐渐演变而来的,甚至大而化之,论证了大米就是阳具形状,小麦是阴器形状,还有油条和油饼的关系,春卷和馒头的关系……会议结束了,专家学者教授揣了红包坐上飞机都走了,胡子文带着一份整理出的会议纪要和一堆票据来向贾德旺汇报。

"会开得非常成功!"胡子文说,"纪要在报纸上一发,你得加紧练练字呀!"

"练字?"

"整天有人来请你签名,你那一堆麦秸字可不行喽!"

"你说说,纪要是怎么写的?"

胡子文就把眼镜卸下来,开始讲研讨成果。饺子文化如何是性的文化,饺子的形状又怎样从女性生殖器的模样一步步演变了过来。等等等等。胡子文的喉咙就发干了,喊:服务员,倒茶来!一抬头,瞧见贾德旺的一双脚搭在桌面上,手搓着脚趾头缝。

"你有脚气?"

"往下说!"

"就这些。"

"就这些?"

"研究成果可不是和面包饺子,一包一大堆!《道德经》上有这样一句话:谷神不死是谓玄牝,玄牝之门是谓天地根;绵绵若存,用之不勤……"

"钱花完啦?"

"嗯。"

"哼,"贾德旺说,"花了二十万,就是证明我不是卖饺子而是在卖×?!"

胡子文一时噎得说不出了一句话。

但胡子文的好处是干什么事情从不气馁,他骂贾德旺是农民,

仍还是把纪要拿去报纸上发表了。纪要的观点使西安街谈巷议,认识贾德旺的都喊贾德旺是贾饺子。一日,饺子馆门前来了一个人,样子怪怪的,探头往里张望,服务员问:先生吃饭吗?那人说:不吃饭,和你们老板做个生意。服务员说:做什么生意?那人从怀里取出一个石头,石头的形状是活脱脱的阳具。服务员就踢了一脚,说:滚!那人不滚,却说你懂不懂奇石,这块石头比你小命值钱哩!别人介绍你老板肯定会买这个宝贝的。服务员这回是扇上去一个耳光,两厢就厮打开来。门口一闹腾,拥集了一大堆人,惊动了在饭馆里吃饭的一个老者。老者唬着脸问怎么回事,旁边有人说:卖毯的来配对了。老者说:怎么是配对儿?旁边人就说了研讨会纪要上对饺子形状的论述,大家都嘻嘻地笑。老者身边的人说:笑什么,这是政协的领导!政协领导很严肃了,说:都散去,散去。这饺子馆办得不错么,能在饭馆把文化搞起来,能把国内那么多的文化名人请来研讨饺子文化,这老板为西安争得了荣誉嘛!大伙见政协领导这么说,便一哄而散了。贾德旺在外办事回到饭馆,听服务员叙述了政协领导的话,大受感动,当天下午就去政协机关拜会那个领导。领导说:你是不是政协的委员?贾德旺说:不是。领导说:我要推荐你当个委员!贾德旺激动得不知说什么好,未了倒退着走出领导办公室,一路上拨打手机,将消息告诉了十多个熟人。但是,在审查委员资格时出了问题,因为贾德旺是从河南乡下来的,没有西安户口,几经商议,最后作为特邀委员。特邀委员也是委员,又是餐饮界唯一的委员,贾德旺在饺子馆大摆宴席庆贺,胡子文却没有接到通知。

  胡子文的老婆问胡子文:那个河南担老板把什么人都请了,怎么你没去?胡子文说:等着吧,他会上门来请的。

  果然贾德旺西装革履地来了,胡子文没有起身,只坐在办公椅上打手机。手机并没开通,却大声说:"喂,喂,什么?市长请去他家吃家乡豆腐?那怎么不事先说一声呢,今日报社约我写文章走不开身啊!"放下手机,说,"真是的,中间人得事先打招呼才是,他市长有空了,我却没空呀!"

"市长请赴家宴你还不去呀?"贾德旺有些吃惊。

"古人说:游大人之门,诣固可耻,傲亦非兮,总不如萧然自远。"胡子文说,"你找我有事?"

"你是顾问啊。"

"顾问是顾不得去问的。"

"问不问也得有顾问费的。今日政协组织委员视察,路过这里,我给你送钱来了。"

"你还在卖饺子?"

"又骂我了?!"

"这倒不是。"胡子文说,"我问你一个问题,你回答,回答得好了我收你的钱,回答得不好,我一个子儿不取你的。"

"你让我认字最好!"

"一个人救过一个溺水者,而他在遭受歹徒刀刺时又被另一个人救了他,我现在问你,如果让他救过的人和那个救他的人其中必须死去一人,你说这个人希望谁去死?"

"你说谁去死?"

"希望救他的人去死。死了,他就再不觉得歉疚了!"

贾德旺哈哈大笑,眼角下的酒窝又出现了,过来抱住胡子文,将一千元塞在胡子文口袋,说:"我知道,你是盼我生意越做越大,当了政协委员以后再当政协主席,你就更有成就感了!"

胡子文的手也伸过去抱了一下贾德旺,将擤过鼻涕的指头在贾德旺的背上蹭了蹭,骂了一句:你这个河南担!

贾德旺主动上门修好了关系,胡子文也按月去饺子馆领取顾问费。胡子文的老婆也招呼三朋四友的去那里吃饭:每次去,都牵着那只狗。人在桌面上吃酒吃肉吃饺子,狗就在桌子下啃骨头。吃毕了,故意让服务员叫老板过来,说:我埋单吧。贾德旺说:怎么会让你埋单?出了饭馆,朋友说:胡夫人的面子大,吃饭都不掏钱。胡子文老婆说:这饭馆是我老公一手扶持起来的呀!回到家,就对胡子文说:贾老板让我捎个话,说他想在饭馆墙上装饰些字画,要你联系些书画家。胡子文说:我忙得很,哪儿有时间?老婆说:你

总是忙,整天不沾家!胡子文说:你权当嫁了个大领导,你见过哪个大领导天天在家里?老婆说:可你不是大领导!胡子文说:那就权当是生意人吧,贾德旺不但不治家,老婆娃娃还都在河南乡下哩!老婆说:贾德旺日进斗金,你呢?胡子文说:这河南担还有什么,不就是有几个钱吗?老婆说:人家是政协委员!胡子文不言语了,独自坐到阳台上去喘粗气。

又是一日,贾德旺给胡子文打电话,说外地一个什么文化采风团要去饺子馆参观,而他在政协开会,让胡子文去饭馆陪陪客人。胡子文出门走的时候,老婆叮咛把狗带上,胡子文不带,老婆说:那你回来给狗捎块骨头。胡子文说:贾德旺吝啬得很,他饭馆里的骨头上就没肉!老婆说:狗啃骨头就嚼个味儿。胡子文在路上想,我这是日巴耍么,他贾德旺要我陪客我就来啦?这个河南担,我把他煽圆了,他竟人模狗样地比我还牛了?!在饭馆里接待着采风团,替贾德旺没来打圆场,说老板怎么忙怎么忙,从来没有睡过六小时的囫囵觉。团长指着墙上的照片,说:名人是苦人么,可他倒还这般胖的?胡子文说:他身体好,早晚要喝一种汤的。团长说:什么补汤?胡子文说:钱汤。团长就惊奇了,说:钱汤?胡子文就说了,说他以前听别人说这话没有信,有一次和贾德旺开会睡在一个房间,天一亮贾德旺就起来,用剪刀剪什么,他就不吱声拿眼看着,贾德旺剪的是百元的人民币,剪成碎末儿冲了开水喝。团长便笑了,说:早听说西安人会编段子,胡主任你真幽默!掏了名片,要胡子文转交给贾德旺,希望饺子馆能在他们城市开分店,他一定会鼎力相助。采风团一走,胡子文就把名片撕了。

胡子文编派贾德旺早晚喝钱汤的段子自然有服务员传给了贾德旺,传话人很愤怒地谩骂胡子文不维护老板的形象,完全是嫉妒心作祟。贾德旺倒呵呵大笑,说:你觉得有人信不信这事?服务员说:没人能信的。贾德旺说:就是有人肯信,说我钱多也是吉利话。服务员说:老板不仅是富人,当政协委员了也是贵人。贾德旺说:你说得好,凭这句话应该当大堂经理。可现在的大堂经理干得不错,有机会我会考虑你的。

贾德旺虽然知道服务员打小报告是别有用心，但他记得了富贵二字，就把政协的事看得很重。积极参加着一切活动，并且每次政协开会就把一批委员请到饺子馆吃饭。贾德旺的威信很高，已经有人要帮他迁入户口，准备推选他做政协一个委员会的副主任了。贾德旺踌躇满怀，不久却又听到胡子文编派了他的一个段子。段子说贾德旺经常到城区和郊县去视察，到区上，接待他的人知道他是河南人，而河南人自小吃红薯，胃是有感情的，他一定还是爱吃红薯，就蒸了红薯请他吃。吃了一顿红薯，贾德旺没说话，去县上视察，县上人也得知他是河南人，而区上接待吃红薯，他一定是爱吃红薯的，又蒸了红薯给他吃。贾德旺还是没说话，就盼着到镇上视察时能吃一顿好的。可到了镇上，镇上的干部请示县上，县上说贾委员是河南人就是爱吃红薯，镇上依然蒸了红薯。这回贾德旺胃疼了，实在憋不住了，说：同志，我就是在河南农村吃红薯吃怕了才到西安来的！贾德旺听了段子生气了，一天胡子文领着一伙人来吃饺子，贾德旺当着众人直戳戳说：胡主任，你散布我的坏话了？胡子文说：没有，古人说群居防口独坐守心……贾德旺说：几个人都传过来你编的段子了！胡子文说：什么段子？贾德旺说：吃红薯的事，你编了没编？胡子文睁着眼睛，扑忽扑忽看着贾德旺，说：是吗，日巴耍，这都是那几个河南担给你胡传哩！大家嘎嘎大笑，气得贾德旺也笑了。

半个月后，政协组织委员们全面视察市文化建设工作，贾德旺要求把他分在第三小组。因为第三小组视察的重点正好是文联大厦娱乐场所。五年前，文联机关在一座旧四合院里办公，年年打报告希望市政府拨资建一个文学艺术家活动的大厦。政府多方筹资总算把大厦盖了起来，但大厦盖起后，文联便将它全部向社会出租，办成了美容美发厅、游戏厅、桑拿室、洗脚房。文联月月收租金，日子是富裕了，卖淫嫖娼却泛滥起来。得知政协委员要来视察，文联当然清楚被视察的原因，就一方面准备汇报材料，一方面派胡子文到各出租单位布置接待事项。当贾德旺他们听取完汇报又去各娱乐场所实地查看，胡子文已组织了所有娱乐场所的人员列队欢迎，胡

名家作品精选

子文说：等委员一来，我喊一句口号，大家就跟着喊口号，要整齐，有节奏，知道了吗？大家说：这个谁不知道?! 胡子文说：好！指着一个女的说：来视察的都是些老保守，不要把眉毛画得那么翘。女的说：不画眉毛我就觉得没长眉毛似的。胡子文正要批评她，扭头看见巷口有人拿着照相机跑，就拍了一下掌，大声说：来了来了！众人立即有节奏地喊：来——了！来——了！但巷口的一伙人却没有过来，往另一个巷子去了。胡子文说：走了走了。众人又是有节奏地喊：走——了！走——了！气得胡子文说：看我的手势，没有手势不要乱喊！约摸半个小时，贾德旺他们是真的来了，胡子文喊了一声：热烈欢迎！手从下往上一扬，众人一哇声高呼：欢迎——欢迎！胡子文又喊了一声：反对嫖娼！众人一哇声又高呼：嫖娼——嫖娼！委员们脸色不好看，也不做任何回应，径直就进了各个场所。胡子文也跟了进来，对着贾德旺喊：贾老板！贾德旺却全然不做理会。胡子文又喊了一声：贾老板！陪同的文联主席训道：贾委员来视察的，你乱诈唬什么？胡子文讨了个没趣，脸脖都红了。

视察完毕，委员们并没有在文联吃招待饭，贾德旺带人去饺子馆吃饺子。委员里有一位是区政协主席，知道贾德旺和胡子文的关系，说：你和胡子文崩了？贾德旺说：没有呀。区政协主席说：我看你今日带理不理他的。贾德旺说：我故意晾他哩。区政协主席说：他可是能行的文化人呀！贾德旺说：是能行的文化人。可文化人毛病也多哩。他能帮你成事，也能给你坏事，远不得近不得，是属核桃的德性，得砸着吃。区政协主席一高兴，说："中，中。"贾德旺说：你也是河南人？区政协主席说：老家是河南洛阳的，十二岁来的西安。贾德旺说：那你说西安话说得顺溜。区政协主席说：我那单位河南籍的人少，一说河南话就遭戏谑，可我在家是说河南话的。你了不得哩，饺子馆里的员工必须说河南话，饺子馆又成了名店，你给咱河南人长了脸了！贾德旺说：你老哥多指教哩！区政协主席说：好，好，什么都好，如果饭馆里还能卖"水席"那就更好了！水席是河南最有名的菜类，全部的菜都是汤菜。贾德旺说他早有此意，近日就想回一趟老家招些做水席的厨师。区政协主席就鼓动开设水席越快越好，若要回老家，他可以派个小车去。

贾德旺果真就乘坐了小车回了一趟老家。小车一直从村口开过巷子到了家门口，村人已经知道贾德旺在西安混成个大人物了，都跑来看，说：德旺，这是你的车？贾德旺笑着说：把娃娃管好，可不敢用石子在上面划道道。村人说：贾罗锅毒命，一辈子腰直不起，他一死，儿子果然顶天立地了！听村人提说到贾罗锅，贾德旺就怀念起自己的父亲了。他买了烧纸和高香去父母的坟上奠祭，瞧见两个坟堆平塌下去，荒草蔓生，就拿锨铲土隆了隆，跪下去焚香烧纸，磕了三个响头，说：爹，娘，我回来看你们了！你儿在西安把事弄成了，还当了官了，是政协委员。坟头上飞过来一只鸟，喳喳喳地叫，贾德旺挥手把鸟赶飞了，又说：给你们说这些你们也听不懂，政协委员是个啥，就像刘三胜一样，你儿现在就是过去的刘三胜！旁边的小车司机一直笑嘻嘻的，末了说：刘三胜是谁？贾德旺说：1949年之前大财东家的儿子，在郑州当过省参议，威风得很哩。戴礼帽，拄文明棍，出门有三个背枪的卫兵。

回到西安后，小车司机把贾德旺上坟的事说开了。司机的原意在夸奖贾德旺是个孝子，但一经传开，却成了贾德旺把自己比作伪参议，被编成了段子，而且用河南话讲，讲得有声有色。听着的人听毕了，就笑着骂：这个河南担日巴耍！段子连市委书记都知道了，一次会议，市委书记在饭厅见到贾德旺，当着好多人的面说：贾德旺，你过来！

贾德旺过来了，倾着身说：书记好！

"听说你在你父母坟上说你现在是伪参议了？"

"这，这……书记你听谁说的？"

"你先说有没有这事？"

"我是上过坟……"

"你怎么能说这样话呢？！"

"书记，这怎么能当真呢，那是哄鬼哩么！"

周围的人哗地就笑了，但书记没有笑，大家也就停止了笑。贾

德旺还要解释，市委书记却转身走了。

当再一次开政协会，没有通知贾德旺，贾德旺不再是特邀的委员。贾德旺苦闷了数日，脸就明显地瘦了一圈。终于在一个午后，胳膊肘下夹着一卷纸来胡子文的家，笃笃笃地敲门。胡子文从门扇的猫眼里看出去，贾德旺站在门外理头发，头发蓬乱，顺手心唾了唾沫往头上抹。胡子文说：谁？贾德旺说：我。胡子文说：你是谁？贾德旺说：是我也听不出来？贾德旺！胡子文说：贾德旺是谁？贾德旺说：有理都不打上门客的！胡子文说：是你呀，你怎么不用河南话说？等一等，我正在厕所，还提着裤子哩！胡子文返回厕所，在马桶上坐了吸过一支烟，过来开了门，一边系裤带一边说：你怎么来了，给我送礼啦？贾德旺说：我还不至于给你送礼吧？新买了一张字画，让你鉴定鉴定。打开了，是于右任的一副对联，胡子文念：梦久不知身是蝶，水清安识我非鱼。

"赝品！"

"我五千元买来的怎么是假货，假货能仿得这么真？"

"河南人什么假不了？你看没看昨天报纸，一个河南人拐卖儿童，买方买的是个男孩，回家给孩子洗澡，洗着洗着小鸡鸡就掉了，原来是个女孩。"

"这字要是假的，我就送你了。"

胡子文没有吭声，看着贾德旺将对联挂在墙上了，说："挂在我家墙上了就算是我的，河南担，没文化就是没文化，我现在告诉你，这对联是真的。"

"你以为我认不得这是真的？我来给你行贿你也不沏一杯好茶给我喝喝?!"

"给我行贿肯定是有事了！政协委员抹了？"

"那段子是不是你加工改造了？"

"这倒与我无关。"

"那个司机我操他娘的！"

"古人说，人有一事不妥，后来又受此事之累，如器有隙者，必漏也。"

"所以我来请主意了。"

两个彼此笑笑,坐下来吸烟喝茶又吃酒,开始起草了一份材料。临分手,胡子文说:笼攀是离不了笼沿的,要做儒商,商就要一直和文化结合哩。贾德旺说:所以你始终是顾问呀!胡子文又说:河南出恐龙蛋化石,你那儿联系的河南人多,若能弄些恐龙蛋化石,我去见书记的时候,也不至于空着手。贾德旺说:这个容易。当天夜里,贾德旺就用三轮车运来了一块九颗聚在一起的恐龙蛋化石。待贾德旺一走,胡子文就将恐龙蛋化石送到了市职称评委会主任家,主任好收藏,喜欢得不得了,又觉得这礼重,问胡子文自己有没有?胡子文当然没有。主任说:既然你没有,咱俩一分为二。胡子文说:只要我的高级职称能通过,放在你这儿就等于放在我那儿了。主任却坚持分开,胡子文便用锯子将九颗恐龙蛋锯开,主任拿六颗,他拿三颗,没想锯下来一颗发现那颗恐龙蛋底是平的,仔细看了看,原来是水泥伪造的。忙敲打另外的八颗,竟都是假的。胡子文怒不可遏,拿了假恐龙蛋去寻贾德旺,贾德旺也傻眼了,说:这毛海子坑我了!胡子文说:毛海子是谁?贾德旺说:一个文艺工作者。胡子文说:文艺工作者?贾德旺说:就是从河南过来的一个耍猴的。胡子文骂道:耍猴的算什么文艺工作者,日巴耍,事情办不成,你还让我丢老鼻子人啦!贾德旺忙自己打自己脸,说他再去找另一个人,那人以前倒贩过恐龙蛋化石,现在虽改行了,手里肯定还有存货。胡子文说:这人现在干啥?贾德旺说:他说他是从事轻工业的。胡子文说:是不是弹棉花的?贾德旺说:是吧。胡子文就笑了,要跟着贾德旺一块去。直到后半夜,恐龙蛋是买到了,虽然只有五颗,五颗确实是真的。

第二天,胡子文将恐龙蛋送到了职称评委会主任家,直脚就去拜会市委书记,先是汇报了全市文化工作的现状和今后发展的一些举措,末了便提起了贾德旺。书记说:你也认识贾德旺,这人到底怎么样?胡子文说:这个河南人文化浅,有时不会说话,可有雄心大志,在西安市的河南人中享有很高的威望。就呈交了以贾德旺的名义所写的材料。材料上写着贾德旺是如何从河南到了西安发展餐

名家作品精选

饮事业，如何经过几年奋斗成为西安餐饮界的龙头，而且是在西安挣了钱了，就要回报西安，为西安的城市建设做一份贡献。具体的方案是：以饺子馆牵头，组织河南籍人参会，筹集资金，为古城墙贴瓷片，在城河两岸铺地砖，用红漆刷大雁塔，把东西南北城门楼镶金边。

"这个贾德旺！"书记说，"他有多少钱？"

"他钱多得能砸死人！"

"他还是好好卖他的饺子吧。"

胡子文软不塌塌回来把书记的话转告了贾德旺，两个人无言地看着，都笑了一下，笑得都没声。然后两人到贾德旺的住处喝酒，就喝醉了，贾德旺歪着头，手指蘸酒在桌上写了一个字，说：处，处长，你文化高，你说这，这，这是个啥字？胡子文瞅了半天，是一个富字，说：不认得。贾德旺说：你日巴耍，这个字都不认得？！胡子文说：啥字？贾德旺说：富字！胡子文说：富字上边有一点，你这个字没那一点。贾德旺说：这叫富贵不能到顶。胡子文说：你还要咋个富呀？也指头蘸了酒在桌上写了一个字：帝。说：立早是章，早写得出了头也念章，你懂不，这叫作写文章能出头，出头为贵，你就是再富也不可能贵，贵的。贾德旺说：贵字下边是个贝，贝就是钱，没钱贵，贵不了，有钱总有贵，贵，贵的时候！胡子文说：你到底有多少钱？你说你钱多得能砸死人，你还真以为，以为你的钱多，多得不得了？！

贾德旺就站起来，摇摇晃晃站不稳。胡子文说：你醉了，瞧你这本事，一瓶酒就喝醉了，我把你这样子照一张照片。就转身在沙发上找提包。胡子文觉得自己是带了提包的，提包里应该有照相机，但沙发上什么都没有。贾德旺说：你瞧么，你瞧么！胡子文就突然感觉他真的手里拿了照相机，手举着给贾德旺拍照。贾德旺扶着桌子作庄严状接受拍照，然后就拉胡子文到他的卧室去，胡子文手还做着拿照相机的姿势被拉进了卧室。卧室里有一张床，床前有香案，供奉着一尊瓷制的财神爷，而靠窗的墙角上是一个木架，木架上放着一个饱满的麻袋。贾德旺指着麻袋，说：你盯，你往那里盯，你

知道麻袋里装的什么?

"什么?"

"钱!"

"钱?"

"是钱,钱,钱!现在硬币是不用了,可我积攒了这一麻袋,它是我的纪念品。"

胡子文嘴张开来,合拢不上,手还在做着拿照相机的姿势。他要求贾德旺就站在木架下,他要拍一张照片,他说他要把这张照片放得大大的公布于世。他说他要宣传贾德旺是多么有钱,而这些钱是卖饺子得来的,劳动致富了,应该成为一个贵人!贾德旺嘿嘿嘿地笑,说:我要给你钱的,大海里舀半盆水就够你喝了!胡子文说:把头扬高,胸挺起来!好,好,把手抓住麻袋!你笑呀,河南担,你个日巴要怎么不笑?!贾德旺还在说:给你半盆水你不嫌少吧,半盆水也能喝死你的,咱们的事情弄大了,顾问费要给你涨,涨的!

胡子文站在地上拍了几张,又站在床头柜上拍。胡子文还要拍,看见床下有一个盆儿,要取出来垫在脚下,盆子里却有半盆水,骂道:我闻得出来,这是你尿的,你早上不去倒尿,你真是不讲卫生的河南担!胡子文从外屋端来椅子,又将另一个小方凳架上去,然后爬上去再拍。胡子文这时候发现了墙上有一行粉笔写成的字,他数了数,是十一个字:世上有一个鬼名字叫日弄。他说:这字是你写的?贾德旺说:我写的。胡子文说:写得好。贾德旺得意了,说:这有个故事哩,我才到西安,身上只有二百元,一个月没寻着工作,钱也花完了,我白日讨饭晚上在火车站的候车室椅子上睡。一个卖饺子的小老板到车站送客,问我愿不愿到他的饺子馆干活,不给工资,可以管吃管睡。我说愿意,跟着他走了。在小馆子干了十天,我才知道他卖的水饺馅儿全是瘟猪肉。我说咱怎么能卖瘟猪肉?他说没人在馆子里吃了顺地倒,我卖的就不是瘟猪肉。你知道不知道,世上有一个鬼名字叫日弄?我记住了这句话。后来我辞了那份工作,又去了另一家饭店打工,有了积蓄开始自己卖饺子。我,我就把这句话写在那里了。胡子文说:你的饺子馆也卖的是瘟猪肉?贾德旺

说：你胡说！我什么事都干过，但我没卖过瘟猪肉。我要的是日弄鬼的精神，你懂吗，精神！胡子文说：是的，精神！你抓着麻袋，要笑，一种自豪的笑。笑啊！

　　贾德旺在努力地笑，胡子文把双手举在面前，说：我给你照呀，一，二……还没有说出三，他听见了哐咚一声巨响。把眼往下一瞅，瞅见木架坍倒了，饱满的麻袋砸下去。胡子文嘎嘎而笑，说：你这个河南担，用那么大的力气?！还举了手要拍摄砸下去的麻袋，就看见麻袋下的贾德旺没有吱声，半个脑袋扁了，一股血喷出来。胡子文说：日巴耍，你是咋啦？脚下的椅子却晃动了，身子向前弓了一下，又往后弓，一先一后的弓，双手在空中抓，什么也没有抓住，就栽下去了。胡子文是脚朝上头朝下栽下去，撞翻了床边那个盆儿，盆里的水流开来，又聚在一个低洼处形成水潭，他从地上弹了一下又倒下去，整个脸面浸在水潭里不动了。

阿尔萨斯
——一千四百年前发生在姑臧的故事

阿尔萨斯一到了挡栏前，就喊："喂，你出来！"圪蹴在胡杨木桌底的小伙计正努力地搬动酒坛，一扭头看见了一双破旧肮脏的皮靴，还有一只羊；桌腿的横挡遮住了脸，一把没有鞘的刀露着刀尖，早晨的太阳在上面跳跃。小伙计慢慢站起来，挡栏上就是一张紫红而有道长疤的脸，小伙计立即一声惊叫，连人带坛塌下去，发出巨大的哐啷响。"喂喂，喊你的，小子！"阿尔萨斯已经躁了，开始啪啪地拍打起挡栏。

七八个粗壮的伙计踢哩刷啦拥了出来，酒店还没有开张，他们在厨间忙活，全抄了勺子、铲子、烧火的棍子和菜刀。幸好没有打开大门上的挡栏，但挡栏是抵不住阿尔萨斯一脚踢的，他们在挡栏内站成一个半圆，怒目而视。

"我要见纳尼班达老爷。"阿尔萨斯说。他的声调缓下来，有疤的左脸却在不停地抽动。

"老爷不见你！"

"我不是德鲁菲浦派来的。"阿尔萨斯又说。

"滚吧，你这疤鬼！"

"怕我了？"阿尔萨斯笑了，"阿尔萨斯是带着羊来见纳尼班达老爷的，今天我可不愿弄乱了姑臧城最豪华的花门楼！"

阿尔萨斯斜坐在了挡栏外的石门墩上，用双腿夹住了羊的胯子。羊白洁得没有一点杂色，衬托人更加丑陋。但有着盘卷得十分优美的角的羊头乖乖就在怀里，阿尔萨斯将双手放了上去，轻轻地敲。

胡杨木桌底的酒流出来，一窝酒在砖铺的地上乱钻。面如土色

的小伙计从桌后往二道门爬，后厅里并没有人，纳尼班达老爷在厅外的花园里晾书。纳尼班达老爷现在不仅是个大富商，而且已经是非常著名的学者了。新近从长安购置了十二箱书籍，晾书时是不让任何人插手的。小伙计从菱花格子门跑出去，因为急促，一下收不住脚步，待抱住晾书的木架，衣衫上的酒沾湿了一摞书，纳尼班达老爷的眼睛都竖起来了。

"老爷老爷，"小伙计说，"来啦来啦！"

"你来干啥?!"

"他来啦，德鲁菲浦手下的那个疤脸又来啦！"

纳尼班达老爷的脸一下子阴了。

"他牵着一只羊，坐在门口喊叫着要见你。"

"就说我不在！"

纳尼班达老爷转身就进了后厅，顺着二道门侧的楼梯到了二楼，他听见了疤脸的笑声，怪异得像夜空中的隼啸。

慌张的夫人和管家立即关闭了二道门，也顺楼梯上来。楼是转角结构，八根粗大的红松木柱里可以俯视一楼的大厅。天窗的阳光像雾一样弥漫下来，隔着柱子，斑驳一片，纳尼班达老爷并没有站在扶栏边。推开那间书屋门，老爷在垫着雪豹皮的椅上坐着，一脸铁青。管家说："老爷，你再仁慈，也不能让德鲁菲浦这样欺负啊?!"

纳尼班达老爷没有作声。

"还要饶他，咱在姑臧城里就没法待了。"

花园旁边的客楼里传过来琵琶声，大珠小珠落玉盘似的滑润，一帮从敦煌来的商人并不知晓花门楼前发生了什么，依旧拥着歌妓在唱：姑臧古城十万家，胡人半解弹琵琶，琵琶一曲肠堪断，风萧萧兮路漫漫……

"把二道门关了，不要惊扰了客人。"纳尼班达老爷说。

夫人乍手乍脚地下楼去，才清醒二道门已经关了，便唤了两个奴仆守在那里。

"刊行书的时候，德鲁菲浦不是没有反应吗？"

"听说他得到了《中国通鉴》,顺手便扔了。他这个文盲,是不读书的。"管家说,"可是,《中国通鉴》一刊行,老爷你的威望如日中天,到处都在议论国王陛下可能要召回德鲁菲浦,让你取而代之……"

"不是让你想办法把这个疤脸从他那儿撅掉吗?"

"是这样的,老爷,原本要让这恶人的儿子去沙州收购那批香料赚钱,可夫人说这是肉包子打狗……"

纳尼班达老爷烦躁地摆摆手,让管家去门口应付,就胡乱地翻动案头上那一堆书。偶尔翻开的一页,是《庄子》的文章,文章写道:惠子相梁,庄子往见之。或谓惠子曰:"庄子来,欲代子相。"于是惠子恐,搜于国中,三日三夜。庄子往见之,曰:"南方有鸟,其名鹓鶵,子知之乎?夫鹓鶵,发于南海而飞往北海,非梧桐不止,非练实不食,非醴泉不饮。于是鸱得腐鼠,鹓鶵过之,仰而视之,曰:'嚇!'今子欲以子之梁国而嚇我邪?"纳尼班达老爷叹息了。伴随着叹息,是客楼里继续传来的歌。曲调他是熟悉的,应和着听词:花门楼前见秋草,岂能贫贱相看老,一生大笑能几回,斗酒相逢须醉倒。就静静地坐在那里连眼睛都闭上了。

歌声渐渐软下去,商人们似乎真是醉了。纳尼班达老爷突然地站起来,想要去拜见州府大人;州府大人能否出面平息恶意的骚扰呢?但是,他走出了房间,却倚在那根漆得乌黑的楼柱上,看见了那个恶人还坐在大门挡栏外,左脸上从眼角一直斜到嘴边的伤疤泛着紫红颜色。

这是一千四百年前的一个上午,尊贵而文雅的纳尼班达老爷感到了无奈。作为粟特国的特使,纳尼班达老爷最得意于走遍了长安和洛阳各地,终于筹建了粟特国驻姑臧的商社。但遗憾的是商社建成,国王陛下却委派了德鲁菲浦来做首领。政治的落寞,然后他有一大批国内的朋友,又学会了一口流利的汉语,可以有更多的时间从事他喜欢的文化考察了。于是,他依旧留在姑臧,并且接来了家眷,一边做些小买卖一边开始了《中国通鉴》的写作。德鲁菲浦是瞧不起他的,便把一批滞销的地毯送给了他,"能把这批货卖出去,你就有好日子过了!"德鲁菲浦拍着他的肩,"粟特人不做生意就不

名家作品精选

是粟特人啊!"纳尼班达老爷受到了嘲笑,但纳尼班达老爷真的是时来运转。他将这批地毯运往洛阳,经一位汉人朋友的帮助,全部以高价推销了出去,连国王陛下都赞叹了。纳尼班达老爷的生意越做越大,影响和势力几乎超过了商社,德鲁菲浦感到了威胁,竟在他修建花门楼时提出当年赠送的地毯是借给的,现在该是偿回了。纳尼班达老爷虽然生气,还是拨了一批地毯还给德鲁菲浦。但德鲁菲浦却要的是原货。如果没有了原货就折价五千两银子,以致双方的关系彻底闹翻。待到姑臧城里最繁华的花门楼客店开张,德鲁菲浦就派了心腹阿尔萨斯常来讨账。阿尔萨斯一来就指着脸上的疤说:要不来账,是不是觉得我丑呀?瞧见这条疤吗,这可是和人打架落的纪念!阿尔萨斯便和花门楼的众伙计打过了几场。当然是花门楼的伙计们赢了,但每次抬着血淋淋的阿尔萨斯像死狗一样扔到了花门楼外的土街上。阿尔萨斯爬起来又扑了来,或者在店里捣坏桌椅,或者就躺在店门口一把一把将脸上的血往门扇上抹,影响着前来用膳和投宿的过往商贩。

纳尼班达老爷已不畏惧德鲁菲浦,而真正害怕起丑恶的疤脸了。

"哈,这不是疤脸兄弟吗?怎么坐在门口?"肥胖得有些臃肿的管家换了一套衬衣,从二道门走过来朗声地说,"德鲁菲浦老爷还好吗?"

"我要见纳尼班达老爷!"

"真不巧,老爷去州府了。"

"这你在骗我,今日德鲁菲浦老爷去了州府,纳尼班达老爷哪里也肯去呢?"

"这就不好了,兄弟,上次你雇了五十个流民连续三天来店里占了座位,只吃馕不吃酒菜,已经害得我们开不成店。你今日又坐在门口,岂不是成心要坏花门楼吗?"

"我要进去,他们不让进去呀!"

"你要见纳尼班达老爷,我家老爷真的不在,当然不让你进来了。"

"那我只有坐在这里等着咯。"

"我陪你坐。"

管家拉过一条凳子也坐下来。门外有了顾客，远远看见就走开了。而好事者却围上来，有指责疤脸的，有嘲弄疤脸今日这么温柔，不让进去就不进去了？羊咩咩叫起来，开始拿角撞挡栏，"管好你的羊！"管家说。

"这羊要把坟墓修到纳尼班达老爷的肚腹里的。"

"管好你的羊！"管家厉声地又说了一句。

持烧火棍的伙计一棍磕在了抵着挡栏的羊角。

阿尔萨斯终于有些火了，他一下子把羊拉住，再一次用双腿夹了，说："纳尼班达老爷不肯要你！"拔出别在腰带上的刀在空中晃了晃，众伙计哗地退了一步。但阿尔萨斯的尖刀却落在了羊的额上划口子，一道血就殷红地流出来。羊毛洁白光亮，血流过了胯子竟不留一点痕迹在地上溅着。阿尔萨斯再不看了管家，放慢了动作，把刀噙在嘴里，腿夹得更紧了，一手扼住羊角，一手塞在刀口往下剥皮。门外围观的轰地向后散了，散开来又驻住脚。众伙计面面相觑，拿眼看管家。管家抖了抖衣，依旧坐着。羊皮往下剥，剥出了羊头骨，剥到了羊的眼部，两颗琉璃一样的眼球骨碌滚下来，但各连着肉线儿没有掉到地上。羊的鼻骨露出来了，是一个槽形；嘴巴露出来了，白生生的两排牙齿；羊脸就一块厚布似的耷拉下，一晃一晃垂在下巴上。羊还在叫着，有了小儿的哭声，身子却不能挪动，一把粪蛋儿撒落得如爆豆在地上蹦。四蹄就踢踏着青石台阶，发出金属的响。浓烈的血腥味弥漫了整个大厅。纳尼班达老爷的脸色难看得厉害。管家从凳子上站起来，说："是不是过分了，疤脸！"

"我剥我的羊。"阿尔萨斯说。

"我们怕你了，行不行？！"

"我要见纳尼班达老爷！"

"老爷确实不在……"

阿尔萨斯丢开了羊，他用刀刮起溅在右胳膊上的血，刮着刮着，刮净了，刀尖又是一旋，挑出来的是一疙瘩肉，围观人中有了尖叫，

阿尔萨斯并没回头,将肉塞进了嘴里,慢慢地嚼,喉结骨上下滑动着,咽下去了,再用刀在胳膊上剜。

"这何必呢,兄弟,"管家说,"不就是五千两银子吗?"

"我不是为德鲁菲浦来的!"

"不是为德鲁菲浦老爷?"管家疑惑了,"那你见我家老爷干什么?你可以告诉我,我传达给纳尼班达老爷。"

阿尔萨斯用左手到怀里掏,左手弯不过来了,他把刀扎在挡栏上,右手掏出一张纸来交给管家,管家并不收取。

"你念吧,纳尼班达老爷是不会收看沾血的信的。"

"我不识字,"阿尔萨斯说,"我是托人写的。"

管家让那个小伙计接过信来念,小伙计浑身颤抖,念道:"致辉煌的纳尼班达老爷的花门楼府地,一千次一万次地祝福。臣仆阿尔萨斯如同在国王陛下面前一样行屈膝礼,祝尊贵的老爷万事如意,安乐无恙。"

管家一定是知道了纳尼班达老爷就站在二楼的走廊上,他吩咐小伙计高声念,但他觉得小伙计是不是念错了?纳尼班达也觉得是自己耳朵有了问题。

"尊贵的老爷,我已经读过你的书了,《中国通鉴》的确是一部伟大的书!"

果然是书的事。可德鲁菲浦是不读书的,而不识字的疤脸读什么书呢?"有阴谋!"纳尼班达心提了起来。

"是范尔宝兹告诉我的,范尔宝兹是第三遍读你的书了,他念给了我其中写到我的部分。尊贵的老爷,臣仆能被你写进书里,我感到了天大的荣耀,老爷原来还熟悉我,甚至知道我的乳名!现在满姑臧城的人,不,粟特国里和所有来国内的商人都在读你的书,你的书犹如行夜路人手里擎着的灯笼,没有它就只能在黑暗中摸索。昨天中午,这是我亲自经历过的事,我和梅特尔斯打架了。我把他打趴在地,他爬起来,再打趴在地,他还是爬起来。我从怀里掏出了你的书,照他头上就那么一拍,他立即就昏了。老爷,你的书是多么有分量啊!"

纳尼班达老爷身子挪了挪，站近了扶栏。

"尊贵的老爷，我现在要向你汇报，拉兹美在酒泉一切顺利，纳尼司巴尔在沙州也一切顺利。拉兹美和纳尼司巴尔都听我的，他们反复地叮咛我要向你问候。

"……有一百名来自萨马尔干的粟特人现居在黎阳。他们远离自己的乡土，在沙州有四十二人，我想你是知道的。我要告诉你的，他们心里除了国王陛下，就完全是你了，老爷。我们曾经吃过饭，主席的座位没人坐，是空着留给你的，没有你来坐着，谁还配坐在那里呢？

"我们已经说定了，要为你获取利益的。但是，尊贵的老爷，国内的永嘉战乱并没有结束，我们失去了在内地的支持和帮助。在此情况下，我们从敦煌前往金城，去销售大麻纺织品。这期间，我们共卖掉二百件纺织品。对我们来说，尊贵的老爷，我们希望金城至敦煌间的商业信誉尽可能地长时间得到维持，而这方面唯有你才能领导我们。否则，粟特人寸步难行，以致坐而待毙。

"老爷，我已为你收集到成捆的丝绸，这是属于老爷的。不久，拉兹美收到了香料，共重八四司他特，对此曾作有记录，我本应让他把收据先捎回来，拉兹美竟不小心把收据烧了，这该死的白痴……"

不知什么时候，夫人已站在了纳尼班达老爷的身边。纳尼班达看了夫人一眼，夫人正要启唇，纳尼班达却走回了房间。

"拉兹美也不随从德鲁菲浦了？"

"拉兹美和这个疤脸都是小人。"

房门还开着，依然能清楚地听着小伙计的声音。

"……这些钱应该分别开着，你知道，我还有个儿子，转眼之间，他会长大成人。如果他离家外出，除了这笔钱之外，他将得不到任何其他的帮助。纳尼班达老爷定会尽力成全这件事的。他有了这笔钱，就能成倍地赚钱。如果这样，对我来说，你就像救命于大灾大难中的神灵一般的恩人，在儿子成年娶妻以后，就让他守在你的身边。儿子叫戈斯尔范，你记着他的名字，他现在改成这个名字，我是把我的乳名重新给了他，为的是你能很容易记住他。"

纳尼班达自己去斟了一杯酒,又给夫人斟了一杯,夫人有些迟疑,立即双手接了。

"老爷,这是怎么啦,事情会是这样?"

"他的乳名叫什么着?他说我在书上写到了他,我写到了他吗?"

"这恶棍一定弄错了,你怎么会写到他呢?不管他叫阿尔萨斯还是叫戈斯尔范,死了喂狗狗也不吃的!"

"戈斯尔范?他的乳名叫戈斯尔范?!我是写过戈斯尔范的一段事迹的,可戈斯尔范是我在金城遇到过的一位楼兰人,忠厚刚强,乐于助人,是个了不起的人物,那个戈斯尔范已经死了,他怎么就是戈斯尔范?!"

"尊贵的老爷,我将要去敦煌收取三十二袋麝香。这是我个人买的,我要将它送给你……"

"另外,我专门去了昆仑深山的牧场为你购买了一只羊,这羊毛色洁白,盘角晶莹,眼睛发亮得像宝石,它是我叩见老爷的见面礼品,也象征着我阿尔萨斯,不,是戈斯尔范对老爷你的忠诚!"

纳尼班达老爷仰头喝下了杯中最后一半酒,他要走下楼去。

"老爷!"夫人挡住了房间门口。

"我下去见见他。"

"他的话你能相信?你不觉得奇怪吗,咱们多想把他从德鲁菲浦那儿撬开都没个办法,他能这么容易就背叛了德鲁菲浦?!"

纳尼班达老爷看着夫人。

"他绝对是小人!"

"是小人。小人是经不住受宠的。"

"如果是德鲁菲浦要欺骗你,那也就是欺骗罢了。可来的是阿尔萨斯,你才不能露面,你瞧见他那样地屠羊和自残,这残忍的恶棍就不会伤害了你吗?"

"弱者才残忍。"纳尼达班老爷说,"你要清楚,他毕竟是可怜的弱者!"

纳尼班达老爷脱掉了长袍,一步一步脚声很响地走下了二楼。

库麦荣

库麦荣给我讲她的故事。天近黄昏，一朵云像白棉花一样就挂在瞭望林火的木架上，成群的蝴蝶飞来，在每一棵草上闪动如花。还有猫，狗，三十二只鸡和一窝兔子，都热闹了土场子。屋门口的那棵痒痒树于无风中摇，是黑压压的蚁队上下爬移，时不时团结成一疙瘩便掉下来。"它们都是我剪的，"库麦荣说，"我上子午岭的时候，拉泡屎都不会来个苍蝇。我用纸剪了它们。"

在陕西西北角的山区，曾经出现过许多民间剪纸艺人，库麦荣是最著名的。每个人都是为着某一种事业降生在了世上，这我已深信不疑。比如李昌镐对于围棋，奥本海默对于原子弹，罗纳尔多对于足球。但是，为剪纸而生的库麦荣只知道她就是喜欢剪纸外，剪纸对于社会和她本人有何等意义却浑然不晓，甚至有些痴呆；她不肯离开子午岭，诚然当初是被丈夫强迫来的，子午岭上的树现在已蔚然成林，丈夫又成了植物性瘫痪，而且岭下的镇子里住着前来购买她作品的省城人。

"我等着那一只狼再来哩。"她固执地说。

天渐渐地夜下来，子午岭上的夜像渲染的墨，林子和岭和天很快成了一个颜色。我们也被埋在黑里，没有了腿和胳膊，只有火塘里火若即若离地跳跃了焰，使她的脸上不见皱纹和雀斑，白得像一只空静的瓷盘。

"你见过狼没？"库麦荣顺手从篱笆里长得扑撒过来的绿蓖麻上摘下一片叶子，黑暗里剪着。说她剪的是那只狼，然后递给我让用手摸。"我等着那只狼再来哩。"

子午岭上确实是有一只狼的，库麦荣上山后的第一个冬天她就

发现了。这件事她首先告诉给王顺山,过后我才知道也就是我同王顺山在镇上纸店里闲聊的那天下午。我和王顺山闲聊着,提到了库麦荣。王顺山说库麦荣其实和丈夫生活得很糟,丈夫一直不愿意她剪纸,因为一个农妇的职责就是劳动着扒拉着粮食和伺候丈夫的白天和晚上。但库麦荣就是爱剪纸,整晌出去给镇上剪婚礼上的喜纸或窗花,回到家里又常常剪这样剪那样以至把锅里蒸着的馍蒸成了黑炭。丈夫承包管理了子午岭山林,最后能将家也搬上山去,为的是绝断她剪纸的兴趣。而库麦荣仍是爱剪纸,上山了总还是十天八天里来镇上买彩纸。"这女人是不可理喻的。"穿着丝绸褂子的王顺山摇着头,他的眼里有一种异样的光,我那时傻,并没有想到另外的意义上去。

  那天,吃过早饭丈夫的脾气就不好,库麦荣不明白他又怎么啦,想了想,是丈夫没有吃好。男人家没有安顿好胃便要发火,尤其肚里似乎有个掏食虫的丈夫。库麦荣说:早起没给你磨豆浆也不至于就要饿死呀?丈夫说:你头明搭早就剪纸,给你剪丧衣呢还剪冥钱哩?两人就吵起来。丈夫口笨,吵不过,提了拳头便打,最后是用簸箕盖住她的身子拿树条子抽。这是山区人驱邪的方法,中邪的人在簸箕下会变了声调,是一个熟悉的死人生前的声或发出怪异的兽叫,证验着亡魂和野物如狐狸的精灵的附体,在鞭挞之中就求饶而离去。但是,丈夫的树条子已经抽断成一节一节,问:你是谁?库麦荣依然说:你老婆。再问还剪纸不,回答还剪。丈夫扔下树条子,流了眼泪,呼号着我这是前世造了孽了,去沟梁查看林子。库麦荣却嚎啕大哭起来,她想死去,就走出来到一个崖畔,崖畔上有一块突出的平面石头,可以跳下去,穿过那一层云,尸体就掉到深涧里。但是,石头上坐着一只狼。库麦荣先是吓了一跳,从来没听说子午岭上还有狼呀,遂即就镇静了,想,反正要跳崖的,让狼吃了也罢。狼却没有吃她的意思,拿眼睛看着她,好像还有些羞涩和畏惧。

  "喂,"库麦荣说,"你不吃我?那你就离开那里呀!"

  狼坐着纹丝不动,似乎那块石头属于它的。这时候她听见了断断续续飘过来的歌声,扭头看到从山下像绳一样甩上来的小路上有人爬着,是王顺山,竹篓里装着一卷大红色的纸。库麦荣怔了一会,就转身回去了。

王顺山是在草棚里待过了一个下午,女人的腮上一直泛着红。她重新洗了脸,用油抹头梳得光光溜溜了,催督着王顺山赶快离开,王顺山却不。"你背了鼓寻槌呀?!"王顺山说:我要见他!库麦荣觉得王顺山还真像个人物,但她知道一场恶斗就要在山上发生了。库麦荣没有想到的是两个男人平安无事,而且待在一起叽叽咕咕,最后是丈夫吆喝着她炒腊肉。王顺山从竹篓里取出瓶酒两人在土场上划了拳喝。

从此,丈夫并没有反对过库麦荣剪纸,并且他把她剪出的花鸟鱼虫飞禽走兽山水人物都保存起来。库麦荣奇怪丈夫怎么变得这么好了,问那天王顺山对他说了些什么?丈夫不告诉她。库麦荣也就不告诉了她和王顺山的事以及子午岭上还有着一只狼。

在很长很长的日子里,我看见过王顺山背着竹篓上了子午岭。也数次瞧见过库麦荣下山来到镇上,女人长腿软腰,坐在纸店的条凳子上为一群人表演剪纸。精明的王顺山从县城贩来了学生用的作业本,糊窗户的麻纸,奠祭的烧纸,再就是花花绿绿剪窗花和纸扎的彩纸,任着库麦荣来剪。又还能说话,说着让库麦荣心痒痒的话。库麦荣欢得像风中的旗子,红着脸一边骂起他,一边剪,图案越剪越复杂,竟剪出了宽四尺长丈二的一幅四月八日山神庙会图。

我就是在那一日认识了库麦荣,我喜欢上了这女人,那一张小小的脸长满了雀斑并不好看,但她的眼睛细长而幽幽放光,使你真的有遇上狐狸精的感觉。因为在纸店里剪纸时间过长,库麦荣眼看在天黑赶不及子午岭,我邀请她到我家去睡,她便同意了。但当我们刚刚在我家坐定,库麦荣却又决定要回山上去。我说是不是在外边过夜丈夫该打你呀?她说不会的,那老东西——她比丈夫少十岁,她一直这么称呼他——好久没打她了,现在就是不如以前节俭,好个吃喝,常常下山就背回整捆整捆的瓶酒,然后嚷道口寡,要她给他炒腊肉吃。人嘴是越吃越馋的,后来就在树根下挖蝉的幼虫吃,炒蚕蛹吃,也捉了麻雀和松鼠烧着吃。"你瞧他怎么喝蛇血的?逮住

蛇一刀剁了头,就握着蛇在嘴里吸,蛇尾啪啪地抽打着他的脸,他还是吸。"她说,"我真丢心不下我那群鸡和兔的。"

我陪库麦荣在鸡上了架的时分赶到子午岭,护林员独自喝着酒已经醉了。他完全不顾及着我在场,红着眼责斥着库麦荣疯到哪里去了,说他中午到现在还没有吃饭。库麦荣赶紧添水烧火。那醉汉就一头伸进鸡棚里去,一抓抓一把鸡屎,气恼起来拿磨棍捅得鸡群炸鸣。库麦荣说鸡睡觉了你泼烦不泼烦?醉汉说那个冒疙瘩母鸡呢,你得给我杀了它!库麦荣就压灭了灶火,出来护鸡,两人便吵起来。醉汉口拙,气换得不快,挥了拳头来打。库麦荣拿了剪纸的剪刀,说:你过来,我不扎死你我就扎死我!这时候我看到了奇异的场面,鸡棚里的所有的鸡,还有兔圈里的兔,猫和狗都跑过来护在库麦荣的身边,叫唤一片。

那天晚上,护林员就趴在屋门口醉了一夜。我和库麦荣坐在土炕上说了一阵话,我困得睡下了。天明睁开眼,库麦荣还在灯下剪纸。她是剪了一整夜的纸,全剪的是花鸟走兽,摆得满炕都是。我佩服这女人有这么好的心态,就琢磨她要么太有心劲,要么就是神经不对,有艺术天才的人往往神经有问题。我悄声问醉汉醒了没有,她说醒啦,嘟呐吃不上家鸡肉他吃野鸡肉呀,背了枪到后沟去了。

但是,当我和库麦荣将那一批剪纸全摆在屋外的阳光下欣赏的时候,护林员垂头丧气地回来了。他提着枪,双手空空。丈夫的一只眼是生来斜着,天上飞来的野鸡,地上跑过的黄羊和果子狸,他瞄得准准的,一声枪响,它们却带着毛跑得无踪无影。他歪过头来看到了新剪的纸,竟说了一句:剪得好!库麦荣没有理他,我见库麦荣没有理他我也没有理他。

这批剪纸,却正导致了库麦荣的人生从此变化,也使我现在再一次来到子午岭。她的丈夫已经是植物一样人事不省地躺在床上,而她的脸上布满了紫黑的雀斑和皱纹。

她是又一回来镇上买纸,并且给我提了一篮晾干的金针菜。但她先到了纸店,在王顺山的抽屉里发现了那天她剪出的各类动物图案,很是吃惊。她问了王顺山,王顺山才把她丈夫定期偷她剪纸拿来卖钱的事说了。库麦荣怔了半日,在看着王顺山,王顺山起先还说你的眼睛真好看,后来就不敢看了,说:你不要这样看我么。库麦荣说:原来你也瞒了我呀?!起身回山了。她没有到我那儿去,一篮子金针菜就扔在王顺山的门道里。在山中河沟的流水潭里,她洗了一回澡,要洗掉王顺山留在她身上的气味,但老觉得王顺山的气味没有退掉,到崖根采了薄荷叶捣碎了又涂洗了一遍。回到子午岭,屋前的树上挂着一条绳,地上是一摊血,丈夫却在火塘边用砂锅炖着肉,旁边有一张展开的猫皮。

"你把猫杀了?"

"它是个懒猫,我嫌它不逮老鼠么。"丈夫说,"你尝尝,猫肉是酸的哩。"

这是六月六日发生的事,从六月六日晚上起,库麦荣和丈夫不再同床共枕,她把铺盖移到了西边屋里。她总是夜梦里梦见丈夫把什么都偷着杀了去吃,每日起来就要清点她所饲养的狗,兔,鸡。但她有什么办法呢,她的鸡在减数着,兔也在减数着。丈夫的肚子越来越大,大得像一个坟墓,在那里埋葬了她饲养的好多生命。丈夫的肚里肯定有个掏食虫,她想,他就是一个吃虫。

"人活在世上还不就是为吃来的?"丈夫说。

"那么……"库麦荣要反对他,但她说不出个理论,就想到了在山下她们家曾经有过的拖拉机,她说:"拖拉机也是加油的,拖拉机总不能只是加油加油,买拖拉机就是为加油呀?!"

她害怕起来,担心丈夫终有一天要把她饲养的鸡兔全部吃掉,还有山林里那些野鸡野兔,果子狸和松鼠。山上还有什么呢,山上还有着一只狼。

子午岭的山林在深秋后出现了虫灾,一大片一大片的树木枯死。护林的丈夫要背着药桶去喷洒,或者去挖防火沟和追截砍伐树木的偷盗者,库麦荣就坐在屋后的一个崖背处剪纸。崖背处向阳,又避风,她能看见天上流动的云朵,能看见草上的花和花一样的蝴蝶,不明白鲜艳的颜色为什么在风雨里不能褪掉;还能听到树林子里彼起此伏的鸟声,觉得好奇,也叫了一下,猜想着鸟是否听得懂她的

话。这女人并不识字，可血液里很艺术很浪漫的东西在流动，她身处这种环境中显得十分冲动，剪刀下就极快地出现着各种各样的山林中的生灵。她没有见过老虎，狮子，她也能剪出老虎和狮子，她甚至也剪出了狼。她只见过一次狼，而剪出的狼那么威风和漂亮。等一抬头，那只狼竟匆匆经过前面的一条石径。

"它不像狼。"

库麦荣现在可以清清楚楚看着狼了，但她认为这狼不像是狼。因为她剪出的狼是威风和漂亮的，而这只狼是那么的瘦，毛色也不油光，脱落过一片一片，露着皮的肉红，像是害了秃斑。狼是回头看了她一眼，就匆匆离开了。她不知道它是急着要去干什么，在子午岭上，它又是住在什么洞穴里呢？

她几乎每一个下午都看见狼从那石径上经过，而第二天的早晨，她起来倒尿盆子，云雾如开锅的水汽弥漫在石径上，又见到狼出现在那里。"它是早出晚归去寻找食物的"，她这么想，也证实着狼居住的洞穴离他们并不远，就在附近。

库麦荣还是没有把这一发现告诉给丈夫。

糟糕的是终于一个晚上丈夫丢魂失魄地跑进屋，说他看见了狼：这山上是有狼的！她听见了，心上一紧，正在灯下缝补一件肩垫，针刺中了她的中指，她说："你是胡说，现在哪里还有狼？十几年都没听说子午岭上有狼！"丈夫说："真的是狼，灰色的，尾巴拖在地上像扫帚。"她说："你那眼睛能看清是狼是狗，一定是游狗，山下谁家的狗走失了。"丈夫想了想，也以为自己看错了眼，说："要让我再碰上，我会逮住它，冬天里你得一块毛褥子哩。"

库麦荣轻轻骂了一句，她瞅了瞅墙上，墙上贴着一张剪出的菩萨像，她求菩萨能让那只狼尽快地远离子午岭。

秋天过去就进入了冬季，撕棉扯絮的雪压折了子午岭上许多树。有几次天明起来，库麦荣拉开门，门外的雪像墙一样堵着出不去，只好端着烧红的铁锅，烫出一条道道。雪天里山林不易起火，也不大会有人进山偷砍木料，吃得壮壮实实的丈夫精力充沛，就隔三岔五去山下一趟，现在轮到他去山下买彩纸了，又将山下来买剪纸的人引到了山上。库麦荣见不得丈夫和那些人讨价还价，她坚持不卖，她剪纸是她的富裕，高兴了能整日整日地剪，剪出的纸贴满窗户和四壁，不悦意了又将所有的剪纸一把火烧了。她不肯卖，丈夫就和她吵，又是偷着抢着一部分卖给人家。

"卖了你再剪么，"丈夫说，"那你剪着不是白剪啦？"

"我高兴呀！"库麦荣说，"嘴是说话用的，话说过了还唱歌哩，唱歌就是高兴了才唱呀！"

丈夫有了钱，又是买酒买肉，然后就死皮赖脸爬上她的身体。

"你给咱生个娃娃唔！"

丈夫的动作野蛮而毛躁，犹如他干别的事情一样，她没有感到一点愉快他便起身又坐在一边喝酒了。他从来不想到她有她的快乐，他也似乎不求快乐，只想着他需要个儿子，不至于这氏族脉气断了。这个时候，库麦荣就想到了剪纸是那样的美好，也会想到那个叫王顺山的温柔男人。

王顺山是在过后的十二天早晨来到了山上，她已经原谅了曾经伙同着丈夫偷卖她剪纸的行为，她看着冻得满脸通红的王顺山，帮他卸下装着各种彩纸的背笼，拉着他的手给他搓。王顺山告诉说，镇子上又来了一些省城人，他们都冲着她的剪纸来的，但他不能引着他们上山来，他得事前征询她的意见。

她喜欢王顺山说话，但她却说："你又骗我呀！"

"他们有的是钱，已收集着你的剪纸要出版一本画册。"

"印一本书？"

"是的，书印出来了，你就更出名了！"

"出名。"

库麦荣并没有王顺山想象中的那份激动，甚至有些茫然。在她的心目中，别人知道库麦荣和不知道库麦荣有什么区别呢？"只要你能给我供纸就好了。"库麦荣说，"你能供我一辈子纸吗？"王顺山点了头在笑。他一嘴的牙在闪着白光，她闻见了他身上的一股烟味，烟味是那么好闻。她为自己上次在水潭里用薄荷洗身的事咯咯笑起来，王顺山把她抱在怀里的时候她还笑得喘不过气。

名家作品精选

整个上午,她的脸色特别红润,尤其在白皑皑的雪的衬托下,她开始给王顺山表演剪纸。剪出了起起伏伏的子午岭和子午岭上的树林,剪出了老虎、狮子、猴子、兔子和鸡狗,也剪出了狼和老鼠、蝎子、蟾蜍、七星瓢虫。剪出一个,让王顺山就摆在雪地上,银白的雪地上一片一片红。她眼里这些动物都活了起来,都在雪地上奔跑撒欢。她最后剪出的是她的形象,她已经人到中年了,剪出的却是头上插了花的娘子模样,娘子在舞蹈着。"我是剪花女娲!"她说,眼睛眯眯的,十分妩媚,觉得她和这些动物充满了爱,和子午岭充满了爱,和眼前这个脸刮得干干净净会说话又会温柔的男人充满了爱,她同外界的关系就是爱的关系。库麦荣不知道诗是什么,她竟是忘却了日子的艰难和琐碎,忘却了那个粗鲁和打着嗝儿臭气的丈夫,她只想拉了王顺山坐在火塘边的草铺上说话。

王顺山渐渐身子发困,眼睛也涩起来,半躺在那里,库麦荣却愈加眼睛光亮,神采飞扬。她说:"瞧你这样子,我给你剪个你,像个懒猴,下了竿的猴。"

"我是你剪出的猴呀?"王顺山说,"你是我的狐狸精,吸我的精神气儿!"

库麦荣过来拧他的嘴,说你坏,你真坏,自个就一边剪着猴子一边唱歌。

歌声是"云想衣裳花想容,天上地上……"叭,一声枪响了。

枪响在悠远的地方,但很清脆。库麦荣冷丁了一下,王顺山也起了一身鸡皮疙瘩,他们都说了一句:"他去打猎了?!"

丈夫确实是打猎了,半个小时后,那男人连爬带滚出现在了屋前的痒痒树下。他的猎枪上没有吊着一只野鸡或野兔,而一只手使劲地捂着另一只手,殷红的血滴下来,在雪地上溅若桃花。

"我见着狼啦,那不是狗,是狼,子午岭上真的有狼了!"丈夫说。

丈夫碰见了那只狼。他端起了枪瞄准,他当然又是瞄不准的。子弹射出去从狼的后腿之间射到了对面的石头上,子弹在石头上碰出一朵火花又弹过来击中了他的手掌,他是看着狼的屁眼里冲出一股稀粪而消失在树林子里的。

"你为什么打它,是它要吃你吗?"库麦荣尖声叫起来。

"我想吃它!"丈夫说。

"你怎么不就吃了它呢,你什么都想吃,你吃枪子吧!"

王顺山为受伤的护林员包扎了手,他也为子午岭上有狼而吃惊。但他不肯相信护林员的话,护林员却感念着王顺山今日来的是时候,他可以有个帮手了:狼使他吃了亏,他一定要再寻着狼,合伙把狼杀掉。

库麦荣对于王顺山接受丈夫的请求留下来十分失望,虽然她也明白王顺山之所以留下来的更重要的原因。她收起了雪地上所有的剪纸,回坐到屋里默默为狼祈祷。翌日,她早早起床倒尿盆,就跑到狼出没的那个山崖后。盼望狼能在那里出现,要告诉它赶快离开子午岭,她相信狼会听懂她的话的。果然,狼就在那里,狼一定是整夜地在寻找食物,而冻天雪地里哪里有食物可寻呢,已经精疲力竭,在雪地上走动着如上了年纪的老人。"噢,噢,"她口中发出了叫声,狼就站住,狼的眼睛却目光离游,看着她的身后。她说道:"你也是个斜眼?"狼的头忽地垂下来,发出咔的响声,似乎是脖颈的骨节在错位了。她明显地发觉狼的一只眼在看着她,另一只眼仍盯着她身后。库麦荣回转了头,身后已经走近了丈夫和王顺山。

"狼,狼!"王顺山首先叫起来,一个箭步扑着将她拉走,她的脚下一滑,两人都倒在了雪窝里。

丈夫在瞬间里端起了枪,但他的眼睛不好,一只手又受了伤,端起的枪摇摇晃晃。

狼并没有走,狼依然站在那里,好像是冻僵成了一尊雕塑。狼不肯走,使丈夫也惊呆了,端着的枪软下来。一只狼和三个人就那么对视着,库麦荣可怜着狼又瘦去了许多,几乎是一张皮裹着骨架,一双眼睛由白到黄到黯然无光。她大声吼叫了,推开王顺山,也一个侧身用头撞倒了丈夫,她说:"你们不要欺负它,不要欺负它!"狼在雪窝里艰难地拔动了腿,腿细得像麻秆儿,然后离开了,雪地上出现两道深深的沟。

名家作品精选

那只狼依然还在子午岭上,库麦荣夫妇还在子午岭上,人和狼就共存着。狼没有侵害过库麦荣饲养的鸡呀兔呀,甚至连库麦荣的住屋周围也未去过。这有些像后来的王顺山。王顺山在子午岭上受过了一次惊,回来后就患了胃癌,手术后并没有死去,生命和癌共同寄存在他的身子里一天一天地活下来。但是,库麦荣和丈夫的关系彻底恶化了,发展到白日黑夜几乎不再说话。那杆枪还在墙上挂着,但没有了枪栓,丈夫知道是库麦荣藏匿了,自个就谋划着一个更残酷的阴谋。他在镇子里购买了火药,又将瓷碗砸碎和火药拌搅一起,然后用鸡皮包成小包儿。这些库麦荣全然不知道,等到丈夫从山下提了一篮子炸药小包儿挂在屋梁上,又晚上偷偷去沿着狼的出没地安放,库麦荣才明白了他的用心。她没有言语,也不说破,等丈夫又在喝酒,悄悄去将炸药包儿移开,回来后安然无事地剪纸,看丈夫在火塘边喝得油脸赤红,模样是那么的丑陋。

"你喝到什么时候,"她说,"还不睡吗?"

"我还有事哩。"

她知道他的事是等着那一声爆炸,但这一个晚上鸡在黎明里叫过三遍了都没有爆炸。

天明后,丈夫出去了,回来灰不塌塌的,说:"我只说人狡猾,狼比人还狡猾!"将一小口袋的炸药包儿重新放回到屋梁上的吊笼里,这个时候是轰地一下爆炸了。吊笼的绳子原本挺结实的,不知怎么就突然断了,吊笼掉在地上又弹起来,爆炸的巨大声浪将库麦荣从炕上掀落在地,她看见丈夫无声无息地躺在火塘边,像一条死在滩上的鱼。

这就是库麦荣告诉我的全部故事。她不愿意说起丈夫受伤以后怎样运到镇上医院,从此变成了植物人。还有那个患了胃癌的王顺山,她是否还和他往来,这一切她都不愿意说。我知道的也是来要劝说她的就是镇政府决定取消她管理山林的合同,付给她一大笔钱让她搬回镇上。但库麦荣不肯下山,依然在山上生活着,依然剪她的剪纸。在我来到的两天里,王顺山没有来,什么人都没有来,也没有见到她所说的狼,是狼从子午岭上真的走掉了吗,还是狼在冬

天里已经饿死在某个山洞里?

"我等着那一只狼来呢,"她固执地说,"你瞧,那边林子上是出现了星星吗?"

天地间一片是黑,星星先是没有的,倏忽就出现了,孤零零地发着冷光的一颗星星。那应该是天狼星。

我钻进了屋里,漆黑的屋里弥漫着酸菜和臭鞋的味道,撞翻了放在木桌上的竹笼,笼中的蒸馍在桌面上弹了弹掉在地上,发出木木的沉响。我摸进西边的卧间,贴着植物人的床,睡在麦草上铺就的被褥上。库麦荣不愿意和植物人睡在一起,也不愿意和我睡在一起。

植物人均匀地呼吸着,但他没有知觉,我想象着我是躺在秋天的包谷苗地里,包谷苗在叭叭地拔节。再一次听见还坐在屋台阶上的库麦荣于黑暗里幽幽地说:"我等着那一只狼来呢。"

2002.7.5 午

读《西厢记》

孟三白得了本《西厢记》，清康熙吕世镛的评注，在医院一边坐在沙发上打吊针一边读。书是线装书，纸脆得一揭就要烂去，且密密麻麻的竖行字，中间又圈点又夹批，如蚂蚁爬树。孟三白看过一页眼就发涩。《西厢记》以前是读过新版的，还记得"待月西厢下，迎风户半开，拂墙花影动，疑是玉人来"。这次朋友探病，送来旧版，剧本与评注连同读，一字一句地仔细，一个上午只看一折，已经是如痴如醉了。

病室在医院的最北边，一排简易平房，蒸闷如笼，待读到"怎当他临去秋波那一转"，怦然心动，仰头看着输液架上的吊瓶，第一瓶药液已经完了。定定地想：钟情者正于将尽之时，露其微动之色，故足致人思焉。猛地惊道：药液完了！急喊护士，护士，203完了！

护士从护办室跑过来，手里提着第二瓶药液，说："药完了还是人完了？"

孟三白笑了笑，抬着手让护士看，药液已滴到输液管下端，血回流了出来。

"用词不当，还讲究看书哩！什么书呀？"

"《西厢记》。"

"嗯？盖房子的事吗？"

"你看过《拷红》的戏没？"

"看过，演秀才跳墙哩。你才养得有些精神了，就看这号书，心里五花六花弹棉花了？！"

"能跳了东墙的人才能跳龙门。"

孟三白说着，从竹帘里看见门外小小的花园子阳光普照，一丛一丛清早灌过水的玫瑰，花叶精神，柳树上的知了一声接一声地嘶叫。雪杉前的那一尊太湖石瘦煞透漏，阴凉里四个病人已经打完吊针了，开始叫喊着打扑克。有人一手高举着吊瓶，一手平端着，身子前倾着经过门口。病人们输液时要上厕所都是这样去的。那一件赤红的T恤衫，孟三白瞭了一眼，就知道是347，鼻子里哼了一下。

病员住院是没有了姓名的，床号就是代号。347这个瘦高个年轻人，毛发整齐，衣着时兴，许多病人都称他是帅哥，孟三白却觉得他是宦官样：已经有几个晚上，与女病人215在太湖石后拉手。月亮白花花的，太湖石有遮挡，远处雪杉的阴影也铺过来，347和215就躲在石背面，但孟三白还是看见了。

孟三白不能再看见347的身影，一看到就通身的不舒服。护士换上了第二瓶药液，孟三白开始继续读《西厢记》。读到"穿一套缟素衣裳"，感觉里，竹帘外的柳树下有人坐着了。抬头一望，果然坐了女人！女人依旧是那一件白衣白裤。病室闷热，许多病人把吊针拿到室外去打，柳树下的石桌却似乎永远是这女人的。这女人或许太特别，男病人都亲近她，如同一只羊在狼群，狼与狼相互监视着，羊倒很安然了。其他女病人竟也不肯到那石桌边去，因为她们觉得去只能陪衬了她。孟三白想，浓艳并不足以悦世，淡而转觉雅，雅了可爱。石桌正对着孟三白的室门，女人每次并不是面对着门坐，也不是背对着门坐，是侧坐，那一只扎针的手软软放在石桌上，身子后背恰好贴在门的右边，后腰的曲线透着光，而长长的两条腿斜着蹬出了门的左边。然后弯头看书，把剪影给三白，三白能看到那长的睫毛，高鼻梁和隆起的嘴。孟三白没有见过这么长的睫毛。她为什么总坐在我的门前呢？三白不止一次地这样想，但她没有一次扭过头来看他的门上的竹帘。其实从外边看竹帘里是看不到他的，但竹帘里的人却可以放胆地长久地注视她，孟三白倒觉得自己阴暗，有些像幽灵。

孟三白就合上了《西厢记》，把眼光盯定在天花板上。芦苇席搭成的棚顶已经衰败得掉了色，有老鼠在上面印有尿痕，或许是屋上漏雨，天花板边的土墙上浸蚀了一道一道。书法里讲究锥沙漏痕，

名家作品精选

现在书坛上有人故意把字写得颠三倒四，殊不知乱石铺街、黄叶落地，或是破屋漏痕，求得的只是一种自然而然的境界呢。

"快完了吧？"

"快啦。"

门外有了说话声。347 从厕所扑扑沓沓回来了，他又在殷勤215，接着就走近了石桌，把自己的药瓶挂在了女人的输液架上，竟坐下来，正遮住了孟三白的视线。孟三白猛地想到了纪晓岚的一段故事，说是宫里的一个小宦官让纪晓岚讲故事，讲着讲着纪晓岚因事要走，小宦官还拉着他问："下边呢，下边呢？"纪晓岚说："下边？没了！"

孟三白笑了笑，只好继续看《西厢记》，满书上的字却如蚂蚁炸窝了。自肝病复发后，孟三白住在这个简陋的医院里已经两个月了，肝功能在前十天化验全部正常，而他还没有出院。病室里没有后窗对流空气，也没有空调，一日三餐都是那大锅饭菜，许多一同进院的病友都出院了，他还没有出院的意思，他说不清是不是为了这女的。他曾想，这女人这般漂亮，怎么害肝炎呢？却又想，如果这女的不害肝炎，自己怎么能见得着呢？即使见着，她不害肝炎，她肯与一个害了肝炎的人接触吗？孟三白相信这是一份缘分。这份缘分有多长多久，能不能认识而发展为熟人朋友？他做过试验，在那一日，坐在竹帘里的他在心里说：如果可能，让她咳嗽一声吧。一分钟后，帘外的女人果然咳嗽了一下。声音很轻，但毕竟是咳嗽了。孟三白还是没有自信，"如果真有缘分，她明日出来打吊针，不穿拖鞋，穿那一双白色的皮鞋"。第二天坐在柳树下的女人竟真是穿了白皮鞋。孟三白啊的一声，心旌飘摇！从此就忌恨 347，觉得是仇人，不共戴天。

昨天下午，孟三白提着水壶去打开水，当然要经过她的室门口，孟三白偏不往门里看。其实他已经瞭见了半开了窗子的室内，女人是躺在床上的，她是侧卧的，臀部很高，腰像折断似的伏下去，一只脚的鞋掉在地上，一只脚上鞋挑着欲掉还未掉。打了开水，又一次经过门口，不想她正掀帘出来，孟三白猛不防与她要撞个对面了，两人同时在发呆里站住。

"孟先生好!"女人说。

"好!"

孟三白说罢慌乱回来,回来就激动:她知道我姓孟?她为什么不白搭话呢,为什么不叫我 203 呢,怎么就知道了我姓孟?说明她是已经在注意到我了!那么,每日坐在我门外的柳树下是一种什么暗示呢?孟三白后悔自己当时没有回答,应该这样回答:陆小姐近来觉得好些了吗?(孟三白是在护办室病员表上查出女人姓陆,而且叫陆小琳。)她如果回答治了两个月,精神好多了,他就要询问她是什么时候染上病的,然后讲:你的病是不重的,万万不得有思想负担。社会上的人对肝病缺乏认识,谈肝色变,其实注意休息,调整饮食,过一段来医院治治就可以了。尤其要精神放松,瞧,我就是这么过来了十几年!虽然现在对治肝病还没有特效药,但全世界那么多害肝病的人,一定有专家在研究的,再坚持五年,最多十年,会攻克这道难题的。咱们就等待着那一日!孟三白在室中想这一席话多么自然流畅,又情深义重,就恨自己那一阵却仅仅回答了个好字就走了。孟三白失去了一次绝好的机会。

347 一直坐在石桌边和女人聊天,后来干着嗓子喊护士。护士去了,他的吊针还没有完,完的是女人。护士给女人拔针,女人哎哟哎哟叫疼,347 不停地叮咛慢点慢点。

漂亮女人容易上当,就是这么上当的。孟三白站起身,斜着一条腿勾掩了门扇,坐下又翻开了《西厢记》,连着往后翻,几行字钻进了眼里:

有一美人兮,见之不忘。
一日不见兮,思之如狂。
凤飞翱翔兮,四海求凰。
无奈佳人兮,不在东墙。
张琴代语兮,欲诉衷肠。
何时见许兮,慰我彷徨。

愿言配德兮，携手相将。

不得于飞兮，使我沦亡。

孟三白住的不是西厢，没有诗可以口歌，也没琴不能手弹，孟三白不如那个张生。打完吊针，灰塌塌上床睡下。

人一睡下热汗就出，虽然脱了长衣长裤，凉席上立即溻有汗湿的一个人形。更讨厌的有苍蝇在叮。苍蝇的叮并不疼，但它落在身上，酥酥爬动，难受使人无法入眠。孟三白恨恨地不停用手去拍打，拍打的只是他自己。在这个病室里，一直是有个苍蝇的。天黑就不见了，天一稍亮，它就出现，准时得像报时的钟。孟三白每日数次要消灭苍蝇的，但没有成功过，几次是蝇拍一拿起，苍蝇就无踪无影了，你刚放下蝇拍，耳边又立即有了嗡嗡声，细而快如抽去的一线细绳。有一次，它哪里也不落就落在孟三白的头上，又落在蝇拍上，弄得三白哭笑不得。"喂，刘得贵！"他给它起了个很俗的人名呼唤，将讨厌转换为一种欣赏，要看刘得贵到底要落在哪里。这个上午，苍蝇勇敢异常，无数次进攻了他的身子后，终于速度缓下来，最后停落在桌上的镜子上。三白想，它照镜子哩，女人是喜欢照镜子，这只苍蝇是个女的！猛地心有所动：苍蝇是那女人的化身，她在逗耍自己吗？

孟三白幸福地睡着了。不知什么时候，又在苍蝇的叮爬中醒来，一睁眼，似乎窗外正走过一人，他立即觉得这是那个女人了，就拿眼睛盯着已落在墙上的苍蝇，会心地给它笑。孟三白再也不会打这只苍蝇了。他开了门走出来，见女人病室门的竹帘还在晃动，是刚刚有人进去，他决定经过那里一定要往门里看看，如果那女人看见了他在看她，他就要主动地与她说说话的。但是，当他走到了女人的门口，瞧见了里边还坐着347，孟三白立即脚步不停，平静着脸要走过来。

"203—203哎！"347在叫着他。

孟三白装着没有听见。

"203—哎！孟先生！"347掀了竹帘探出了头。他的头发很长，当头顶却有一片没头发,是旁边的长发遮盖着,他一定以前患过秃疮。孟三白驻了脚。

"孟先生,听说你那儿有书?"

"有。"

"能借给我看看吗?"

"是线装本《西厢记》。"

"《西厢记》我知道,是本淫书!"

孟三白没有应声,心里说,当初王实甫作《西厢记》时就发愿只与后世锦绣才子共读,曾不许贩夫皂隶也来读。你读得懂吗,你配读吗?孟三白扬着头要往前走。

"你才是胡说!"女人却也从竹帘里出来,说,"张生要是淫人,那世上的皇帝算什么了?"

"哎,我记起一副对联了。"347 说,"去年我去过唐陵,那碑子上写着'后宫佳丽三千人,铁棒磨成绣花针',妙不妙?"

女人没有应声,用手拂着面前飞来飞去的苍蝇,问孟三白室内有没有苍蝇拍。

"我不打苍蝇。"孟三白说。

"不打苍蝇?"女人说。

"那是我在室中养的。"

一只苍蝇落在女人的额上,像一颗美人痣,孟三白觉得这只苍蝇是他。

"你养苍蝇?"347 说,"叮你的苍蝇都是母的吧!"

孟三白这次真的要走了。

"你进来坐坐呀!"女人再次对他说。

"我上厕所去的。"

其实他不上厕所,但他还是去了。他拒绝进去坐坐,感觉女人是在真诚地邀请他,他偏也不理那女人了。他知道 347 越是殷切,孟三白则越要冷淡的。

第二天,孟三白的药液打完了,隔帘瞧见女人的药液也打完了,喊护士来拔针,护士却在西头抢救一名肝昏迷病人,孟三白就出来,

去抢救室把护士叫来。这一次主动帮助进行得自然之极,孟三白甚至对女人没有作任何表示,掀帘要返回病室时,女人说:"谢谢你!"

"不用。"他说。

"孟先生,你最近做过化验吗?我再打十天针就该出院了。"

"急什么呢?"

"针把我都扎怕了。如果把针眼加起来,我也像杨七郎,万箭穿身了!"

回到室中躺下,那苍蝇又来了。孟三白心想:这个时候,也该有一个苍蝇在叮她吧。歪身在那里读《西厢记》的"寺警","系春情短柳丝长,隔花人远天涯近",倒担心女人出院。为什么要出院呢,既然得了肝炎,就永远住在医院,医院里一直就住着他们治不愈的肝炎患者才是哩。

一天一天过去,孟三白觉得日子来得太快,他计算着离十天越来越近,每日就借各种口实要经过女人病室门口多次。这所医院不同于别的医院,没有严格的隔离区和探视规定,这也是孟三白之所以第二次住院在这里的原因。但是,病人的自由出入和随时的探视,医院的管理也就松散,平房区的那间厕所便尿流恶臭,苍蝇乱飞。孟三白当然也就发现了医院大门内的东墙根有个小厕所,那里去的人少,相对干净。他就在没事时从女人的病室门口走过,走过了,似乎又忘掉什么返回来,往往返回只带一支烟再经过女人的病室门口,然后茫然四顾,不知再做些什么,就只好踱步到远处的那个厕所去方便了。

孟三白终于把这个厕所的秘密告诉了女人。这是一次他打完了药液走出室内,才面对着竹帘结帘绳儿,感觉里柳树下的女人在看他。想:我一定要看看你,如果我扭过头去,发现你真在看我,我一定要和你说话的。一扭头,果然女人在看她,两人的目光唰地撞在一起,孟三白瞧见她的脸红了,如小偷在行窃时突然被人抓住。

女人立即站起来,一只手抓着扎针的胳膊。

"疼吗?"他说。

"……我方便去。"

她从输液架上取下药瓶，一手高高举着，往厕所去。她的身子高挑，臀与腰的过渡部位太是好看，孟三白心里怦地一下，一股说不出的什么滋味从牙根沁出来。但孟三白是不能帮她过去举药瓶，随她去厕所的。一只苍蝇却同时起飞，他目送了它往东边的女厕所飞去。

女人返回来了，又坐在了石桌边。

"这里的护工不尽责，厕所太脏了。"孟三白说。

"是太脏。"女人说。

"其实医院里有一处干净的厕所，你知道吗，进大门往左走，走过药房再往南，到了院墙根那儿有个小小的厕所，以后不妨到那里去。"

"是吗？"

"是，一般人不常去的。"

晚饭后，孟三白在水池上洗碗，女人也来洗碗。女人告诉了他：那厕所是干净，但墙那边是医院的太平间。

"哦，"孟三白说，"怪不得人去得少。"

"我不怕的，"女人说，"医院里哪个床上没死过人，咱还不是在床上睡吗，何况太平间。"

"不怕。"孟三白说，他突然拿眼睛四下看，女人的话使他顿悟到医院里到处都是鬼的，鬼已经拥拥挤挤，只是他看不着罢了。

自有了这种顿悟，孟三白在继续读《西厢记》时，禁不住低笑或叹息，就似乎听见在什么地方也有了微微的低笑和叹息。便猜想房间里有鬼，鬼在天花板上或窗帘上。而且那里出现的苍蝇，墙角上的小红蜘蛛，窗棂上爬着的壁虎都是鬼的化身。透过竹帘，女人静静地在柳树下的石桌边，那柳树、石桌、太湖石、雪杉和雪杉上的知了，都不是无生命的和无人性的，它们有它们存在的原因，都与他或这个医院病人有这样那样的关系。

为什么在医院里遇着这个女人，这个女人为什么又肯同347说话，这又是一种什么前定呢？

但孟三白发现女人以后是每次去太平间旁的厕所的，而347则

名家作品精选

依然去东边肮脏的厕所。女人是没有告诉347的,去太平间旁厕所是他与女人的"胡志明秘密小道"。

　　孟三白再去那里方便,就想象隔墙的女厕所里曾经是蹲着那女人的。这里极其幽静,以至他每日来三至四次,即使黄昏天黑,他也要来,安静的环境能给他许多遐想。当有时一个人进来,突然发现蹲坑上还蹲着一个两个人,或他正在那里吸烟,猛地悄没声地进来一个人,孟三白不免有些害怕了:这是不是人,是从院子里来的游鬼,还是从旁边的太平间来的?这么想想,倒有些不害怕了:我倒要看看他们会怎么样?有了这样的怪异念头,孟三白在医院里看一草一木都觉得是人,这些一草一木都曾经是医院的病人吧。而医院里来来往往的人,又让他产生这是些真人呢还是鬼幻变的。回坐在病室,又细细辨认对着自己门口的那棵柳树,又省悟人与物是轮回的,这棵柳树是以前生着的和死去的这个病室的病人以及现在自己的魂灵所致吧。走出来看女人病室门口的那棵树吧,树长得很细很高,树梢斜地向他的柳这边倾,心里无限慰藉。

　　这天晚上,孟三白心情好,自配曲调儿吟唱《西厢记》"哭宴"的词儿,才唱过:

　　　　倩疏林你与我挂住斜晖,
　　　　昨宵今日清减了小腰围。

　　就觉得口里很寡,出来去医院大门口买一包小食品来吃。而且想,如果在院中或平房前能碰着那女人,他要将一包萨琪马送与她的。但是,院子里没有人,差不多的病人都进室睡了,有的还亮着灯,在里边看电视或说笑。孟三白路过女人病室门口,门掩着,窗帘拉着,但窗帘小,里边的灯光映出来。他扭头极快地看了一下,并没有看见什么,就走回自己病室站了一会儿,又一手拿了脸盆,一手还拿了那包萨琪马,出去水池打水,再一次路过了女人的病室门口。这次扭头那么一望,却看见了347正坐在女人床边,而女的光了脚靠坐在床头,347正弯了腰在女人的脸上亲吻了一下。孟三白一阵昏眩,感到了极大的伤害和愤怒,他几乎要把手中的脸盆咣地砸在地上。但孟三白毕竟没有,在那一刻里倒轻手轻脚倒退回来。

孟三白在房间里如蔫了一般窝在沙发上,他恨死了347,后来就恨那女人,他虽然认为女人善良和软弱,但为什么就经不起347的纠缠和无理而还肯同意他到她的房间呢?孟三白终于不能忍耐,走出来去敲护办室的门。

"笃笃笃。"

护办室里亮着灯,有隐隐的嬉笑声和什么吱呀响。

"笃笃笃。"

一切声响戛然而止。接着,有人在问:"谁?"

"我!"

"我是谁?"

"203。"

"哦,203……什么事?"

"215突然肚痛,让你们过去看看。"

"知道了,你去吧。"

孟三白要离去的时候,他听见里边两个人在小声说话。

"出来出来,你瞧你穿的什么?"

"把他的……"

"……"

"我想起一个故事。"

"你有正经故事?!"

"……说一对夫妻正那个,昏头晕脑的,突然门响,女的一把掀开男的说,我丈夫回来啦!男的爬起来就从后窗往外跳,把腿摔断了……"

"你……"

孟三白明白了护办室发生了什么事,觉得今晚自己是倒霉了,懊丧自己去买什么小食品,看到听到不应看到听到的事。已无心再读《西厢记》,沉沉睡去,认定这个世界所有人都在暗算自己。

不知什么时候,他被一阵哭声惊醒,睁开眼来,天是大亮了,

他以为这哭声是那女人发出的，意识到是不是自己昨晚的行为终于使 347 和那女人受到了惩罚。出来后，平房的过廊上站了许多人，原来是西头那个病室的病人在凌晨五点吐血而死了。两个护士把尸体抬上了小推车，尸体上盖着床单，那头在小推车推动时还在动，像被单包着一颗西瓜。死者的家属，可能是他的老婆吧，瘫坐在那里哭，而护士已把死者的碗、水杯、牙刷和大包小包的食品拿出来堆在窗台上。苍蝇轰轰地飞，落在过廊上站着的所有人的头上和身上，又飞向病室的门上窗上，后来全趴在小推车上，随护士的推动往太平间去了。

一个病人死去了，这么多苍蝇来送行，病人的灵魂都是苍蝇。孟三白想，或许以前所有死去的病人的鬼魂都以苍蝇的形式出来欢迎的。

"孟先生，"孟三白听见那女人在轻轻唤他。回过头来，女人就在他身后不远，脸色憔悴。

"早上好！"他问。

"不好。"

不好是应该的，孟三白从她的神色里看出昨晚医生或护士去过了她的病室。她和 347 是怎样下场呢？

"这医院待不成了。"女人说。

"怎么着？"

"在医院里永远有一种恐惧感。"

孟三白没有问昨晚的事，他看着女人，看女人被 347 吻过的左腮。女人似乎羞涩地低了一下眼皮。突然之间，孟三白觉得 347 就是他自己，是自己的上世或下世，在昨天的晚上亲吻了女人。这个早晨，在死亡病人家属的嚎哭声中，孟三白不知怎么有这么个想法，倒没了意思。昨晚去打小报告的行为，感到了自己的无聊与可耻。

"孟先生……203！让我再叫你 203 吧！"

奇迹出现了，347 从他的病室出来叫他，347 今早穿得很整齐，皮鞋也换了一双新的。

"……"孟三白一时手脚无措。

"我要出院啦!"

"出院啦?肝功能指标正常了吗?"

"一个礼拜前就正常了。"347说,"我原本还要住一段时间,昨天晚上却决定要出院了。"

"昨天晚上?"

"是的,"347说,笑笑的,"孟先生,是你昨天晚上去叫的医生吗?"

"我……"三白慌了,"你这……"

"我不怪你的,你也不怪我吧。"347说着看了一下女人,女人转身往她房间去了。

"她是个好女人。"347说。

"是个好女人。"孟三白也说。

"这是我的名片,希望出院后咱们联系……我求你一件事,你肯吗?"

"你说吧。"

"你已经把《西厢记》看了,能借给我看看吗?"

"……"

但是,孟三白没有借给347《西厢记》。

347在这个中午出院了,孟三白没有送他,而且孟三白发觉女人也没有送他。他离开了医院,去了没有患病的另一群人中。另一群人怎么看他,他怎么看另一群人,又会有什么故事发生呢?孟三白午休时突然惊醒,房间里那只苍蝇异常活跃,再读《西厢记》,吟一句"惨离情半林黄叶",听见门前石桌上那女人在对护士说:"苍蝇叮得人睡不着。"越发感觉他就是那个347,而女人房间的苍蝇却又是他,在窗前嗡嗡叫。

1997年8月30日写

晚　雨

　　三月的太阳已经暖和，天鉴回过头来的时候，脸上是一片尴尬的笑。"我这……能行吗？"一股风却无根生起，收拢了枯叶旋转远去，汩汩的流沙便埋没了一双深面起跟的皂靴。天鉴的笑越发硬了，又说一句："我能行吗？"

　　被风吹得趔趄倒地的同伙，一个俊脸的小匪，正靠了系着毛驴的那株野桃。好劲的风呀，桃树腾然黑瘦，活活的流水里花瓣混合了已浸润开来的血团，如霞云行天。小匪为从未见过的奇艳发呆，听了天鉴的问话，呸呸嘴里的飞沙，突然跪下来，一脸严肃庄重了："老爷，你行的！怎么不行呢？谁敢怀疑你不是知县呢？！"

　　天鉴看着跪倒在脚下的同伙，那一声"老爷"，陡然振作了人生的尊严，头一点动，像两把铁铲似的帽翅忽闪起来，顿时感到整个身子都要往上升。哎呀，天鉴几乎要长啸起来了，这官服在身真的从此就是老爷了吗？河的上游，那莽莽苍苍的山峦之中真的有一个竺阳城，百姓引颈翘望的新一任的知县老爷就是我了吗？天鉴抓起一把沙来，开始搓退着手上凝滞的血斑。看着小匪，俊白的还带着稚气的脸面布满了真诚，但头顶的太阳还红，河对岸的狼还在坐着，沉沉的河面上虽恢复了平静，没有了那主仆二人的尸体。唯有一截断残的芦苇很高地跌了一下，倏忽消失，而咬噬过那崖根的水波把吐出的泡沫一层一层涌到这边沙滩来了，直到脚下。天鉴用脚去踩踏，泡沫遂即破灭，没有叭叭声响，却无声无息地空寂。不知怎么，那一层无名状的疼痛又一次掠上心头了。这样的疼痛天鉴是从来没有过的。落草为寇，呼啸山林，杀过多少人，甚至砍滚脑袋了还撬开嘴巴要敲下一颗镶了金的牙，天鉴吃饭睡觉依然心平气和，而现在却觉得自己实在对不起这份冠履的主人。天鉴的目光渐渐地退了色彩,还是摘下来箍得头皮发麻的硬壳帽子,把鬓发已挽得紧紧的那个角儿又解散了。

"大哥!"俊脸的小匪叹着气,"你真的不去了?"

天鉴摇着头,脱下官服,缠了原本的素带包巾,将散在地上的碎银一把一把往怀里装,说:"兄弟,你搬那一块石板过来,蘸血写上'天鉴杀了竺阳令!'免得竺阳百姓苦等。"

小匪没有动,天鉴就去搬那石板,后襟恰挂在一桩毛柳根茬上,他搬了石板要走,走不动。"兄弟,是屈死鬼要作祟了!吥吥,天鉴是不该杀你的,可你为何要是县令呢?天鉴拿这些银子是要给你刻个本身造座坟的,你还不饶吗?兄弟,你也唾一口吧,朝天唾唾,这死鬼就不纠缠了!"一用劲,嗤啦一声,半个后襟留在毛柳根茬上,天鉴连人带石板窝在浅水沙里。

"大哥……"小匪又一次叹气了。

天鉴回过头睐,已经发现了挂着破布的毛柳根茬,却还是说:"真是死鬼作祟哩!你瞧瞧那狼还在卧着,这恶物一定鬼魂附体了,它什么都看见了,什么都知道的。"

这是一条向西倒流的河。当他们得手的时候,一举头就发现了河的对岸有一只狼。狼毛纯白,一动不动地朝这边看着。天鉴担心狼会泅水扑过来,提了板刀准备着,但狼没有过来。而他们大声呐喊,甩石头掷打过去,狼并未惧怕离去。隔着一条河,两厢无碍,小匪已经忘却狼的存在了,听了天鉴的提起,他也懒得去看,只想要给天鉴说话。

小匪说:"大哥,人骂咱是土匪强盗,你也觉得做那官人不配吗?"

天鉴说:"不是。"

小匪说:"大哥,你是觉得咱野惯了的人不会治理吗?"

天鉴说:"不是。"

小匪说:"大哥,你这也不是那也不是,官服已经穿上了,为什么就不去做呢?为匪为盗快活是快活,可哪里有人的光明正大?咱

是杀了那一主一仆,杀了人为的是从此不再杀人,咱改邪归正也不行吗?!"

天鉴的后背明显地痉挛了,要拧过头来,却没有拧过来,还是盯着河对岸的那只狼。小匪终于垂下眼皮,目光落在了插在沙中的那柄板刀,刀上的血并没有凝固,有一注正沿了刃口黏腻腻如蚯蚓往下蠕移,他的眼中已有两颗泪出来了。

小匪说:"我知道了,大哥!你是担心这件事有一日会败露吗?!"

天鉴回过身来,盯住了小匪。

小匪说:"兄弟比你年幼,知人阅世不多,可兄弟知道在这个尘世上唯有当官才能活出你想活的人来!大哥你有这个能耐,大哥就应该去。今天这宗事,天地知道天地不言;鬼魂狰狞鬼魂说不了人语;说话的只有你我。你到了县衙只要不醉酒,没有可担心的。兄弟这一条命十五岁起被你捡起,虽然有口,也会给你守口如瓶,保你成功的!"说毕,一把抓了板刀,就那么跪着,猛地把颈抹了。

天鉴急扑过来,一颗头已骨碌碌滚在沙窝,那半截身子还在跪着。

一切都发生得突如其来,头脑已经昏然的天鉴刹那间被惊呆了,趴在沙滩上,如木如石,一句话也说不出来了。今日的中午,当他们躲在草丛里眼看着太阳已经老高,还没有一个行人经过,两人就烦得大骂起来,发狠今日要是得手,一定要到山下的镇上啃他一个熟猪头,喝个烂醉,睡一大觉起来了再往州城的局子中去。这个兄弟,甚至还提到去烟花楼,要补偿这半日的难熬罪过。偏这时,猎物出现了,一看见毛驴后的人挑了沉甸甸的担子,兄弟就跳将出去,横刀断路。谁能想到来的竟是竺阳县令,且晃了官帽以势震吓,痛骂土匪强盗胆大妄为。

不晃那官帽还罢,晃了官帽两人心里都陡地闪动了。兄弟笑道:"大哥,这县令好威风,咱抢他干甚?竺阳县是新设的边远小县,你何不充了他走马上任?!"原本是不杀人的,得些财物便了。既然如此,就立逼着县令通告名姓年龄、籍贯身世,一刀戮了。而到了现在,兄弟也死了,多么好的兄弟!十五岁与他天鉴同伙,逛野山、入荒林、风高月黑打家劫舍、身手捷快的兄弟,就从此再没有了吗?入局中呼红叫绿的赌掷兄弟呢?串巢窝、闯勾栏、插科打诨的兄弟呢?天鉴要做官,才一要做,就得死了那主仆二人,还要死一个兄弟吗?

但天鉴到了这步田地,不得不坚定着自己,去做官了。

天鉴站起来,再一次穿上了官服,宽大而沉重的绣着团龙的长衣,使他只能耸了肩,竭力把身子挺直同时感觉到胳膊和腿僵硬麻木,脑子也疑疑惑惑:从此就是官人吗?从此踏上仕途这又会是怎样的一条路呢?天鉴突然膝盖发软,一下子坐在了沙滩上。坐下来,一切都安静了,他轻轻地捧起了兄弟的头颅,兄弟的眼睛还在睁着看他。天鉴用手淋水,轻轻地洗起头颅上的血迹,一粒一粒掏净着头颅的口里鼻里耳里的沙子。当他把干干净净的头颅和那截身子放进河里的时候,他看见河的对岸,那只毛色纯白的狼站起来,慢慢地走了。

"兄弟,兄弟……"

天鉴抓起板刀,重重地抛进河中去了。他在沙滩上磕下了三个响头,一个响头给他忠诚的兄弟,两个给了那一主一仆。随后,一步步走近野桃树,解下了毛驴的缰绳,同时也折下了一根桃枝。桃枝可以驱赶邪气,他挥舞着,也驱赶着心里的卑微和胆怯。

离开了白沙黑石的西流河滩,天鉴真正是新上任的竺阳令了。翌日午时到了城南十里,早有县丞、观察、吏目、巡检及一帮地方豪绅在那里等候了三日。当下官轿接了,前面是"肃静""回避"两面宣牌,两边是数十人齐摇铃杵。日落云生,入了城门,进了衙内。接连三天三夜宴席,揖拜和络绎不绝的送礼恭贺。天鉴想,这套官服在身,果然没人敢怀疑我的来路,一颗惶恐之心安妥,手也有地方放了,脚也有地方放了,便将塞得满了一个小屋的老酒陈醋、丝绸布帛、古董字画以及山货土产,一净儿赏了衙内大小公干,赢得上下叫好,一片欢呼。

名家作品精选

　　一日，天鉴起得特早。天鉴是没有贪睡的习惯的。知县的卧床是棕丝编织，天鉴睡得腰疼，尤其那团花枕头枕着太热，第三日就捡了一页砖来享用，眼里才退了红丝。街上的巡更敲了第四遍木梆，他便醒了，醒来迷糊中以为还在山神庙的香案下，伸脚就蹬他的兄弟，蹬空了，方清白事体，无声地笑了。环顾着偌大房间，明了那一块泛着白光的方块是纸糊的窗户，却又觉得那是卧着的白狼模样，立即翻身坐起，点了灯檠，看着挂在胸前的桃木棒槌将心慢慢静定。这样的幻觉，天鉴已有几次了，总感到那只白狼在看着他，他只有将那根桃枝削成小小的棒槌戴在衣内的胸前，甚或在衙堂上也时不时按按胸衣。正是这种幻觉的产生，天鉴越发不敢贪睡，披衣起来要看公文典章。弃邪了归正，有心立身立德，做一番政绩，熟悉官场事务，掌握仕途行情，成了他火急火燎之事。但天鉴字识得不多，看那些公文典章不到一个时辰就要分神，视满纸上蚂蚁爬动，骂一声娘，便独自踅出后院，走到衙门口外去了。

　　竺阳城实在不能算城，没有护城河沟，也没有城门箭楼，一圈灌了米浆板筑而起的土墙围了，便是城里城外之分。四面是山的一个瓮底所在，仅一条横着的瘦街。那日坐轿过来，街道恰恰通过轿子，欢迎的百姓全挤在了木板门面房的石条阶上，或者门道窗口。最使天鉴不解的是城区竟在南山坡根，县衙大门端戳而出，两边砌了低矮土墙，一溜斜坡直到西流河边，使街道莫名其妙地拐一个"几"字。天下衙门朝南开，竺阳衙门却朝北开，怪不得第一任知县不到期限患一身癞疮走了，第二任竟是他天鉴轻而易举到来。天鉴一面感叹着奇异，一面却也庆幸不已了。

　　天鉴站在衙门口，那门前的漫坡高出整个街面，就一眼远眺到街的东西尽头了。此时街上的雾已经弥漫，能看得见从东头的那座石拱的小桥上灰白色的东西如潮头一般卷过来，立时整个街房就下半截虚无缥缈，如天上仙阁。那雾还在溜，天鉴就在雾里了。他响响地打个喷嚏，看不见前边三只两只游动的走狗。这雾是哪儿来的呢？是西流河上生发的，还是城后鬼子谷生发了从小拱桥下的暗洞来的？反正天鉴上任了十天，十天里天天在黎明时起雾，雾要笼罩

一个白天。天鉴问过那个跛腿的衙役,衙役说:"这雾好啊!"怎么个好法?衙役说:"老爷您一上任,竺阳人丁要旺哩!"说完倒有些脸红。再问,才知道这一带百姓有一种惯有的见识,每有浓雾整日不散,或是雨水连绵,便认作是天地发生恋情交合了。这个时候,活人就效仿天地,性欲发作,房事频繁,要借了天地选择的吉日生孕,传宗接代。

天鉴听罢就笑了,笑过之后却长长一声浩叹。在这大雾弥漫的天日里,竺阳县的人都淫浸于情爱之中,而一个堂堂的知县老爷,却独身一人在那偌大的房间冷清了。天鉴当然不能说他没有家小,他以盐希运的名分到了竺阳,在江南的那个水乡里,仍是有一个新婚不久的娇妻的。天鉴也就在那一日中午书了一封告诉已到任的家信,并亲手交给跛腿衙役让他送邮差捎回故里。那跛腿衙役还说了一句:"老爷也想妇人了!"

天鉴看了一阵,雾浓得扯不开,不禁百无聊赖,要待回转,忽隐隐有人说话,那声音就在近旁,是一个男人在叫:"王娘,你能走得快些吗?"有女人就说:"走不快的,脚缠得这么小,你又不肯牵了驴子坐。"男的说:"我哪里有驴子?有驴子就能换个老婆的,也不会求着你了。"女的说:"那你背着我。"男的不言语了,有几步脚响,复又脚步响过去,说:"这使不得的。"女的就格格笑:"我知道你不敢的!"天鉴想,这是一对什么人,头明搭早地在这里说浪话,莫非天雾之日,不三不四的男女淫情泛滥,在外野合了趁天未亮偷回不成?拿眼就往街上看,看不见人影在哪里,一低头,恰三步之外,那东边颓败矮墙的残缺处,探着了一张明艳的粉脸。天鉴冷丁一怔,身子不觉地摇晃了。在天鉴的感觉里,这女人是从矮墙那边行走,稍不经意地在残缺处一探头,看见了他,也看见了他在看她,一脸羞赧,忙缩了头去急跑。但天鉴再一次看时,女人竟没有缩头,倒吟吟地冲他一个笑了。

天鉴生长这般大,没有真正接近过一个女人。落草为寇的岁月里,他最企盼有一日在荒山野岭遇见一个女人。但一次掀翻了一顶小轿,满以为可以掠得金银财宝,一提那一团丝绸,里边竟滚出一

个粉黛来。那粉黛并没有吓得昏死，也没有破口大骂，只是两只杏眼光光地盯着天鉴，天鉴就无措了。他不知怎么受不了那眼光，抽身就跑，连到手的财物也全丢脱。俊脸的兄弟那时就戏谑过他："大哥究竟是要招安的！"

现在的天鉴不是招安，而是主动入了官场，是赫赫的一县之长了，见女人不免还是发窘。天鉴咳嗽了一下，稳了心，第一回盯住了女人。

天鉴说："你……"

天鉴没说下去。该怎么说呢？说：那荒草地里的露水打湿了鞋吗？也打湿了裤带吗？光油油的头是在城外抹了唾沫重梳的吧？还插了一朵花儿，雾这么大还要给谁看呢？又是随手扯了哪家篱笆上的蔷薇呢？这些天鉴说不出口，但在天鉴的眼里，竺阳县的风俗当然不能说不对，要禁止，而天雾天雨之日是夫妇做爱良日，难道也允许无序淫乱吗？知县的职责第一便是教化百姓，宣朝廷之德化以移风易俗，孝子节妇当以表彰，伤风败俗则要革面洗心啊！可女人却说："你是知县老爷吗？"

一句话倒将天鉴噎住了，傻眼看着女人双手攀了残缺处要让身子更高出些，上墙太糟，攀了几攀没攀上来。

女人说："你就是知县老爷！那日进城我看见过你的，有一个火绳扔到你身上，吓了你一跳的，那就是我，我认识你了！"

是有这么回事。天鉴的轿才进城，正好是山的窄道，没有房舍，百姓一层一层挤坐在山坡的塄坎上看热闹。天鉴揭了轿帘往上一瞧，瞧着的全是脚，就觉得这城不像个城，而这里的百姓令他喜爱了。刚到了有门面房的街口，一个女的在人窝里挤，挤出来了，一手举了大红炮竹在半空，一手提了火绳往捻子上点，身子就后仰如弓，浑身颤颤地几次点不着，好容易点燃了，四旁人喊："往天上甩！"女的甩出去的竟是火绳，绳落在知县老爷的身上，炮竹在女的手里爆响了。如果这女人真是放炮竹的女的，天鉴心里生了可怜。但是，一个妇道人家，既然知道面前的是知县老爷，敢这么露脸儿直向，天鉴倒觉得深山野沟的竺阳女子不如山外女人有礼教的。

"你不认得我了?"女人见天鉴没有反应,似乎有些失望。"老爷怎么还能记得我呢?"又一阵脚步声,那男人的声音又在问了:"王娘,你在和谁说话?"女人仄头招手道:"快来,快来,是知县老爷!"残缺口果然冒出一个光脑袋,一瞧见天鉴,扑通一下便没有了。女人说:"隔着墙,你给老爷磕头还是给墙根磕头?!"就格格爆笑。

天鉴说:"放肆!"

笑声禁了,男人和女人的头都瓮在残缺口。这是两个美丑分明的头脸,女人怎么就钟情于这样的男人呢?天鉴唬了脸问道:"你们是什么人?一男一女夜不归宿干什么去了!"

"回禀老爷,"男人再跪下去,跪下去了看不见老爷复又站起,"我们不是强盗偷贼,雾这么大的,也不敢有苟且之事。小民叫疙瘩,这女子叫王娘,以前只是认识并未往来。今日是老娘过世三年忌日,我对不起老娘,一直穷得没能娶下老婆,为了让老娘在天之灵安妥,也为了过三年忌日像个祭奠的样子,我十个铜板请了王娘来装扮我的老婆去家哭灵,没想就遇着老爷了。"

天鉴问女人:"真有这事?"

女人说:"可不,我什么都干过,替人哭灵还是第一回的。"女人手举起来,果然拿着一套孝衣孝帽,再说,"不是人家老婆却去装扮老婆,老爷要看我不是良家妇女了!"

天鉴在寒雾里几乎要叫起来了,他震惊在这么个地方竟会有这么个孝子;而这样的孝子却苦于贫穷娶不下个老婆,作为一县之长应该面无颜色。可他天鉴,倒想到的是苟且之事!天鉴检点自己,明白了如此错怪了这男女,全是雾天雾地的天日里他内心深处的一种妒意的结果。于是脸上活泛开来,放柔了声音对女人说:"你被请去哭灵,昨日晚上就应该去哭一场的。"女人说:"我当然哭过了,可我总不是他的老婆,哭罢了就睡在他的炕上吗?"天鉴说:"今早要去,既是哭灵,就不要嘻嘻哈哈,搽脂抹粉的像个哭灵的吗?"女人说:"知县老爷还管这些?我哪里搽脂抹粉了?!"男人说:"回禀老爷,王娘天生的这好颜色。"天鉴叫道:活该的天生丽质!但这叫

声没出口,长长地呼气了:"你能替人哭灵是好,可怎么就肯为人去做替身哭灵呢?"女人说:"不瞒老爷,我卖笑也卖哭,只要谁肯出钱呀!"天鉴问道:"你是谁家女子或谁家妇人?为何干这些营生?"女人说:"我谁家的也不是,不卖笑卖哭,竺阳城就不让我进了!说出来老爷和这位疙瘩相公不要骂我,我在灵堂上哭得伤心,一是同情疙瘩相公,也要对得起十分铜板,二便是借了他家的灵堂哭我的悁惶,谁让我就是下河人呢?!"天鉴不解了:"下河人?"男人说:"回禀老爷,老爷才来乍到自然不知晓个中原因,情况是这样的。"男人粗粗讲了一遍,天鉴才知道下河人是指从湖南方向逃难来的客户,这些客户很多,与土著人闹不到一处。竺阳划为县后,双方矛盾尤为尖锐,闹出许多械斗伤亡事故。首任知县当然维护土著人利益,也视下河人野蛮粗横,非贼即盗,就说了:凡下河人不得在平川、城镇落籍居住。男人就劝女人道:"王娘你不要嫉恨城里人,这是前老爷说过的。"天鉴听罢,骂了一句:"胡说!"男人赶忙没了身子又跪下去,在墙根那边说:"小人是胡说!"女人拿眼看着天鉴,手在下边拉男人:"老爷不是说你胡说。"天鉴当然不是骂这男人胡说,可在这男女面前能说是在骂前任知县在胡说吗?天鉴也意识到刚才自己是怎样的一脸凶恶,万不该在平民百姓面前粗声叫骂,但他无法控制久已养成的随意脾性,便看了看面前的女人,扭身要走了。

已经走回了三步,女人却又在说:"老爷,你姓盐吗?"天鉴姓韩,冒的是姓盐的知县,天鉴当然现在是盐知县了。女人又是一句:"你真是盐老爷吗?"天鉴心里咯噔了,莫非这女人瞧着他刚才的凶恶,看出破绽来了?立定脚跟回视看。女人说:"人人都在传说省巡抚大人夜里做梦,梦见皇帝驾到时大厅的西南角塌下来,正在发急,忽有一摞盐包抵住,醒来思想西南角正是竺阳方向,就四下寻找姓盐的人去任县令。老爷这可是真的?"天鉴第一次听说这事,原来自己来历不凡,既然民间如此传说,可真是要好好干一番政绩出来。但是,自己哪里就是姓盐的呢?天鉴没有回话是与不是,嘿嘿一个发笑,转身进了衙门,听见那女人还在说:"老爷,老爷……"男人说："王娘尖舌利嘴，你还要说什么呀？"女人说："老爷了不得的，我以为老爷年纪多大的，今日看得清，老爷好年轻，还没个长胡子……"话突然没有，遂听见男人说："你咬我的手？！"

　　天鉴回坐在衙里，自然又是接受了几户富裕人家送来的米酒、麝香、蜂蜜，天鉴就吩咐门禁，任何人再来恭贺一律不得入内，到任十数天了，哪有没完没了的恭贺？"他真有钱，落下名来，我……"天鉴对着跛脚衙役说了一半，挥挥手不说了。天鉴想，当年需要钱财的时候谁肯给我送过？今日这般轮番送礼，这么有钱的，哪一夜里我天鉴去显显手段，看你还来送不送？！天鉴想到得意处，身子一跃，双脚飘然落在高高的台阶之上，只惊得跛腿衙役直吐舌头。于是，一般公干小人都以为老爷进士出身，又是巡抚大人荐举擢用，堂堂正正的官人哪里像前任老爷捐纳保官，来竺阳做官生意赚钱的。每每见天鉴与县丞、巡检、观察在衙内后花园的石桌上吃茶，便都垂手远远立着。第一遍茶有土味，通常就地泼了，冲饮第二遍，天鉴就招呼衙役来喝，衙役没有不受宠若惊飞快跑来。县丞、巡检、观察就训斥衙役：接老爷赏茶为什么走没走相？衣衫不整又成何体统？天鉴却说他见不得斯斯文文人，还要问问他们所知的竺阳各村社的事情，末了便对同僚说："你们听听！"

　　衙役不知道大人物在议论何事，喝了茶，回了话，就回避到一旁，天鉴又和县丞他们论说起来。天鉴已经好几次在提说关于下河人不得入川进城落户安居之事，便有意要加以废除。县丞、巡检都摇头了，认为土著人和下河人矛盾由来已久，竺阳县虽是新设小县，但与别的县情形不同，地方冲要，事务繁重，民情疲顽。若分县为简缺、中缺、要缺、最要缺四等，竺阳县则是最要缺，要不老爷养廉银为一千六百两，比别的县多了五百两？竺阳县内的下河人多是逃犯和赤贫难民，又极结伙抱团，生性强悍，坏了许多世风。既然前任知县有了禁令，要更改不太好吧。天鉴似觉为难起来，脑子里却总闪现王娘的影子。下河人民性刁野，或许是这样，王娘不就比一般女子大胆吗？但之所以如此，也是环境所致。一个如花似玉的

明艳女子，应该是足不出屋的富贵雌儿，金屋要藏的娇，而落到卖笑卖哭，天鉴岂能不同情？天鉴也是匪盗出身，是他天鉴天生就要杀人越货吗？他申述他的道理：如果竺阳县的深山老林里没有这些下河人也就罢了，既然有，硬是不让他们到川道城镇，与土著人的矛盾就消除了吗？深山老林环境险恶，他们要活下去，必然拦路抢劫或干别的事体，与土著人矛盾只能加深，社会就越发不得安宁。况且竺阳之境，土著人如此稀少，又都近亲结婚，随处可见痴傻侏儒，禁止与下河人通婚，久而久之，土著人就别想开荒垦田了。竺阳县现在不是禁令所能治好的，而是要大量移民。这些下河人被赶到深山老林，他们能生活在那里，没有勤劳是难以活命的，可见并不都是游手好闲的痞子，譬如那个替人哭丧的……天鉴说到这里，瞧见县丞、巡检、观察的脸上都惊讶起来，就不说了。

巡检说："大人见到那王娘了？"

天鉴说："那日在衙门口听见哭声，感叹这般伤情的，问时，衙役说那不是真老婆，是雇来哭灵的。"

巡检说："我还以为老爷才到没几天，那没皮没脸的娘儿倒来寻老爷了！"

话说得难听，县丞便扯巡检的衣襟。天鉴看见了，不作理会，依然笑着说："她怎个没皮没脸了？"

巡检说："不是人家的老婆倒以老婆的名分去哭灵，这合妇道吗？竺阳如果是州城，这娘儿不得是烟花楼上的！"

天鉴说："那家男子人穷娶不下老婆，雇人哭灵这是孝举，王娘能顾及孝子有什么错呢？"

县丞说："没错没错。那娘儿长得体面这么干只让人可惜的。"

天鉴说："那还不是禁令害的？！"

巡检只低了头玩口袋掏出的那枚铜钱，听了天鉴的话，又不能发作，拧脖子看天。"连个鸟儿都没有？"花园左边的丁香树上一只野鸽子落下了，叫："咕咕！"巡检一扬手掷钱过去，没有打中，野鸽子也没惊着。

县丞遂看天鉴的脸色，天鉴站起来了，天鉴又坐下，开始笑县丞说:"今日天气真热……要下雨了,咕咕鸟也飞来了。"

天鉴说:"是吗?咕咕鸟叫得实在心烦。"一投手,茶盅飞向丁香树,野鸽子悄无声息就掉下来,然后叭的一声,茶盅在树后的围墙上碎了。

巡检惊得张大了嘴,随之面红如炭,鼻梁上已有汗珠沁出了。县丞说:"今日天是热,巡检大人,咱都把袍子解开,知县大人不会怪咱们不懂规矩。"天鉴说:"哪里话!"自个先将袍子脱了,露出胸前挂着的桃木小棒槌。

县丞说:"大人还胸戴这个,是夫人做的吗?"

天鉴说:"是师父送的。我早年跟师父学武艺,未学成,师父说你去读书吧!又怕我读书不上进,送了这桃木小棒槌,要让我记住习武不成的教训。"

县丞说:"大人这般好手段还说习武不成?活该竺阳县兴旺,逢着文武双全的知县了!大人提到的要废禁令一事,目光看得远大,我是拥护的,巡检大人如何呢?"巡检说:"那就废吧。"天鉴便说:"你们都有这个意思,那我就颁布告了。"遂通知下人备一桌饭菜,招待一干人物在衙中吃喝,特别叮嘱炖一碗野鸽子肉来下酒。这顿酒,县丞、巡检没有喝醉,天鉴竟先玉山倾倒,被跛脚的衙役背回卧房,烂醉如泥了。

这一醉,天鉴第二日才醒来。醒来见跛腿衙役正在床前打扫吐出的污秽,一把拉了衙役手,问酒醉之后他说了些什么?衙役回禀老爷是哭了几声,哭过了又是笑,并没有话说出来。天鉴一颗心放下来,才觉忘了兄弟的忠告,不该醉酒,就把恭贺送来的一件系着玉坠儿的竹扇赏了衙役,说:"以后老爷再要喝酒只是三杯,第四杯了,你就在旁用眼睛瞪我。"衙役说:"小人不敢。"天鉴说:"让你瞪你就瞪,老爷是来治理竺阳的,不是来醉酒的。"衙役说:"那何必呢,前任老爷也常是醉的。"天鉴叹了一口气,说:"我怎么能和别人比呢?我虽是老爷,可你比我年长,信得过你才对你说这话,你却不肯。"衙役当下跪了,感动得流下泪来,自此忠心不渝。

天鉴果然以后绝少饮酒,废止禁令之后,便骑了那头驴子,带

 名家作品精选

三五衙役走村过寨,查勘县情。竺阳县六山一水三分田,但田地大半为旱,天鉴就思谋修建一条贯通平川道的大水渠。有此意向,征询各村寨地方,无不欢欣雀跃,担心的却是平川道地多人少,且一家一户分散,无法在一两年内修通;且县衙能拨出大批银款吗?天鉴回到衙内,着人盘点县衙库存,根本拿不出多少钱来,而没有钱哪里招募一批苦工?天鉴夜里心烦又拿酒喝,喝到第四杯,伺候在旁的跛腿衙役拿眼瞪他,他便不喝了。衙役说:"老爷实在想喝,为何不喝喝茶呢?老爷若能喝王娘店的茶,老爷就不会再馋酒了!"天鉴说:"王娘,是那个替人哭灵的王娘吗?"衙役说:"可不就是那个下河人王娘!废了禁令,她买了东石桥左边的一间两层楼的门面开了茶店。我去招呼一声,让她拿了香茶来给老爷沏一壶尝尝。"天鉴脑子里便浮现了那一日雾晨的一幕,想王娘果真能干,才多时的就开了茶店营生,且茶的声名也扬出来了。看着跛腿衙役就要出门,突然叫道:"有了,有了!"衙役说:"我还没有去呢,老爷哪里就有香茶了?"天鉴说:"王娘是下河人,可下河人不一定都像王娘那样就有营生干的。平川道地多人少,为何不按地亩多少抽丁,无劳力者可以割地作修渠资金,那就让下河人去修嘛!下河人有的是劳力,凡修渠的可得割出的地,有地便可安居,岂不一举两得?!"衙役说:"老爷到底是老爷!我这就去唤了王娘,老爷好好喝一场。"天鉴说:"老爷没了愁闷,还喝什么呀?!"一时得意起来,对衙役讲几年之内,竺阳百姓就各有其田,田又旱涝保收,便可男耕女织,太平盛世了。

"你说说,"天鉴说,"进士出身的老爷行吗?"

衙役说:"老爷能做出惊天动地的事业!"

天鉴说:"老爷要不是进士出身呢?"

衙役说:"这……"

"这不行?"天鉴说,"不!能成大事业难道就只有科举出身的进士吗?落草为寇而弃邪归正了的人一样会建功立业!"

衙役莫名其妙地木呆了。

天鉴说:"老爷我是进士吧,更应建功立业心才安然的。"

但是，天鉴没有想到，他在为下河人废除了禁令，下河人却给他制造了种种麻烦。从深山老林到西流河两岸的平川道里，下来早的积极开垦河滩石窝地和挂坡田；下来迟的无田可耕，就于城镇设摊摆点，贩毛竹、生漆、药材、寿板，更有大量人流浪县城，每日皆发生了蒙骗拐卖以及偷盗抢劫事件。这些事件原本巡检负责，但巡检却每日只将所发生的案件呈报天鉴，天鉴知其故意推诿，给他废除禁令以难堪，气得在堂上骂道："这样的事做巡检的不管，竺阳县就用不着设巡检署！当年在……"天鉴要说的当然是当年在山林闯荡，合伙的人谁敢不齐心，一个巴掌便扇走了，但天鉴头晕脑涨，眼前又出现了白毛狼的团光，天鉴说不出来，只咻咻出气。县丞不知下文，忙喝退了左右下人，悄声说："大人可不敢这般说。你虽是知县，谁都可以提升免降，而巡检是不能得罪的。"天鉴说："我奈何不了，我可以上报州府罢黜他！"县丞说："大人不知，前任知事为甚任期不满就走了，明里是他有病，但与巡检合不来也是原因，巡检是知府夫人的表弟。"天鉴无言以对，县丞又说："大人正直实在不易，可大人为官多年你也是知道的，官场就是这样。"天鉴看着县丞，直使那一双小而漆黑的眼睛不敢与他对视了。天鉴突然冷笑起来："这就是官场？"一扭头，将一口浓痰呸地吐出，直穿过桌子上空，飞溅到大堂的红漆木柱上。县丞愣了一愣，忙过去脱了鞋，用鞋底擦了，说："大人，我知道你为了县事生气，你不拘小节在别的地方没事，在这小县，衙里一班公干都是势利嚣浮之徒，让他们看见了就在外胡言乱语，不服帖起来的。"天鉴说声"毬"，但脸却红了，不自觉伸在椅子上的一只光脚就放下去塞进鞋壳里了。

自此，天鉴就注意起自己的衣着行头，每日洗脸漱口，衣帽穿戴得整整齐齐。夫人没在，又无双亲，饭食即便是糙米捞饭加一碗白菜豆腐汤，也要坐在那四方桌上用膳，尽量细嚼慢咽，不弄出些响声来。衙里衙外一班公干见知县庄重严肃，也不敢随便懈怠，天鉴便信服县丞老家伙是个油子，大凡一般出门应酬一事都要请教一番。但是，县丞几次暗示他去看看托病在家的巡检，天鉴不去，推不过了，骑驴子去走动一回。巡检家是县城的大户，后背街的一条巷子全是他家字号，看望完毕出来，天鉴只觉得自己瘦，毛驴也瘦。想，一顿饭，端菜上来的就十个丫环，席间那老太太过目一份收租清单，说西王寨某家怎么少交两担谷子，发话让去清查，厅外伺立的家丁竟应声如雷，少则也是七个八个的。巡检家这等威风，倒胜过县衙了！哼，我要是不当这个官，你巡检家的金条今晚就没了！巡检在招待天鉴的时候，用的是客厅里的一方嵌包了玉石的八仙大桌，那玉石并不甚大，但挪动时两个粗笨的丫环竟未能抬起。天鉴立即知道这桌子里的机关了：玉石下边必凿了槽子，藏匿了金条的。

走在街上，当然有人就认出知县老爷，胆小的赶忙要跑进门面里去，跑进去了又隔了门道和窗缝往出瞧看。胆壮的便立定，给老爷笑，笑很长时间，直候到他的驴子噗嗒噗嗒擦身而过。或是拦道跪倒在驴头前，呼声："给老爷请安了！"天鉴只是拂拂手往前趑行。便见一人箭一般从横巷窜出，后边紧迫的只是一女人。逃跑的人蓬头垢面，因被追得急了，一只鞋已经没有，双手却捂着一个馒头吞咬，险些撞到驴头，就站住了，转身面对追来的人，一口唾沫吐在馒头上。追赶的女人也就止步，骂道："你这强盗不得好死！上山砍柴你滚个血头羊，下河挑水你溺长江，挨砍刀的，得传症的，生娃娃没个屁眼！"天鉴在驴背上喝道："哪里泼妇，骂得这么难听？！"那男女这才发现驴背上坐的什么人。女人就跪下了，说："禀告老爷，他是强盗，我才买了一个馒头，还未吃上一口，就被他抢去了。这些下河人满城都是，东关化觉寺门口舍饭棚拥了几百号的，个个不是贼就是盗！"天鉴说："这些我知道了。好了，这个馒头老爷断定让他吃吧，一个铜子够价吗？"从怀里摸出一枚硬的丢过去，对那男的说："这馒头是你的了，吃吧。"男的狼吞虎咽，直吃得梗脖儿，吃完了，睁着白多黑少的眼珠子看天鉴。天鉴说："饱了吗？"男的说："没饱。"天鉴说："跟我来吧。"骑了驴子就走，拿眼看街两旁的铺子，就于一家店门口下得驴来，先看了看门板上红亮亮一副对联没有写字，却只用碗按在纸上画得的十四个圆圈，笑笑，喊道："掌柜的，有馒头拿出五个来吃！"

这是一间门面并不大的店铺，四张桌上有五个人正在用饭，见知县进来，慌忙抹了嘴就出去了，街上的人却围在台阶下往里看稀罕。正厅间有个偏门到后院，后院有一等人横七竖八地在草铺上闷睡，瞧见街上人往店里探头，也好奇从偏门往厅间看。天鉴不理会这些，见掌柜还没踪影，又叫了一声："掌柜的，怎不快些拿出馒头来！"柜台里的帘子闪动，便有女人一边在头上挽头发出来，一边不耐烦地说："谁呀谁呀，紧天火爆的，馒头总得蒸得熟呀！要吃五个，什么样的大肚汉？"一举头，却呀地尖叫了，手一松，挽成团饼状的乌发瀑布一般泻在后背："天呀，河水往西流，太阳也从西边出，知县老爷要吃我的饭了！"

天鉴看时，女人竟是雾晨里见过的王娘，浑身有些不自在了，起身要走，又觉不妥。正在尴尬处，女人已侧身揖手问安了。咫尺之间，尤物一腿微屈，一腿提起，弓弓窄窄的一只小脚恰恰点地，将印花围裙系着的一件桃红旗袍裹弄得了美美妙妙的弯曲。王娘说："老爷能到小店来，王娘的脸有盆子大了！"

天鉴听跛腿的衙役说，王娘开的是香茶店，现在却卖起饭菜来了？就说："王娘在这店里打工了？"

王娘说："王娘现在还打什么工?!亏得老爷废了禁令，我买了这一间两层的门面，先是卖茶，茶又不赚钱的，便兼着又卖饭又洗浆衣服了。活路多是多，店是收拾不过来，地方肮脏辱没老爷哩！"

天鉴倒高兴起来，遂问这门面房买价多少，下河人能这样办饭店客栈的有多少。王娘一一作答，从街东头到西头，说了店的字号也说了店家名姓，连谁家有一只狗三只鸡，鸡公鸡母，都清清楚楚。突然叫道："只图说话，馒头也忘取了，老爷在衙里吃人参燕窝，倒要尝尝百姓家的馒头，换个口味吗？"

天鉴说："不是我吃，给他吃。"

待吃者给王娘嗤嗤啦啦笑。

王娘疑惑了："这二流子给下河人好丢了脸面！前几日在这里白吃了一天，我让他没事干了，进山砍柴来卖，他砍是砍了，卖也是卖了。几个钱在身上就要喝酒，喝得半死不活趴在门外台阶上醉卧一晚一早，还是我用擀杖打醒来的。"说着就扯那人裤子，一扯露出

一个透肉的破洞,"瞧瞧,有那一串钱置一条裤子也够了,可他只是灌黄汤,灌不死!这馒头还给他吃?"

天鉴说:"让他吃吧,吃死了拉倒,吃不死我让他去砍柴,一天一趟,攒了钱买田置房安顿个家业,若我再在城里碰着喝酒抢人,我就把他下到牢里去死!"

待吃者浑身哆嗦起来,王娘按了他的头说:"还不谢老爷!"头在地上响了三下,王娘将五个馒头全塞给他了。王娘说:"老爷既然不吃饭,喝口淡茶吧。"便拿手巾拂桌面,返身进内双手捧一碗酽茶过来,天鉴接过茶碗,却看见窗外一只小小的飞虫落在了女人发髻的梳子上。女人刚才是乌云扑散,什么时候却又盘在头顶,插着了一把绿色的木梳呢?

天鉴品一口茶,味道自好。看女人时,那梳子上的飞虫翅已闭合,是小小的瓢虫,一个红色的上有七粒黑点的半圆硬壳。天鉴觉得这飞虫落的是地方,发上不落,衣上不落,偏在木梳上,装扮的是绿叶上的一朵妖妖的花了。

这么思想,一时心旌摇荡,似觉迷迷糊糊如在梦境。天鉴的经验里,倒是见过些女人,有丑的也有美的,但这般明艳女人还是第一回。王娘是什么原因而有了这明艳的感觉呢?偏这时,瓢虫又起飞了,小翅闪得极快,在空中盘旋了三个圈子如一个幻影,竟最后站在天鉴的鼻尖上了。一时间天鉴通身酥麻,他想伸出舌头舔了它来,但没有动,王娘却格格格地甜笑了。

这一笑,天鉴的感觉里,后偏门的人和前门口的人却无声地微笑了,猛然冷静,知道了自己的身份,就掩饰窘态地咳嗽一声。那瓢虫竟抖掉进了茶碗,忙用手去救,瓢虫已烫死了。

天鉴暗暗叹息了。王娘重换了茶碗,天鉴没有喝下去,看着已吃下三个馒头的那汉子,问这是哪里茶?

王娘说:"下河人在芦子沟垴植的茶,并没什么名声的。"

天鉴说:"喝起来好。"

王娘说:"老爷不嫌弃,就常来喝喝。"

天鉴笑笑,说五个馒头的账你记在水牌子上吧,随后来衙里讨钱是了，起身要走。王娘说："五个馒头钱值得向老爷讨？说老爷常来，那是一句话，小店哪有福分老能承接老爷呢？你今日来了，只企望老爷能补补我门口的对联吧，王娘咬不了字，画碗圈替字了。"

天鉴虽识得一些字，提笔书写却是不行，说："画碗圈好呀，开饭店就是用碗的地方，只要来竺阳的下河人都有一碗饭吃，我这知县就不枉当了！"

王娘就朝偏门口喊道："五升、高运、三柱子，听见老爷的话了吗？老爷会让你们有饭吃的，还不出来见见老爷！"偏门口探头探脑的人一听招呼，头却一下子缩了回去。但立即更多人挤在那里，有三四人前脚已踏出门栏，后边的一推，脚又收回去。

天鉴问："这是住店的吗？"

王娘说："我哪里有了客房？都是些没事干的下河人，没处去，腾了这后院让他们夜里存个身，白天就出去混口。这几个是要饭都要不来的，躲在这里发迷瞪哩！进来呀，进来，老爷是官又不是老虎，怕吃了你们？饿肚子不寻父母官，我可没多余一口饭再养你们了！"

还是没人敢出来，天鉴便走到偏门口，站在后檐根下的人就全跪下来磕头。天鉴没有说话，转身到柜台前卸下水牌，用笔写了："知县，四十个馒头。"说："王娘，七个人三十五个馒头够吗？四十个馒头钱你一定到衙里来取！这样的人别处还有吗？"王娘说："多哩。"天鉴说："你要了解，你寻个人把这样的人名字、年龄列个单儿来县衙给我，总得要想法都活下去。"

王娘锐声说："行得行得，人都说老爷是支厅的盐包老爷，果然盐青天！"就送天鉴到街上，天鉴并不回头也不回应，一脸正经骑了驴子就走。

走了，还听见王娘在和人说话。

"这就是知县老爷？老爷到你店里了？"

"你是说这老爷是假的？"

"王娘你刀子嘴！老爷到你店里了，你怎不让我见见？"

"你要给老爷磕头吗？老爷刚才在这条椅子上坐的，你先给椅子

名家作品精选

磕个头吧!"

"我向老爷告状呀,我家的三只鸡都被偷了,还不是你们那些下河人干的!"

"别猪屙的狗屙的都是下河人屙的!哪面坡上没有弯弯树?昨日逢集,我从十字街口人窝里过,人挤人地迈不开脚,我觉得有只手在我心口处揣。我以为哪个骚小伙在拾我便宜,想,小伙家没见过,揣就揣去吧,寡妇家又不是黄花闺女!可挤出人窝去买熏肉的香料,一掏怀里钱袋,没有了,狗日的人家不是在揣心口,贼,是偷了我的钱袋哩!"

天鉴统计了大约六百余名的流浪下河人,就正式发了修建平川道水渠的布告。不出所料,平川道的许多人家缺乏劳力愿意割地雇人,天鉴便亲自走村过寨,强令得到割地的下河人就地落籍,然后统一组织分段修渠。各段由各村社推举渠长,全渠总负责人为渠督,择了吉日,天鉴在衙门口摆了酒桌,亲自为渠督敬酒。渠督原是衙里的一名粮长,当下激奋,立了军令状:三个月渠修不通以脑袋抵押。天鉴说:要修通了,我赏银三百两,为你竖一块碑子。这粮长到了工地,人虽善良卖力,但乏于威严。刁野浪荡惯了的下河人因粮食不足,偷工减料,三个月后,渠里修通,而一通水则一半渠堤塌陷。天鉴得到消息,传令粮长来见,粮长是来了,却是一颗血淋淋的脑袋装在口袋里着人提来。天鉴见不得血脑袋,想起西流河畔的兄弟,于是放声大哭。巡检抱怨用人不当,下河人刁野,能震住的只能是巡检署的人。便让县西峰镇的一名心腹头目出任渠督。又是三个月,北渠还是没有修通,且修渠民工三分之一的人拉痢疾。一调查,各村庄筹集起来的银款被渠督贪污十分之三,且将所拨的麦子全倒换了玉米,还有一部分已经霉变。天鉴勃然大怒,断了渠督死罪,仍不解恨,着令将皮剥了,蒙鼓挂在城门口示众。人鼓挂在那里,刮了七天七夜风,起风鼓就响,满城公干和百姓都害怕了,说知县平日文文斯斯,下手竟如此狠毒。渠还是要修的,谁来劝说,天鉴就骂,但没人敢再出任渠督,张榜招贤,也是无人来揭。

282

天鉴也就浮躁了，夜里睡在床上，似睡非睡，眼前总是出现白的光团，又看见白毛狼的眼睛了。燃灯坐起，四堵黑墙唯一一扇窗口，用被单蒙了窗口又睡，还是在梦中见到静卧的白狼。天鉴想，是我做得太狠了，还是这渠本不该修？不修渠竺阳怎么富？下河人如何生活？知县的政绩还有什么？天鉴做得是狠了些，天鉴要不做县令，巡检也一刀砍了，荐举的什么货色，这不是成心坏我的事吗？天鉴如此想着，就每日夜半起来，可一穿上官服，浑身就发痒，这痒越来越厉害；脱了官服看时，褶缝里果然竟有许多虱子。天鉴就奇怪了，当年在山林吃的什么，睡的什么，一件不得换洗的蓝衫也不见生虱子。如今经常在瓮里沐浴热汤，穿了华美的官服倒生虱子？！天鉴就着人常洗官服，但只要一穿在身上就奇痒起来了。这一日又喊跛腿的衙役拿了官服去洗，跛腿的衙役说："这才怪了，老爷的便服上怎不生虱子？莫非虱子也要沾老爷的官气？"天鉴笑了说："它是要吸老爷的血哩！"衙役说："老爷，王娘店里也承接洗衣的，她是用苦楝木籽汤泡过，又用米汤浆的，那法子或许就灭了虱子，怎不把官服交她洗一洗试试？"天鉴说："那好，我让她来衙里取四十个馒头的钱款，她倒一直没来，你捎了钱去，把这官服也让她洗了。"衙役去后，第二日送来官服，洗浆得十分整洁，天鉴十天里不觉发痒。但十天后虱子又生了出来，衙役就让王娘定期来自取官服。

又是一日，天已转冷，天鉴在堂上断了一桩讼案，又与县丞议了一阵无人揭榜的事，就闷闷不乐回到后院卧房，才点了灯，生了一盆旺炭来烤，跛腿衙役进来说王娘来送官服了。天鉴说人呢？衙役说在门外边。天鉴低头瞧见门帘下露了一点红的鞋尖，立即正襟危坐，对衙役说："让她进来。"王娘进来了，拿了一脸平静，给老爷请安。天鉴让座。落座椅上，腿合交一起，眼就瞥了四壁，耳里逮住了一声嘤嘤清音，知道蛐蛐就在椅后墙角，没有跺脚，也口里不弄声响来。衙役说："王娘还会拘束呀？"王娘说："老伯去化觉寺烧香敢指手画脚吗？"衙役就笑笑，退出去了。衙役一走，天鉴和王娘都更不自在，王娘又听见嘤嘤清音，说："衙里还有蛐蛐？"天鉴说："衙里有蛐蛐。"说罢觉得好笑，就笑了。王娘很窘的，起身

名家作品精选

到灯檠前拔了头钗把灯捻拨亮来,说:"天晚了来,老爷不怪罪王娘吧?白日吃饭喝茶的人多,王娘抽不脱手脚,寻思明日送来,又担心明日老爷或许坐堂。"天鉴说:"劳动王娘了!"便将王娘进来时提着的竹笼盖揭了,取了折叠整齐、浆得硬平的官衣,又看见了竹笼底放有一包茶叶。天鉴说:"还带茶了吗?"王娘说:"随便捎一包的。"天鉴说:"那好,送了我就是我的,我也沏一壶茶待客王娘了!"天鉴取了壶喊衙役灌水,王娘说她去,天鉴不允,还是跑来的衙役接了壶,王娘就叮咛一定去井里取活水。取水在火盆上煮,王娘要招呼水壶,就移椅坐近火盆了。两人又没了话。王娘偶尔一举头,瞧见天鉴看她,脸上现一个无声的笑。天鉴以前见过王娘大笑,格格嘿嘿地摇荡人,但还没见过王娘这般无声地笑。她颧骨不高而大,脸丰满如盘,无声笑时嘴角便有微微细痕显出颧部,略小点的眼睛搭配着,是一副佛样的慈眉善眼。天鉴说:"王娘是用苦楝木籽汤浆的官服吗?穿着十天不痒的。"说过了,脸红起来,想王娘洗涤时一定发现官服里的褶缝有虱子了。王娘说:"是用苦楝木籽汤,虱子一闻到那味就死了。"天鉴脸更烧,用手去揭壶盖看水开了没,水还在响,响水不开。王娘忙去调火,不想壶竟灼了,水倾在火炭上,"噗"地腾一片水汽和灰。天鉴说没事没事,身子一扬,一只脚退了鞋屈踏在床沿上,脸上很硬地笑笑,说:"官服上倒生虱子,王娘觉得知县不像个知县了吧?"王娘说:"怎么不是个知县了呢?"天鉴嘲讽地说:"坐在衙堂上的才是知县,而官服里却有虱子,现在不穿官服了,这个样子坐在床沿,王娘眼里见着的就不是知县了。"王娘说:"那知县眼里看见王娘不叩头下跪,又弄倒了水,迷了老爷一脸灰,也就不是百姓了吧。"天鉴就笑起,王娘看见天鉴笑,自己也笑起了。

这一笑,天鉴觉得自己到任后第一次这么自在了。他奇怪半年来克己复礼的那一套架势怎么今日一到王娘面前就放下了?天鉴突然萌生了一种什么缘分的怪念头,是和这女人有缘分吗?为什么几次与她很奇妙地相见?几十年地喝茶穿衣,偏偏真觉得她的茶对口味而华美的官服就要生虱子?但是,一个堂堂的知县与一个开小店

284

的下河人寡妇的缘分?！天鉴定眼看一看有白狼的影子没有，没有，仍怀疑自己早年山林的习性又犯了。做了冒名顶替的官人，要改变自己的命运，要建立自己的功业，旧日的习性万不得流露出一丝半毫。天鉴在西流河畔第一次穿上官服起就没有思想准备，半年来，做官是多么不习惯啊。他不知晓别人当官是怎么个当法，而他却也说不清见了王娘自己怎么就不一样起来。天鉴在刹那间提醒自己不能在每一个下民面前暴露了非官人的形象而坏大事，却无法抗拒他对面前这女人的好感。

天鉴终于抬起头来，大胆地盯着面前的女人，女人竟在他的目光里迟疑之后一脸的羞涩。这里天鉴吃不透了这个女人，在稠人广众之中口齿尖锐的王娘却是这么安稳柔顺，脸色绯红，一双耳朵也赤彤透亮了。如果王娘还如前几次一样尖舌利嘴，天鉴倒习惯了这性格，或许什么也没有了，而王娘这一副状态，倒是天鉴才自在了起来又不自在了。

水壶的水开了，王娘沏茶，热茶下肚，两人都热起来。王娘起身去推开了床边的那页窗扇，才坐下来，又去关闭了那页窗扇，不让凉风直吹到天鉴身上，而将朝着她的那页窗扇推开了。

这一细小的动作，天鉴又一次感受到了这女人的细心与体贴，默默享受了关切的幸福，默默感谢着她，而同时一股无名的忧愁袭上心头，长长地叹息了。

"老爷心情不好吗?"王娘说。

"还好。"天鉴说。

"老爷气色不好，一定是心情不好。"王娘说，"竺阳县大小的官人都是当地人，有家有眷的，唯老爷家在南方，怎不搬了家眷也来竺阳？是夫人看不中这边城小县，还是老爷在南方有个金屋特意藏娇？"

天鉴该怎么说呢？天鉴笑笑，却问："你是以为我太残忍了吗？"

王娘说："哪里，老爷不带家眷自有老爷的想法，怎么能是残忍呢？"

天鉴说："是残忍，好多人都说我残忍。"

王娘说:"那是说你杀了渠督,还剥皮蒙鼓……"

天鉴说:"是吗?所以现在张榜招贤好多天没人出头了。"

王娘说:"我说老爷心情不好,果然老爷愁着竺阳县的事了!可话说回来,也犯不着愁,什么事都可能让人尴尬,就像这么好的官服生了虱子一样的。老爷不嫌,容我多说了,外边说老爷不该剥皮蒙鼓,杀人越货的匪盗也不这么干的,老爷怎么能与匪盗并提呢?这都是巡检大人的家人四处散布的。这等恶人甭说剥皮,让全县人熬得喝了人肉汤也是罪有应得的。现在不是没人出头督工,督工都是有身份的,这些有身份的害怕了,而不害怕的也有能力的却人物卑微,哪里又敢出头呢?"

天鉴说:"怎么不能出头!什么官人还都不是平头百姓干出来的?!"

王娘说:"老爷这么说,我倒荐举一个人来。"

天鉴说:"谁?"

王娘说:"要说这人老爷也是认得的。"

天鉴说:"我还认得?"

王娘说:"还记得那早晨我去哭灵吗?就是那个讨不起老婆的严疙瘩。自那以后他常来谢我,我知道他的根根底底,为人正直,又极能干,前日来店里送我一斤金针菜。说起这事,他说老爷就是不用他,老爷用的渠督第一个忠心却无能,第二个凶狠却不懂农事。他去渠上看了,之所以一通水渠就毁了,是那十五里处渠修的不是地方,如果是别的地方,那红土层可以凿窑打墙,土的立身好,而竺阳县的红土层立身软,水一泡就糊了。要是他做渠督,渠道往北改半里,那里尽是白土层,土质硬得很哩。"

天鉴听罢,喜形于色,一抱拳说道:"本县这得谢你了,你能明日一早去找那个严疙瘩来找我吗?"

王娘见天鉴为她抱拳行礼,慌忙就跪下了。

天鉴说:"王娘,你这阵是个百姓了!"

王娘说:"老爷,你这阵也是个老爷了!"

起用了严疙瘩为渠督,几乎有一半的渠址重新勘定,实行十人一班的互相监督,工程进展颇为顺利。天鉴察看过三次,严疙瘩身体力行,除了跑动督工外,自己也跪在乱石窝里搬动石头,以致膝盖上结了厚厚的茧。最厉害是一次指挥用禾草烧崖、冷水激炸之法开采石料时摔过一跤,右腿伤转为连疮腿,还叫人用滑竿抬着在工地督阵。天鉴极是感动,着人送一小坛深藏百年的老酒奖赏严疙瘩,严疙瘩不敢独喝,召集了全渠的下河人和土著人,将坛酒全部倒在一个清水小泉,每人用盅子舀喝一口,酒真正成了水酒,淡而无味,但人人感动得流下热泪。

终于选准了一个严渠督,虽然众多头面人物表示怀疑,要看最后的笑话。天鉴心却是松下来了,一面派衙役去渠地上收集抬断了的木杠,穿烂了的草鞋,一日一堆展览在衙门口让城里人都知道修渠的辛苦;一面捐收粮食、肉类、菜蔬和衣物给修渠供养。天鉴忙里偷闲也要往王娘的小店去。天鉴进店从不吃饭,只是品茶,品得已上了瘾,平日带一班衙役去四乡察看农桑,也还要拿王娘店里的一色茶叶去夜里熬喝。

此一日住在山寨的木楼上,打开茶包,先捏了一瓣嚼在口里,却发现茶上有一根淡黄的头发。王娘的头发不是黑如漆色,愈长愈泛了淡黄。那头发如果长在黑脸的女人头上,样子并不甚好,但王娘皮肤白皙,这一头密而蓬的淡黄淡黄,显得有了另一番标致。天鉴猜想她之所以明艳,是在这胖而不肥的白净皮肤,飘逸的淡黄长发,星子般的眼和开口便笑露出的洁而齐的碎牙吗?这根头发很长,是盘绕了一团在茶叶上的,分明不是无意的掉落,天鉴就把头发放在手心看得如痴如醉,后又装入贴身处的口袋里,品了一夜的茶味。衙役在隔壁房间打鼾,楼下的主人一家三口灯熄了叽叽咕咕说了一阵话,后来小儿喃喃,女人在尿桶里空洞地撒尿。天鉴就想起了他这一生所知所遇,王娘是对他最好的了。县衙的事务繁多,王娘却使他魂缠梦绕,一静下来无时不在思念,感激上苍让他得手成功。若说是做了一回官人,不如说更使他结识了王娘。一生从未经验对待女人的天鉴,明白了世上的女人要么是菩萨要么是魔鬼,而王娘

却是菩萨和魔鬼合作的杰作,她烈起来是一堆火,烤手炙肉,连县丞也说她"天生的歌舞伎坯子,可惜她不懂歌舞,要不她到京华地面也要名垂一时的"。但县丞哪里知道她柔起来又是水一样的清纯可怜呢?

天鉴一时思绪飞动,浑身燥热,习惯了屏息闭目在眼前的图像中寻找王娘形象,相信他在思想着王娘的时候,王娘也会同时思念他的。记得上一次去小店,他假装无意地说出夜里做了一梦,他正在西流河的北岸,忽发现河面桥上走着王娘,王娘衣裙飘动,那印着浅白花纹的软裤风鼓得圆圆,裤管用白丝带子束了,下是一双小而精巧的鞋脚,样子美妙可人。他纳闷王娘一人怎么在这里,连喊三声,王娘却不理也不回头,醒来后竟迷惑是在做梦还是现实。就问王娘是不是去过西流河岸。王娘笑着说:"这才怪了,我怎么也做梦是在西流河的桥面上,明明看见你领了一班人在岸上走,喊你你不应;还以为老爷在外是知县老爷,要保持官家威严,哪里肯与一个贱民女子搭话呢?"两人说罢,就都不言语了。而在今晚的山寨木楼上,天鉴终究没有在屏息闭目中看到王娘的形象,但却听到了楼柱上爬行的一溜蚂蚁的步伐声,听到了楼窗台那盆月季开花时的歌唱声……终于在三更或者四更,并未脱衣褪靴而偎坐在那里睡着了。

一阵吵闹惊醒了他,有嚣杂人语和咚咚脚步,一个声音就在楼下轻唤:"老爷!老爷!"天鉴揉眼走到楼栏处,站在楼下的是自己的衙役,满头大汗,一脸喜悦,说:"老爷,有稀罕景哩!"天鉴问:"深山老林有什么稀罕景,又是见了双头蛇还是一棵九种不同叶子的老树?"衙役说:"是豹子把牛抵死了,不,是牛把豹子抵死了!"

衙役带了天鉴往山寨口去,那里拥了一堆人,有哭的有笑的,有主张杀肉剥皮,有提议凿穴掩埋。有一声说:"老爷来了,让老爷瞧瞧,竺阳县的牛都是为老爷忠心耿耿!"人们就让开道,天鉴近去一看,在一石堰前,满地的豹毛和牛毛,血迹斑斑,如零落红榴,一只白毛黄斑的金钱土豹靠着堰,后腿立起,前爪伸空,龇牙咧嘴僵死在那里。而直对着土豹腹部是一头黄牛低着头颅,牛四蹄斜蹬,背拱若弓,双目圆睁,也在那里死了。不由分说,这是昨晚里,土豹窜到山寨,而寨里的牛与之搏斗,夜深人静无人知晓,两个巨物不知斗了多少回合,势均力敌,最后牛终于将豹抵到了堰根,直到把它抵死。但是,抵死了豹,牛却并不知道豹死,它不敢松一口劲,所以在整整的一个夜里一直那么不动姿势地用力而累死了。天鉴大受感动,没想到牛这么勇敢和忠诚!人们上去抬下了死牛,它还保持着搏斗的姿态。人们齐声叫嚷这牛不在前日夜里抵死土豹,也不在明日夜里抵死土豹,偏在知县大人夜宿山寨时献身而死,这是知县英明治县的精神感天撼地的结果,而知县能在牛死后亲眼看到,也是牛死得其所了。当下,人们抬了牛,在牛主人的长哭短泣中掘坑掩埋了,便动手宰杀了土豹要给天鉴享用,又坚持送豹皮给老爷。天鉴并不推辞,一一接收了,天鉴对于豹肉并无多大兴趣,熬煮一锅让衙役放开了肚皮,那豹皮他却第一个想到一个人。

熟好的豹皮铺在了王娘的四六土炕上,天鉴像干了一件最得意的大事一样心情舒畅。天鉴先是担心王娘不肯接纳,因为他每每喝茶和洗涤官服后付银款时,王娘怎么也不肯收,说老爷把王娘看扁了,王娘虽穷,又是生意人,王娘并不喜欢钱,她只干她乐意干的事。要不,能有几个钱就肯去当假老婆,当众一把鼻涕一把泪叫人家娘长爹短呢?就肯让那么多下河人住在自己窄小的后院?天鉴更怕送了豹皮,王娘要以为天鉴是王娘待他好而他才回送的,或是送些东西才要诱惑着与她再好,把一场感情全变成物价了。但是,王娘接住豹皮,没一句推辞,当下抱在怀里,连声说有这豹皮作褥夜里就不感到寒冷了。她并当着他的面数起豹皮上的黄金斑点,说:"金钱豹,金钱豹,王娘夜夜要做金钱梦了!"自此后的每个夜晚,天鉴办理完了公事独自安眠,一躺下就想起这张金钱豹皮了,幻想一个怎样的脱得一丝不挂的女人在豹皮上。或者说,是这明艳的裸体的女人骑在了凶猛的金钱豹身上,那是一幅多么奇丽绝伦的图画呢?菩萨与魔鬼精心合作的女人,才能制服这凶猛之兽吧!于是,在万籁俱静并无他人的床上,天鉴放诞了自己旧日习性,一时竟觉得自己就是那一头金钱土豹了。

名家作品精选

做了如此幻想的知县天鉴,他为他得到豹皮又顺利交纳于王娘的喜悦而增加在事业上的自信力,更膨胀了要干一番大事的雄心。也可以说,在他初见王娘就有了这种感觉,但那时并没有想到日后能与这个女人这般熟识。这件事后,他精神焕发,没有了来路不正和不懂官务的自卑和胆怯,好久好久也就未看见过白狼的光团了。毫无疑问,天鉴不止一次地对自己,也对着衙里人说,严疙瘩督渠一定不会如前两次一样没有结局,就通知手下,找最好的石匠开始凿碑,以等渠道通水便立碑修亭于县城最中心的十字路口。县丞劝他:"老爷敢肯定渠就能修好吗?"他说:"肯定的,我有预感!"

果然三个月后,水渠通水,大功告成。但竖有碑子的八角大亭还没有造好。天鉴亲自为严疙瘩披红戴花。他骑一头毛驴,严疙瘩也骑一头毛驴,一前一后走遍县城的长街短巷。而且放出了话,要在八角大亭修好之前,他要擢升严疙瘩。消息传开,满城风雨,人人都在议论着知县老爷要擢升严疙瘩个什么官份儿。

已经是一个深夜,县丞来找天鉴,悄声说:"大人,有人私下议论你要免了巡检让严疙瘩补缺儿。咱衙里的下人都是长舌男,尽会无风就是雨,知道巡检大人与你不洽,就拨弄是非。这怎么可能呢?这不是更让巡检和大人置气吗?我狠狠训斥了一番,说谁再胡说八道,就抽谁的舌头!"

天鉴没有言语,却把舌头长长吐出来,说:"你把我舌头先抽了吧!"

县丞说:"大人,你……"

天鉴说:"这话是我说的,我正要听听你的意思呢。"

县丞说:"严疙瘩是有功当然擢升,他什么职儿都可以任,免巡检怎么行呢?听说巡检已经逮了风声,在家大骂大人,又上书给州里了。"

天鉴说:"他不是有病吗?我去看过他几次,都病重得躺床呻吟。既然病成那样,巡检的职位总不能空缺着没人理呀!"

县丞说:"巡检与大人有隙就故意称病不干,实在是太放肆了。可巡检家大业大,水深着呢,何必得罪他呢?"

天鉴说："他水深怎不就当了知县？我既是一县之长，褒良除奸也是我的职责。你今日来是从巡检那儿才过来吗？"

县丞从座椅上站起来，满脸出了汗，说："一县之政，大人当然无所不管，管无不算的，我也是为了大人着想，才这么说的。"

天鉴笑了："好吧，你的话我知道了。"

县丞的话并没有引起天鉴重视。天鉴知道县丞熟于官场，却为人性软，或许是巡检逮住风声托他来说情的，或许他只是这也怕那也怕来探他口气，心中有底了，以免不罢黜巡检而得罪了巡检，又以免真罢黜了巡检又得罪了他。但是，天鉴万万没有想到竟在三四天之内，吏目来为巡检说情，督学来为巡检说情，那些富户豪绅以及化觉寺的住持也来说情。虽没有县丞那样直言明说，而拐弯抹角先赞誉知县明镜高悬，爱民如子，所办几件大事功德无量，要青史长存。接着就说巡检大人多么熟悉公务，又耿直廉洁，虽然性情高傲一些，但要巡境治安也必须有一个威严之人才能镇住。他待一般人有些不恭，那也有情可原，因为整日从事的与盗贼打交道也就养成了那一副冷脸儿。紧接着，一面是各边镇的巡庭小头目接二连三捎来一些山货特产、狐貂皮革、瓷器、补药之类，说是他们在下边收集或猎取的，原自个享用，巡检大人去见了大发雷霆：竺阳是小县，这么些好东西知县大人都没有你们倒享受了？！他们想想，也是，就不敢私用，贡献于父母官了。一方面，州里师爷，州巡检，以及邻县的同僚，纷纷来函向他致安，末了总附上一句：竺阳巡检是我旧知，转致问候。

天鉴为难了。事情还没有个头绪，擢升严疙瘩仅仅只是透了个口风，竟惹得满州满县不安生了。想，愈是这样我天鉴愈是要干。知县是干什么的？知县就是掌管教化百姓、听讼断狱、劝民农耕、征税纳粮、户口编籍、修桥铺路、教育祭祀的。上任以来，干哪一宗事巡检配合了知县而尽职尽责？！天鉴咬紧了牙，通知衙役门卒，凡是再有人来说情一律堵绝，任何人所送东西一概不收，且落下来人来物的清单，追查深究。通知下去了，天鉴却瘫在大堂椅上立不起身，他觉得衙堂的柱子旋转起来，衙堂门口的石阶也立了起来，

名家作品精选

就有一团白光出现,又是那白毛狼的形象了。天鉴用手去抓桃木小棒槌,渐渐消了浮躁,想自己是不是看错了巡检呢?难道上任以来,巡检与自己不合,自己真有了成见而埋没了他的功绩?如果真是巡检有关系在州里,那自己的仕途能顺当吗?以杀了两个无辜而换得的这个身份,未完成自己的夙愿就夭折了吗?那西流河岸上为了大事大业自杀身亡的小兄弟就那么白白死了吗?天鉴又着人收回通知。收回了通知,天鉴心又不甘,如此放过了巡检,让这样的人继续在任上,往后又怎么与他一心一意治理竺阳啊?!冒名顶替的心底并不实在的知县天鉴,他不敢出了竺阳到处走动,他没有州里和邻县甚至竺阳县的根根葛葛的网络,可怜他只是独坐犯愁,将一脑袋的头发搓得一落一层。

天鉴终于病倒了。

第一个得知天鉴病倒的是衙中厨子。中午做好的饭菜端上来又原封不动地端下去。老爷躺在床上,双目失神,面如土色,只说想喝莲子汤。莲子汤煎好了,勉强喝下。厨子说:"老爷要不要看郎中?"老爷摇摇头。厨子又说:"老爷还想吃些什么?"老爷再摇摇头。厨子又说:"那老爷好好睡一觉。"就替老爷拉展了被子,把枕头塞在脖子下时,老爷示意把床下纸包的东西拿上来。纸包挺沉,厨子以为是装金银的匣子,不敢多嘴,看着老爷枕上了就退出门。天鉴也想,我实在是精疲力竭了,好好睡一觉吧。才觉迷迷糊糊,听见有人叩门,问谁,进来的是县丞。县丞说:"大人病了?"天鉴说:"有些不舒服。"县丞说:"没看郎中吗?"天鉴说:"不用的,喝了一碗莲子汤睡一觉就好了。"县丞说:"你是太累了,要好好睡一觉。若想吃什么喝什么,你说一声,我给你办就是了。"天鉴:"多谢你了。"县丞走后,吏目就来了,说:"听说大人病了?"天鉴说:"浑身没一丝力气。"吏目说:"那我请了郎中来!"天鉴说:"用不着看郎中的。"吏目说:"那你想吃些什么吗?"天鉴说:"不想的,只想睡的。"吏目说:"好好休息才是。"无限同情地长叹一声退出去了。天鉴闭上眼睛,全身开始放松,一时就觉得双腿消失了,接着双手也消失了。正似睡非睡,又听见门口有窸窣之声,遂听着有

轻声问:"老爷!老爷!"天鉴睁开眼来,看见是跛腿的衙役,衙役说:"老爷你真的病了?"眼睛就红红的。天鉴说:"吃五谷得六病,也没大问题。"衙役说:"你想吃什么吗?我那老婆能做胡辣汤的,我回家去做一碗吧!"天鉴说:"啥也没胃口的,我只困得厉害。"衙役说:"你睡吧,睡吧,百病多歇着就会好的,那我走啦。"就走了。衙役一走,接连不断地来的是衙里上上下下官人公干。直到傍晚,来的人更多,是观察,是都头,是学督,是富户张廉、韩涛、李其明,是十几里外的村长,也有巡检署的各等人物。来了都不一起来,一起来留给知县的印象不深,每次单个来以示关心,照常是病得怎样?还想吃什么?天鉴照常是没什么,不想吃什么。来人就说你要好好休息,有病不敢累的,就走了。直折腾到了多半夜,天鉴想睡睡不成,病越发重了。待到听说老爷病了,急急赶来探视的严疙瘩刚一进门,天鉴从床上坐起来破口大骂:"这都是采索我的命吗?谁来了都说让我好好歇着,可一个接一个地来,我怎么歇着?出去!出去!"严疙瘩也吓慌了,低了头就往外走。天鉴说:"你是谁?"他一定睛觉得似乎是严疙瘩,严疙瘩转身给老爷下跪,天鉴不言语了,用手撑了身子说:"你来了,怎么就走?"严疙瘩说:"我只听说老爷病了,但我实在不知道老爷没能休息。天很晚了,你睡吧,老爷没什么大事我也放心了。"天鉴说:"我算什么老爷,我这老爷当得窝囊哩。那日披红戴花后,你怎么不来见我?"严疙瘩说:"我时时刻刻都在感念着老爷的恩德,可听到一些风声,说老爷要擢升我,我就不敢来了。严疙瘩是什么人,能得到老爷重用督渠,也是我的造化,哪里还敢有妄想呢?外面议论纷纷,有人深更半夜在我家门上倒了一筐癞蛤蟆,意思骂我想吃天鹅肉。还有人将我娘的坟掘了一个窟窿,是要放我家坟地的脉气。今日晚上我出门,门口树干上有个纸人,纸人浑身都插了针,这也是咒我的。这些我都认了,可听说有人上告老爷,我真怕老爷为了我有个闪失,心中就不安。得知老爷病了,想八成为了我的事,虽是夜深了,我却不能不来看看呀,老爷!"严疙瘩说不下去,趴在床沿泪流满面。天鉴就扶他坐在床沿,好久好久一言未发,末了说:"好了,你回去吧。谁再

威吓侮辱你,你就来告知我,老爷毕竟还是老爷!"

严疙瘩一走,鸡已经叫过三遍了,天鉴越想越是气恼,心里骂知县不是人当的,事情杂乱得让你害了病,事情杂乱得也让你连病也害不成!"老爷毕竟是老爷!"他天鉴说过这样的话,难道一县的父母官说了话,就像天雨下到河里吗?该奖的不能奖,该罚的不能罚,那以后话还有什么威力?这么好的一个严疙瘩,就因为地位低贱,纵有天大的本事,我知县也不能保护他了吗?这么想来思去,脑袋又涨得生疼,说,不想了,不想了!不想了又一时睡不着,脑子里就冒出个王娘来。今日半天和这半夜,来了这么多人,王娘怎么不来看我呢?王娘是不知道,还是王娘又因是一个下贱的店主,一个年轻的寡妇不好来呢?竺阳城里,天鉴虽是一县之长,可天鉴有话能对谁去说呢?这么一病,又有几个真心来照应呢?这么多人来探视有真心的也有假意的,既是真心的,也全是出自下人对知县的敬重和同情,而哪里又是发自另一番的知己知心的情感呢?

鸡啼四更,天鉴终于睡着了,这一觉睡得死沉。不知是什么时候,他听见了嘤嘤的哭声,睁开眼来,床前的墩椅上正坐着王娘,头上虽是抹了油,梳得一丝不乱,而一脸憔悴,眼红肿得如烂桃儿。"王娘!"天鉴以为在梦中,身子不自觉往起爬,额上掉下一个热湿毛巾,王娘惊喜地叫:"老爷醒了!"天鉴才明白不是梦,脸红了许多。王娘重新让他睡好,重新拿两把水壶在水盆添水,添了热水,用手试试,烫;再添凉水,再试,又凉;复又添热水,湿了毛巾再次敷在他的额上。天鉴的病是烦闷所致,睡了一大觉,原本也好多了,见是王娘来看他,精神登时清爽了许多,便取了毛巾,硬是坐起来说:"你怎么来的?什么时候来的?什么人都来看过了,偏你就不来看我?"王娘听了,脸也绯红,却又掉了一颗泪来,说:"你真的好些了吗?你是老爷,关心你的人多,哪里用得着我来看呢?今早严疙瘩来店里说你病了,吓得我脚慌手慌,赶走了顾客,门一挂锁就跑来了。天又哗哗地瓢泼大雨,衙门也关了,我敲门,正好是跛腿大叔,我说给老爷送些茶的,就放我进来了。"天鉴说:"别人不得进来,王娘还不能进来吗?天下雨了,没有淋湿吧?"王娘说:

"衣服都干了，你一直睡得不醒，我又不敢唤你，不知病得怎样？这个时候需要着夫人了，可夫人不在，我忍不住就哭了。"天鉴说："这点小病还值得你哭的，瞧我起来给你看看，现在什么病也没有了。"就一蹬被子下了床，衣服还是昨日躺下并没脱，只是头发凌乱。王娘让快戴了帽子，一时又找不见便帽，便将柱头上的官帽戴在天鉴头上。天鉴说不用，在内室里戴这硬壳帽子不舒服的。王娘说："男人家凭的是帽，这又是官帽的。"天鉴说："什么官帽不官帽，今日你在这里，我把官帽撂了，咱说咱们的话！"

天鉴兴奋地坐在那里，也为自己精神突然这般好而吃惊，就极力要冷静。看见王娘抿嘴儿笑笑，一时间里眼里又红红的，说王娘你怎么又哭了？王娘说："我哭的是老爷这么待承我……我不哭，不哭的。"眼睛却更红起来，骨骨碌碌滚下几颗泪子。天鉴心又热起来，说："王娘哭起来也好看哩。人人都说王娘泼辣厉害，但你脾性全变了，变得这般好哭！"王娘深深地看了他一下，嘴噘起来，脸倒赤红："还不是老爷你把野王娘给改变了！"

这当儿，门外有禀老爷之声，进来的是跛腿的衙役，说："王娘还在呀？"王娘说："老爷刚刚起身。"衙役说："老爷睡一觉气色好多了，现在要吃点什么吗？"天鉴说："现在是什么时候？"衙役说："快午时了。"天鉴说："给厨房说，送两碗清汤面来。王娘也该吃饭了，淋了雨，多放些姜末和胡椒。"王娘说："我可不敢吃。"衙役说："老爷让你吃，你还不吃吗？现在雨下得越发大了，你怎么回去？"衙役退出去，王娘说："我还是不在这里吃吧！"天鉴说："你说你什么都不怕，就怕吃一顿饭吗？"王娘说："你要不怕，我也不怕的。王娘整日为人端饭，今日就吃一回别人端的吧！"天鉴说："这又是另一个王娘了。我出门在外要带了你，你敢不敢？"王娘说："我敢！"同时红从腮起，眼睛眯着闪动了一下，害羞至极，垂眼只盯着脚尖了。天鉴心里怦怦地一阵跳动，涌动的话头很多，多得又不知说什么，眼睛也盯在王娘的脚上。女人的脚裹缠得精巧美妙，如一对糯米的粽子，巧巧地塞在一双黑面绣着红花的深帮鞋壳里，鞋底是沾了泥水的，已经用棍儿刮了泥点。天鉴实在忍不住要动一

下,但他不能,说:"鞋底湿透了吗?"王娘说:"不打紧的。"把脚跷起来还看了一下。天鉴迷迷瞪瞪起来了,说:"你脚缠得真好!"王娘说:"不好,小时候我娘给我缠脚,说我脚蹼高,难缠的。"天鉴说:"你娘说差了,女人讲究脚蹼高哩,凡是美妇人那地方都高的。"手伸向那个部位,王娘的手也到了那个部位,但天鉴的手没有触到皮肤,在距二寸距离的时候指了一下,王娘的脚动了一下就抽回了。天鉴抬了头,看见窗外檐头雨已挂帘,兀自说:"脚蹼真的高了好哩!"王娘再一次伸出脚来,用手摸那个部位。天鉴目光落过去,看见她摸了一下,脚尖画了一个圆,又摸摸。跛脚的衙役就把汤面条端进来了。

衙役在一旁守着两人用罢饭,撤了碗碟,又提了开水冲泡了王娘带来的茶叶,就出去了。两人喝了一壶茶,王娘说,"你让我走吧。"天鉴说:"雨天没人去店里吃饭,急什么呢?"王娘说:"你是病人,累着不好,改日再来,我还要给你洗涤官服呢。"天鉴说:"硬要走,我送送你。"王娘笑了:"哪有县官送一个民妇的!"天鉴说:"我送到门口。"出了卧室,外边是一个客厅,客厅的门口悬挂竹帘,隔帘看见县衙后院中的这个小院里,那一片细竹湿淋淋的。雨还在下个不歇,从厅门口去小院外的一道石子花径,冲洗得十分清净,两边土地面上汪了水,无数水泡明灭。天鉴说:"瞧多大的雨!"王娘也说:"天地都灰蒙蒙一片了。"天鉴说:"那你还走吗?"王娘说:"还是走吧。"天鉴就去取了一块油布来,王娘要自己披,天鉴却要给她披,面对面地一展手将油布扬起来,像一片云飞过两人头顶,又落在王娘的头上背上。王娘的口鼻香气幽幽,一团暖热喷在天鉴的脸上,那一绺刘海在系油布的结绳时掉下来,搭在了天鉴鼻梁上,天鉴最近地看清了那白嫩嫩的前额和扯得一根一根连接得舒展异常的细眉。他把油布紧紧裹在王娘身上,也刹那间裹住了有油布的王娘。一切用不着乞求和强迫,水到渠成,自然而然两只口烫炙一般地贴住,你揉搓我,我揉搓你,系好的油布就掉下去。两个人的口分开了,大声喘气,分别在对方的眼瞳里瞧见了一个小小的自己。

"王娘,王娘,"天鉴搂着王娘说,"我太喜欢你了,我太爱你了,你让我亲亲,让我抱抱。"

王娘挣扎着身子,挣扎如软虫,越挣扎越紧:"我也是,老爷,我也是哩……这大天白日的,衙里尽是人。"

天鉴说:"那你怎不表示呢?我有心又怕你没那个意思而伤了你。你不用怕,每日这时我要午睡,没人来的。我太爱你,可我总不知你的想法。要太莽撞,你就该骂这知县以势欺负你了,刚才实在想摸摸你的小脚的。"

王娘说:"我看得出来的,我也想你来摸摸,可你太谨慎了。"

天鉴说:"你也有那个意思,为什么又把脚收回去呢?"

王娘说:"我不敢。"

天鉴又一下噙住了王娘的口,他感到了一个肉肉的东西出来,就狠劲地吸吮,恨不得连舌根从女人的腔子里吸吮进他的肚里。从未经受过女人身子的天鉴,这一刻里是这么激动,他感到天大的幸福,使出了当年杀人越货的凶劲,一时全身都鼓足了劲,感觉一切都膨胀了,高大了。女人却一下子软如一叶面条,站立不稳。天鉴轻轻一抱,一手搁在女人的脖子下,一手揽住了那一双肉绵绵的修长的腿向卧室走去。

窗外雨哗哗地下着,天地在雨里全暗了下来。

"这雨真好。"天鉴说。

"好,"女人说,"好,好……"

"但雨来得是晚了。"天鉴说。

"是晚了……可总是下来了。"女人说,双目迷离,乏困得一丝力气也没有了。

这一场雨足足下过了十天,十天里竺阳县演动了许多故事。多少人家鸣放鞭炮,喜请宴席,庆幸家妇怀胎或是儿女订婚。多少人家却也怄气犯愁,化觉寺的大殿里就有了少男少女在那里默默祷告。天鉴在衙堂上,每日收许多文告,说××村一妇人上吊自杀,这妇人在下雨第六日去神庙进香,说:"给我来个孩子吧,菩萨娘娘!要

说是我不行,我在娘家做女儿时也是生养过的,要说我那男人不行,我并不只靠他一个人啊!"妇人以为庙里没人,没想一画工恰骑在庙梁上涂绘梁画,就把一碗颜料倒下来,泼了妇人一头一脸,这妇人回家的路上就吊死在树林子了。说××寨某户人家儿子结亲,夜里闹过洞房,小夫妻喝了枣汤去睡的,半夜里儿子却突然死了。儿子是在新娘的身上死的,死了命根子还直挺,吓得新娘夺门而逃。家人去房中看了,就把新娘又拉回来,让死儿还依旧爬在新娘身上,以气养气,果然儿子又活醒过来。说××庄更出了怪事,雨天里发现了一户人家的磨房里有一男一女野合,来了人竟不避,只泪流满面求饶,原是两人接连一体无法分开了,村人大怒,以为邪恶,便用刀子割开,割开了双双缚于竹笼沉了深潭。说全县淋塌了十三座草房,县城有四堵墙被雨泡倒,砸死了一只叫春的猫,一条母狗,还有两条菜花蛇,两条蛇是绳一般扭在一起的。天鉴看了这些文告,只是笑笑,并没说出个什么。拿眼看县丞,县丞也拿眼看天鉴,天鉴说:"雨天嘛。"县丞说:"这雨……"天鉴说:"这雨是来得晚了些。"终是没什么新规可颁,不了了之。

　　但是,县衙后院中的小院园门顶上,天鉴更换了原来的题字,改为"晚雨"。天鉴每每从公堂下来,一看见这两个字,就不免回味起了那一幕的细末枝节。在他最愁闷的时刻,获得了王娘的心身,那一时里天鉴感受了世界是那么大,同时又是那么小,他坠入难以言表的乐境,什么也都忘却了。而这种满足又使他放开了一切手脚,便决意排除所有干扰擢升严疙瘩。一个闻名乡里的孝子,修渠有功的督工,让他替代巡检,即使是众人反对天鉴也是不怕的。若是巡检告到上边,天鉴相信州府大人只要来做调查,明了事由,也会支持他干得正确果断。即便是他天鉴败了,天鉴脱了紫袍换蓝衫,携王娘到一僻静处,栽几丛竹,种一畦菜,生儿育女一家人也是惬意。虽然这么决定着,眼前又曾出现几次白狼的光团,天鉴就拿眼盯那"晚雨"二字,喃喃道:"这也够了,这也够了!"

　　天鉴传令加紧修造街心口的八角大亭。八角大亭总算完成了,天鉴骑了毛驴要出门去察看,一个噩耗把天鉴惊得从毛驴背上跌下来：严疙瘩上吊自杀了！

严疙瘩怎么会自杀呢？天鉴不相信是自杀，回想那日严疙瘩说到的外人如何咒骂，掘了他的家坟一事，疑心必是巡检的手下人所为，就派人速去查看现场。去人回报道：严疙瘩是上吊在屋梁上的，颈有绳痕，舌头吐出，不是死后套的绳索。身上从里到外都是新衣，桌上残剩半坛老酒，可见死时心绪烦闷，又做了准备。剥了衣服，身上没有任何伤，头顶没有钉子，脚心也没有钉子，可以断定不是他杀而是自杀。但奇怪的是，严疙瘩的柜台上安放着有菩萨神像和先考先妣牌位，竟也有一个木板，上写了老爷的名字。柜台上一堆香灰，分明是临死前烧了香的。"他这真是胡来，"捕头说，"或是死时脑子就坏了，老爷你是活人，怎么能写了名姓放在那里像个祭祀的牌位？！"

天鉴说声"是我害了严疙瘩了！"眼里流下泪来。

衙役捕头哪里听得懂天鉴的话，一齐说："怎么是老爷害了他？也是他命浅，浮不起老爷要擢升他的那份福！"天鉴没有解释，明白严疙瘩之死全是听了为擢升他罢黜巡检招惹了四方八面的威胁，是为了不让他知县受到伤害和为难，便自动地一死了之了。天鉴悲愤至极，痛恨自己无能。一个普通的百姓为了自己而自杀身亡，而自己身为知县却不能保全这个百姓，天鉴觉得自己终生也对严疙瘩有一份还不清也不能还的债了。就下令县衙为严疙瘩购买一具上好寿棺，于四日后初九的吉日就在八角亭旁安葬。

天鉴想，这一决定，一定会有人反对，最起劲的就又该是那个巡检了。他做好准备，不管谁出面反对，他都要坚持这么办。水渠纪念碑上大大刻上严疙瘩的名字，让这亭子和坟墓永久长存于竺阳县城的中心。揭碑埋葬那天，天鉴亲临现场，命令十二杆火铳一齐鸣放。他放眼看了一下黑压压的人群里，县上大大小小官人富豪都来了，果然不见巡检。便冷笑两声，故意地大声问："巡检大人呢？他怎么没有来呢？"忽听得东头小巷一阵哀乐，一队龟兹响器班一身孝白地列队出来，再后是八人抬动的一副精制绝伦的棺罩，接着有两个穿白衣的人搀了头缠孝巾的人，那人哭声震动，十分悲切。坟

地四周的人都扭头去看,天鉴也纳闷:严疙瘩孤身一人,哪里有这等威风的亲戚送葬?定睛看时,哭丧者竟是巡检。但见巡检一步一哭,悲不可支地被人扶到坟边,就趴在寿棺上捶胸顿足叫道:"严疙瘩,我的好兄弟!你是竺阳县的功臣,你是竺阳县的荣光,你怎么就死去了呢?!我姚某身子有病,在你生前未能同你一块去修渠督工,你死了,盐老爷为你购买上好寿棺,姚某就为你购一副棺罩吧!"说罢,痛哭流涕,几欲晕倒。使在场的人都深受感动,便有人前去拉起巡检,说:"巡检大人这般惜才,哭得我们也泪流不止。竺阳有盐老爷和巡检大人牧县,才出了严疙瘩这样的贤才!大人是什么人物,能来安葬也算严疙瘩的福气,可他虽是贤才,毕竟还不是官人。况且人已过世,生不能还,大人还是节哀保重!"巡检听了,擦了眼泪,转身揖拜了天鉴,说:"知县大人,这八角亭起了什么名称?"

天鉴说:"起了'渠亭'二字,为的是纪念水渠修通。"

巡检说:"'渠亭'也是好的,但渠是严疙瘩督工修通的,大人既能把严疙瘩埋在亭旁,何不就叫'严亭',大人意下如何?"

天鉴看着巡检,暗暗吃惊巡检不愧是大奸之人,自己干了多少龌龊事,却偏能在全城人面前来了这一手。但当着众人面前,他已落得一片好名,连往日对他仇恨的人也以为他良心发现,能如此哭丧已是不易,天鉴又能怎样对他呢?

天鉴说:"好,这名改得好,就叫'严亭'!"

掩埋了严疙瘩,天鉴再没提罢黜巡检的事。巡检突然宣称病好了,开始去各地巡逻查检。天鉴却心灰意冷,数日里不去坐堂,一任诸事推给县丞办理。天鉴深感到自己无能,终究未玩得过巡检,便生了不干知县的念头。这念头萌生,夜夜就被白狼的光团惊醒,睡不好觉,白日就神情恍惚。再去王娘小店时又不能直言以告,但去的次数比先前增多,说说话,吃吃茶,暂将愁苦都搁开了。自上次一张薄纸戳破,两人自然是没人时偷情做爱,那一刻里老爷欢如风游浪鱼。事干完毕,常又无故发呆,苦皱脸面。王娘以为他为县上公务劳力太多,为了使他心绪好起来,百般应承,博他高兴,说:

"老爷要真的喜欢我,我能陪老爷好好玩的,就是没个环境……"天鉴说:"王娘刚时如铁,柔时似水,足以移人,我恨不得日日夜夜和你在一处。"王娘说:"我是半老徐娘的寡妇,色已衰了。就是还有颜色,甭说大千世界,单是竺阳城里比我年轻美丽的人多得是。老爷越来越会说话,什么足以移人?"天鉴说:"仅是美色并不能移人,城西头绢丝店里有绢做的美女,颜色较王娘胜过十倍,我去看了怎不害相思?美女能不能移人,在媚态二字;媚态在人身上,犹火之有焰,灯之有光,珠贝金银之有宝色。王娘正是这般女子,一见即令人思之不能自已,才舍命以图你哩!"王娘说:"老爷这么懂得女人,以前怎未听你说过?"天鉴说:"以前我只觉得你明艳,却不知怎就明艳了。前日东河县令托人捎给我一部书,是一个叫李渔写的,上面这么说的,看过之后我才知道你是有媚态之人,所以明艳异常。"王娘不知道李渔为何人,听了天鉴的话,更加撒娇,滚在天鉴怀里说:"前些年我去过州城,看过一出戏。戏里人说过两句话,当时好生不解,现在是解了。"天鉴说:"我听听,什么戏文?"王娘说:"一句是'不会相思,学会相思,就害相思。'一句是'待思量,不思量,怎不思量'。"天鉴一下子就把王娘抱举在空中了。

天鉴常来王娘小店,风声也慢慢传将出去。每次来的时间一长,衙里有了紧事,县丞就打发衙役来店中找天鉴,立于街前喊:"老爷!老爷!"天鉴不理,让王娘回复老爷不在店里。衙役回衙,县丞寻遍后院并不见知县,又打发衙役来店中寻,天鉴就对着衙役大发凶狠。王娘说:"老爷,衙役一次又一次找你,必是衙里有什么紧急公务,你毕竟是县令嘛!"天鉴说:"别人催我,连你也催我?什么县令,狗屁县令!"王娘赶紧关了门窗,低声劝道:"这话可别让外人听见,你这县令也不是容易当的。"天鉴说:"有什么不容易?当不成了,我还不是我,我活得更快活哩!"一句话又险些说走了嘴,自己就愣在那里,愣在那里,眼前便出现狼的影子,还是一步一步回那衙去。

王娘瞧着天鉴的模样,心里忐忑了几个天日,她庆幸一生得遇了县令,县令又爱她如痴如醉,做个女人还有什么企求的呢?平日

名家作品精选

在外,有人开始指点议论,有羡慕不已的,也有面带鄙夷之色的。王娘不轻佻也不忌恨,只是还忙碌开店,只是开着店仍涂脂抹粉,穿戴从头到脚整洁光亮。闲下来倒检点,老爷来的小店次数多,常让衙役来找,会不会为了自己老爷疏了政事呢?但一想老爷常常长吁短叹,是县里麻烦事苦愁了老爷,老爷能在小店心情愉快,王娘甭说有功也是无罪啊。街上有人见了问:"王娘,你越活越年轻了!"王娘说:"你比我小八岁,你是戏谑我吗?"那人说:"我是比你小,可我那男人是什么猪狗,害得我窝囊成什么样儿!人常说女人家是把琵琶,看逢个什么男人来弹哩,会弹的是一首韶乐,不会弹的是一团噪音。"王娘心里一怔,这话好有理儿,心下暗自喜欢,却说:"你男人是牛粪上插了你这朵花儿,可好歹还有个牛粪男人;我呢,我有什么,一把琵琶让灰尘封了!"那人就撇嘴:"呀呀,王娘,瞧你说这话的得意劲儿!不说贫嘴了,我只问你,东桥口李家的两兄弟地畔官司,是老大能赢还是老二不输?"王娘说:"这是县衙公堂上的事,王娘怎么晓得?"那人不悦了,说:"王娘怎么能不晓得呢?"王娘心想,外边的风声已经很大了,就又反省自己:知县每次来都不想回去,懈怠了县上公事王娘可是有责任的,知县讨厌起了衙里公事,是不是贪迷了自己呢?如果事情是这样,王娘就不是好女人了:好女人应该使男人更精神更务正事,而自己是不是太贪婪了呢?

于是,天鉴再来,将这心事说与他。天鉴突然放声大哭,说了一句:"王娘,你等着我,我要娶你!"

天鉴回到县衙,好多时间再没有光顾小店,带了跛腿的衙役去了一趟西流河的下游口岸,于那一棵分明见粗的山桃树下,焚化了十刀麻纸。衙役不解为何焚纸。天鉴说,他来到竺阳已经一年多了,并未回家祭奠过先考先妣,昨日夜梦见他们,所以才在竺阳的边境上给父母亡灵送些阴钱的。说罢,又一次放声大哭。纸钱焚起,黑烟冲上,如一群黑色蝴蝶挂满了桃树枝上,天鉴在心里念叨着他那忠诚的同伙兄弟,他悔恨着自己险些辜负了兄弟的期望,他感念那女人王娘清醒了自己,也祈求着兄弟的在天之灵能护佑着他和这位知己的女人。时当一阵风扫过，竟围着他们旋卷扶摇，浓烟和纸灰就上冲如柱，而他和衙役以及那棵桃树在旋风中纹丝未动。跛腿的衙役吓得面如土色，天鉴笑道："他答应了，他答应了！"

天鉴离开河岸的时候，再一次留神了河的对岸，甚至对岸的东西尽头，庆幸没有见到那一只默不作声的白色皮毛的狼。

从西流河岸逆行一天，又绕了天竺山根经历四天；走过了二十三个村寨，查看了水渠灌溉，查看了农桑种植。天鉴回到县衙翌日，王娘来过一次，并没有携了香茶，也不是洗涤官服，却于袖口里掏出一纸折，说："老爷这一别，已是许多天日未去小店。来打问过一次，说是你去乡间了。老爷公务繁忙，我以后也不便多来再打扰，夜里请了南门口算卦的刘铁嘴，我说他写，是叮嘱老爷的一些话。老爷家眷不在，我或许做事唐突，拟家眷之口书了此折，让你见笑了。"天鉴开折一看，上边密密麻麻写了几页；念下去，竟是：

尔在官，不宜数问家事，道远鸿稀，徒乱人意，正以无家信为平安耳。山僻知县，事简责轻，最足钝人志气，须时时将此心提醒激发。无事寻出有事，有事终归无事。今服官年余，民情熟悉，正好兴利除害。若因地方偏小，上司或存宽恕，偷安藏拙，日成痿痹，是为世界木偶人。无论将来，不克大有所为，即何以对此山谷愚民，且何以无负师门指授？居官者，宜晚眠早起，头梳洗漱二梳视事，虽无事亦然。庶几习惯成性，后来猝任繁剧，不觉其劳，翻为受用。山路崎岖，历多兽患，涉水龙险，因公出门须多带壮役，持鸟枪夹护，不可省钱减从，自轻民社之身。又，不可于途中旅次过琐责。此辈跟随，亦有可悯。御之以礼，抚之以恩，二者相需，偏倚则害。流民在衙供役者亦然。此辈犹痰乘虚火生，火降水升，仍化为精。痰与精，岂二物而顷刻变化如此。天下无德精而仇痰者，皆自吾身生在反身而已。凡遇上司公文，关系地方兴除须设法行之，至万不能为而后已。大抵自己节省，正图为民间兴事，非以节省为身家计。同一节省，其中殊有"义""利"之分。如此，俸

名家作品精选

薪须寄回,为岁时祭祖用,倘有参罚,即不必如数寄,毋致上欺祖宗,且可为办事疏忽戒。往省见上司,有必需衣服须如式制就,矫情示俭实非中道。知州去知府尚远,然既属直隶州,即当以知府相待,须小心敬奉,又不可违道于求,尽所当为而已。凡人见得"尽所当为"四字,则无处不可行。官厅聚会,更属是非之场,大县遇小县,未免骄气,彼自器小,与我何预。然切不可以小县傲之,又不可存鄙薄心,须如弟之待兄,如庶子待嫡子,如乡里人上街,事事请教街上人,可否在我斟酌。诚能感人,谦则受益,古今不易之理也。官厅于内,不可自立崖岸与人不和,又不可随人嬉笑。须澄心静坐,思着地方事务。若有要件,更须记清原委,以便传呼对答。山城不得良幕,自办未为不可。但须事事留心,功过有所考验,更须将做错处触类旁通,渐觉过少,乃有进步。偶有微功,益须加勉,不可怀欢喜心,阻人志气。竺阳向来图圉空虚,尔到任后颇多禁犯,但须如法处治,不可怀怒恨心,寒暑病痛,亦宜加恤。山中地广人稀,责令垦荒,原属要着,但须不时奖劝,切不可差役巡查。如属已业,不可强唤,遽行报官,有愿领执照者,即时给付,不可使书吏揩索银钱。日积月累,以图劝效。秀才文理晦塞耐烦开导,略有可取,即加奖劝,又当出以诚心庄语,不可杂一毫戏嫚。此二事,皆难一时见功,须从容为之,不可始勤终倦。种子播地,自有发生。尔在竺阳,正播种子时,但须播一嘉种,俟将来发生耳。知县是亲民官,小邑知县更好亲民。做得一事,民间就沾一事之惠,尤易感恩。古有小邑知县实心为民,造福一两件事,竟血食千百年,土人或呼某郎、某官人、某相公,视彼高位显秩,去来若途人者,何如哉?……

天鉴未等念完,已是热泪满面,激动得说不出一句话来。王娘说:"老爷总笑我哭,老爷竟也是爱哭的老爷!"

天鉴没有接她的话,只是久久地看着她,突然发觉王娘在什么地方像他那忠诚的同伙兄弟的。是的,他的兄弟额头不宽,王娘额

也不宽；他的兄弟鼻的左侧有浅浅的一颗小痣，王娘也是有的。王娘就是我的兄弟吗？王娘和我那兄弟都是上天派下来监督着我的吗？

天鉴决意要娶王娘。

一切按天鉴的谋望而顺利进行，先是在衙里散布多次去函要远在南方的夫人随他到竺阳来，而娇生惯养的夫人却百般作践一个深山小县有什么待头，有大戏园子吗？有蒸氽炖烩的鱿鱼海参龙虾湖蟹吗？有潮绣苏绣和做工精美的服饰店吗？没米吃怎么办？冬天冷了又不想穿得臃臃肿肿怎么办？"这娘儿们一辈子离不得宠惯着她的那巨豪爹！"天鉴当着县丞、典吏、训导、主簿诸人的面，说，"在她的眼里，一个县令不如一个南方镇上开生药铺的！"县丞诸人也为知县的处境而生同情了："夫人是豪门的金枝玉叶，在她看来竺阳山高水恶、瘴气弥漫，不是人能住的地方，若真能来一趟亲自看看，或许就爱上的。"天鉴说："金枝玉叶真不如个贫女孟姜女，人家还千里寻夫哭倒长城的！"随后，天鉴宣布一封信把夫人休了，与其两人分居千里空担虚名，不如解了婚约清静。衙里人知道了这件事，也传到衙外。有人怨那南方夫人眼光浅短，虽金枝玉叶也脱不了妇道人家之见识。有人替当今县令遗憾，南方女人白净如玉，婀娜若仙，县令为了竺阳而失却艳福。有人就高兴起来：既然知县孤单一人，又不知竺阳哪一家小姐有一份知县夫人之命了。便有人说："老爷常到小店品茶，那王娘倒生得花容月貌……"立即有人嗤笑了："王娘那小狐精儿，活该是妓院的姐儿，老爷狎妓喝酒品茶倒可，哪里就配作了夫人？做夫人的讲究雍容端庄，行不露足，笑不出齿……"但是，当这些长舌妇和长舌男嘲笑着王娘的时候，却发现了王娘于阳光普照日，开了竹窗，临街坐在里边在绣一件披肩了。那竹窗上新换了绿纱，王娘油抹了头发，坐在那里露半个身子，白嫩的脸非笑含笑，鬓边的花乍停还颤，就令街上的妇女好仰首上望，生出几分热羡几分嫉妒，又几分疑疑惑惑不敢相信。

城里的百姓，眼里整日盯着哪家突然刷了门面，挂起红灯，听着有一片鞭炮轰天爆地地作响。县衙里的人时时偷读知县的脸面，

名家作品精选

想逮住个什么风头。但是,半月过去,一月又近,却仍是雾一般的一个谜。

一夜,月明风清,几株梅花幽香暗浮,正是"晚雨"院里的好时光,县丞提了一瓶端玉甜酒来与天鉴偎火闲聊,问道:"大人,你是一县之君,总不能没个夫人的。这么大个院落,白日热热闹闹,到了晚上就只你一个也是太清寂了。"天鉴说:"是没个夫人的。"县丞说:"那是在竺阳物色,还是找原籍人氏?"天鉴说:"当然是竺阳县的了。"县丞说:"大人来竺阳时间也不短了,你有过眼的吗?若有,这事就交付我去办。"天鉴说:"不用了。"县丞说:"那么说,大人是已有中意的了!"几杯甜酒下肚,天鉴也晕晕起来,说:"可以这么说吧。"县丞眼眨了眨,从城的东街到西街,又从四条小巷的北间到南头,那些富裕的、有头有脸的人家都一一估摸了,猜不出是哪一家的小姐。便问:"是谁呢?"天鉴狡黠地笑笑:"这我不说给你,到时候你就知道了!"

转眼过了腊月,又过了大年。天鉴的生日在二月,王娘小他半轮,生日也在二月。天鉴便选定二月杏花开的日子里将迎亲办事,便让人翻修粉刷起"晚雨"院的房子。一个春节里心情很好,加上水渠通后,稼禾大丰,全县各村社都组织了社火竹马队每日演动,衙里人要与民同乐。天鉴从正月初一祀拜了天地神君,初二起天天带了衙役去城里城外瞧看热闹。巡检也挺卖力,年节安排了各处庙宇有人留守,他又率巡兵各处查巡防火防盗。天鉴始觉他还可以,也托人送去一份年礼。正月初十中午,衙里举行一年一度的赏捐社本。去岁丰收,捐输社本的二百三十七户,但山僻地方,富户绝少,故所捐每名不过七八石。而查社仓规条,捐谷奖赏各有定数。十石以上,地方官给以花红。天鉴奏报上司,申辩原委,上宪垂念瘠邑,鼓励好义,俱准照十石给花红之例。正月初七批详到日,天鉴就无吝小费,失信小民,此日于大堂结彩置酒,人酌酒三行,叩谢,讫,鼓乐送出。赏捐社本后,又嘉奖善良,全年由乡村推尊者,由巡历查出者,或士庶公举,天鉴召之在堂,一一询问,愿乞匾者,给以字样,不愿者便给札。热热闹闹忙过半日,天鉴方在"晚雨"院坐

306

定品饮王娘送来的香茶。巡检风风火火赶来，说是牛风寨出了一桩恶案，做儿子的打伤其父，震动乡里，民声鼎沸。他去查看现场，凶犯已缉拿在牢里押着，值新年伊始，又恰是县上嘉奖了善良，此案需速办，以教化民风，否则影响太大。天鉴听之在理，立即升堂，提审凶犯，堂下就跪着了一个蛮横汉子和一个用门板抬着的将死老头。天鉴骂那汉子：身为人子，不孝敬老子，正月欢庆春节，倒将其父打成这样，如此忤子，猪狗不如！汉子说："老爷只知儿子打了老子，怎不问老子干了什么？"天鉴说："干了什么？"汉子说："他吃了我老婆的奶。"天鉴道："天下哪有这等说老子的儿子，再要胡说，先掌了嘴！"衙役就扑上来要用木板掌嘴，老头说："禀告老爷，你瞧瞧，我只吃了他老婆一口奶，他就这般凶的；他吃了我老婆三年奶，我骂过他一句吗？"天鉴不听则罢，听了勃然大怒，一拍惊堂木叫道："你这吃草料的老畜生，竟有脸说出，真的是越轨乱伦，伤风败俗了！"汉子说："老爷，事情既到这一步，我也不顾丑了，你再问他还干过什么？"天鉴说："干过什么？"汉子说："我这老婆，是我的第二个老婆，先头的那个娶到家，我去川里做雇工，走了一年，回去老婆肚子却大了！那时我们下河人不得进川，独家独户住在深山，你问他，我老婆的肚子怎么大的？"天鉴问老汉："从实招来！"老头说："我没干的，我只偷看过。"汉子说："莫非是鬼干的？"老头说："你那老婆好凶，老虎也近不得身。我给你说过，中堂屋夜里放了尿桶，我睡东厢，起来去尿，忍不住把那东西弄出来或许洒在尿桶沿上了。你老婆睡西厢起来尿，或许是坐在桶沿上沾过去的。她要沾是她的事，与我屁相干，你给老爷说这些赖我不成！"汉子说："老爷，他说这些谁信哩？"天鉴在堂上听这父子一来一往争辩，只气得浑身颤抖，这一对无耻父子还有脸在公堂咆哮不已，而他这个知县为自己的县内竟出了这等伤风败俗之事脸上毫无光彩。就喝道："老畜生，从实招来！"老头只是说没有，天鉴就令衙役上刑，一阵水火杖打过一百二十下，老头竟双腿一蹬死了。衙役说："老爷，他死了！"天鉴说："死了？"衙役说："死了。"天鉴后悔打得太重，却也说："死得早了些，他要不死，我押他去街上

名家作品精选

示众了再砍他的头！"他便将汉子押下回牢里去了。

只说这事这么草草了结，不想，那汉子押在牢里，却花言巧语以事成之后相送三百两银子求狱卒给王娘捎个口信，为他向知县老爷说情。狱卒说："王娘倒是热心为人办事的，可她一个平民寡妇怎么能去给知县求情？"汉子说："听说王娘与知县熟好，她说话会起作用的。"狱卒说："呸，就是王娘与知县熟好，你这等行为，谁肯替你说话？"汉子说："我与王娘关系不一般的。"狱卒问："她是你亲戚？"汉子说："哪是亲戚，王娘就是我第一个老婆！我虽然打了她一顿，打得流产了那个孽种赶出了她，但今日我下在牢里受罪，她总不能不念前情吧？"狱卒听了，不敢隐瞒，告知了巡检，巡检复来说给天鉴，天鉴当下身子发软，"哎哟"一声就昏了。

王娘自然没有为一个罪犯而找天鉴求情，甚至前夫的话狱卒传也没有传给她，但沸沸扬扬地街谈巷议使她羞愧了。人们已经知道了她的身世，而又不明不白地落了个与先前公公乱伦丑事，王娘纵然尖锐厉害，有一身口舌，又能给谁说得清呢？不堪忍受的那几个年月，王娘自到了竺阳县城，差不多已经将它忘却了，而现在事又重提，且一堆屎越搅越臭，王娘遂沉沦入没底的深渊中了。她怨恨这是命，命是太苦了，一棵鲜活活的白菜让猪拱了，拱得枝叶败烂又肮脏不清！如今恨谁呢，恨那个没廉少耻的公公？恨那个蛮横蠢笨的丈夫？她王娘恨过了，恨到已恨不起来的地步，她恨她自己了。走出了牢笼，无拘无束地过平民寡妇的日子。或许别人的眼里是自己贱、野，不是好女人，但那是偶然说说也就罢了，王娘活得也能自在。而偏偏自己遇到了知县老爷，老爷又偏偏钟情于她。是知县老爷使她改变了自己，认识到自身的价值，萌生了对新的生活的憧憬，可现在即将要成为知县夫人的王娘将身世弄到了这一份的龌龊肮脏，自己在知县心中的形象变成了什么样呢？而竺阳一县的百姓又会怎样看待这个有着如此夫人的知县呢？

可怜的王娘在家里睡下了三天三夜，又存一点侥幸：那打伤老子的罪犯或许不是前夫，或许就是前夫他哪里还有脸面来求我呢？这一切风言风语都是乌有，是恶人的谣言吧。而见到街上张贴的判处罪犯的布告上明明写着前夫的名字；紧接着巡检大人派人宣布了不准她再开张饭店，以不公开张扬为由，封条贴在临街正门上的时候，王娘彻底地绝望了。

王娘没了脸面再去衙里找天鉴申诉原委，也自动地从心底勾销了知县老爷二月里来大轿接娶她的奢望，一件已经绣好的披肩抱在怀里，终日关门掩窗在楼上嘤嘤啼哭了。

天鉴判处了罪犯死刑，这死刑或许是太重了。天鉴却不知什么缘故，那一刻里觉得忤子罪大恶极，不杀不足解气愤的。回到"晚雨"院，喝了一壶酒又一壶酒，已不顾了不能酗酒的戒条，身子就瘫得动也不能动，脑袋却十分清醒。王娘是罪犯的前妇是无疑了，以前只道她是寡妇，却从未问过为何致寡，没想到她以前是那么苦的日月！但王娘真的是如其前夫所言，是同公公乱伦过吗？那老畜生什么都承认了，就是此事否认，天鉴相信供词是老实的。天鉴这么想着又叹气了，老畜生早不死晚不死，偏偏事情未搞清白人死口灭，留下是一团王娘说不清谁也说不清的雾团！而王娘，出了这么大的事，王娘怎不来申说原委呢？难道王娘心虚，这全是真的吗？

天鉴一想到若是真的，脑子里就是可怕的场景：一个深山老林中的独户，夜深人静，奇丑无比的公公摸到西厢房……天鉴心里发呕，禁不住要吐。但是，但是，天鉴又自省起来了，王娘怀了不是丈夫的孩子，他天鉴当堂打死了伤得奄奄一息的公公，而自己不是也与王娘那个了吗？对于王娘，如果不从情意上讲，他天鉴和那个公公又有什么区别呢？那么，出了这事，是王娘可耻吗？就要责骂唾弃王娘吗？不，不，卑鄙的是那公公。而自己这么颠来倒去地怀疑和审视王娘，天鉴何尝不也卑鄙啊！

天鉴谅解了王娘，就竭力为王娘现时的处境设想，便往小店去找王娘。街上的人稀稀落落，但远远的王娘小店的楼前却拥了许多人，贴了封条的门面板上又贴了判处罪犯的布告，有人拿着什么在门前台阶上撒动。天鉴问旁边一人：这些人在那干什么？回答是，王娘原来是不干不净的人，四邻街坊为避晦气，用干草木灰在那店周撒线哩。天鉴发了恨声，却不能发作，望了望那小楼，回转衙里，

却嘱咐跛腿的衙役在没人时去店里找王娘,让她来衙里见他。衙役去了,又一人回来,手里拿着一大包苦楝木籽和三袋香茶,说店前门封了,他转到后门,叫了数声,听见王娘在楼上哭,却就是不回应也不开后门。他还是叫,后窗里就抛下这些东西,还是没露脸儿。

"她不会来见我了。"天鉴看着苦楝木籽和香茶,双眼潮红,王娘那事一定是真的了,她没脸来见我。可她不来见我,还记着我要洗涤官服,要喝香茶的呀!王娘,王娘,你都没了脸来见我,我又怎么好去找你呢?!

过了正月,进入二月,原本是欢天喜地的时光,却成了凄凄惨惨的日子。天鉴明显消瘦起来,胡子零乱,也不修整。巡检提了一包人参,询问大人年来脸色蜡黄,是不是太劳累了。天鉴几次想责问为什么就封了王娘小店,话到口边,又不好提出,推说伤风了几次,身子觉得是不如先前了。巡检说:"大人身子不好,也是身边没有日夜照料的人,如果大人不弃,有句话不知当讲不当讲?"天鉴说:"有什么不当讲的?"巡检说:"大人来县之后,为政英明,众口皆碑,家母在家常常教训我,说大人是我效法的楷模,只是可怜大人单身孤景,念叨我那小妹若能照料大人,也是姚家的一份荣耀。"天鉴听了,笑笑,说:"令堂如此爱戴,我盐某实在感激,你可代我回复她老人家,说我永不会忘她的美意。只是盐某才休了家妻,立即再娶,显得不妥,容再过半年一载,盐某方敢考虑此事的。"虽然推托了巡检,天鉴心里却又平添了一份内疚,想自己与王娘交好了那么多时间,私下讲好的二月娶她,如今就这么说出的话无声无息了?王娘就是身世肮脏,那也是以前的事情。虽说与她交好时身世无人知道,但与她交往,分明知道她是清纯可怜之人才到了要娶她的地步,使她一盆火勃勃燃起。而如今她不来见,我也不去见她,那她往后光景怎过?别人怎么说她或许可以顶得住,我不去娶她,她必是再也没有自信力量的。况且我天鉴是什么身世,若这次暴露的不是她而是我,王娘如此对待我,我会怎样呢?

天鉴终于衣帽整齐地骑了驴子往街上走,直奔到小店楼下,顶着刺眼的阳光往上望。楼窗紧严,绿纱下垂。天鉴不能放声呐喊,便咳嗽起来，王娘是听得出他的咳嗽的。果然楼窗开了一个缝儿。天鉴知道他从窗缝儿看不见王娘，王娘却能从窗缝儿看见他，就竭力冲上做笑，使眼神儿。但窗子又轻轻阖闭了。

天鉴又勒定毛驴站了一会，看阳光下人与驴的投影，泪水差不多要涌下来，突然有人在叫大人。

"大人，"巡检笑嘻嘻地迎面走过来，牵着一匹披了红毡鞍鞯的白马，"今日有什么事吗？"

天鉴说："在衙里闷得久了，今日太阳好，出来走走。"

巡检说："走走好。正要去衙里见你，没想就碰着了。你瞧瞧，这匹马怎样？竺阳县不产马，尽是毛驴，州城我那亲戚得了这匹马送我，我怎能用呢？家母要我献给大人，还让小妹赶制了这副鞍鞯，求大人一定笑纳。竺阳的知县骑毛驴，别的县就小看咱了！"

天鉴不好推辞，也觉得你知县骑驴，巡检坐马，那也不成体统，就说了许多感激姚母的话，当下以驴易马，溜达几圈，打道回衙。已经走过几步，突然高声说："你要来见我呀！一定要来见我！"天鉴说这话一语双关，旨在说给王娘听的。巡检回揖道："遵命了，大人！"

王娘却一连三日并没有来。

王娘不来，天鉴去，王娘又不见。天鉴在衙里坐不稳，一个深夜前去撕了小店前门上的封条，脚踢了草木灰撒的线圈，才要打门，街那头有人过来，他慌得溜走。第二日巡检来报，说县城治安不好，有人夜里滋扰，竟敢将王娘小店的封条撕了。撕封条谅王娘不敢，但肯定是那些下河人中的痞子所为。天鉴说："那么个小店值得封吗？既然撕了也让那王娘开她的店吧！"巡检却说他又重新封上了，自大人上任以来，民风大好，偏出了这个王娘，没扫地出城就够便宜了她，若让她再在城中开店，百姓就会说县衙庇护恶人淫妇。天鉴要辩的话拿不到桌面来，回到"晚雨"院越想越气。什么恶人淫妇！老爷我就是盗匪出身，你瞧瞧老爷的手段吧！于是，这一夜，天鉴本性复发，着了短衣，蒙了面罩，飞檐走壁，翻墙溜门，盗走了巡检家玉石八仙桌内的十根金条，张富户的玉器香炉，教谕家二

老双亲备制的寿衣。第二夜,又盗走了训导家娘子的一盒首饰,绢丝店一件锦衣。第三夜,又盗走了典史家二百两纹银,抢去了街北巷王家当铺五十两银钱,抢走了三个夜行人的货担,货是山货,将核桃木耳香菇踢得一地。接连三夜,天鉴获得了刺激,痛快至极。想自己久时不干,手脚虽是生硬,但一切如愿。暗笑竺阳城真是边邑小城,天鉴操起旧业,天马行空,独来独往,心性自在,真比当知县强了十倍百倍!但也就在这三日里,满城惊慌,被盗之家哭天喊地来衙堂报案。天鉴一边询问失盗情况,一边害起头痛,眼前尽出现白狼的光团,就晕在堂案上了。众人见知县晕倒,皆说是气怒伤心所致,抚胸灌肠多时,天鉴苏醒,就传巡检来见。巡检一到就跪下了,自责自己失职,怀疑说是有了大盗进了竺阳。天鉴说:"竺阳小邑,哪里有大盗在此作案?你查一查,都失了什么东西?"巡检早有清单呈上,天鉴看了,唯独没有他家失盗的十根金条。就问:"就这些吗?"巡检说:"就这些。"天鉴说:"又不是失了什么金条金砖,这么一些小宗财物,哪里就是大盗?你巡检大人在竺阳这么多年,这般小蟊贼子还没镇住吗?"巡检只是诺诺,口里支吾不清。

  第四天夜里,天鉴在"晚雨"院坐喝了一壶茶,心又烦闷起来。白天里眼前数次出现白光,使冷静了狂躁的脾性,又借机训斥了巡检,瞧着巡检满面汗流的狼狈相,天鉴是长声浩叹,觉得自己是不该再做那昔日举动了,也不禁觉得自己可笑。弃邪归正了的堂堂知县怎么又去干了那些事体呢?但当天鉴是恢复了知县的天鉴,他就愁闷见不上王娘。便又出了衙门,这回是骑了马了。骑了马到街上,王娘小店门仍是未开,街上依旧未碰上王娘,就快快归来。这么每到晚上,就骑马往街上去,县丞就说:"大人真是清贤之官,竺阳划县以来,前任老爷还从没有夜夜去城里巡逻的。"天鉴暗笑了一声,就势说:"山野小县,又是三省交会地带,人口复杂,常有盗贼呀,前几日一连数夜失盗,我这知县颜面无光哩!有了这匹马,也不费事,夜夜走走,也可镇镇那些毛毛盗匪的。"于是,老爷夜巡成了美德,也成了规矩、习惯。而几天后天鉴夜里将所盗之物,连同巡检家的十根金条,一起丢放在东街小拱桥下,天明被人发现交送衙来,天鉴按失盗清单一一发还，那十根金条清单上没主儿，天鉴就收归县上银库。全城又是一片议论，赞誉知县夜巡，真把盗匪镇住了，不但退还所盗的财物，竟还相送了十根金条。有好事人就制了"正大光明"匾牌，鼓乐喧天地送到衙来。

　　竺阳县愈是热热闹闹欢呼知县，天鉴愈是心情愁苦。每夜骑马从街上巡走，常在街的东头看见了店楼上有了光亮，怀抱了强烈的希望，就将马缰放开，嗒嗒而去。到了楼下，那灯就突然灭了。他在那里勒住马头，马总是一个空兀止步，前蹄跃起要嘶叫一声，就缓缓地走了过去。而回转过来的时候，天鉴又远远看见了亮窗的店楼，再是急速趋前，灯又熄灭。天鉴站在那里，兀自落泪，想王娘是听着马蹄分辨他的来去，但这么灯亮灯灭，是在告诉他不要来见她吗？

　　若是哪一夜王娘在街上等他，或是开了楼窗给他招手，天鉴或许又会想到她那些让他不快的事体来的。而王娘偏不见他，天鉴愈是内疚：是我来见她迟了吗？是我没有及时来见她吗？愈是怀恋王娘，需要见她一面了。

　　又是一个梅雨季节，天地混沌，泥水汪汪。天鉴不死心，还是照例骑马巡夜，披就的就是当年他要披给王娘的油布。但每一次满怀希望而出，失望而归。天鉴在静悄悄的城街上，看见了家家户户门窗早掩，灯火早熄，那些甜甜嬉笑和床的吱嘎之声飘出。他知道这是又到了竺阳县人效法天地而浸淫情爱之时，便想到这么个雨夜，王娘是多么冷清和孤寂！返回衙里，垂头丧气到"晚雨"院，捧了油布想起了那长长的一幕，浑身是一番灼热，一番激昂，遂是一身冷汗，一声长叹。唉唉，王娘呀，王娘，既有今日，为何要有当初呢？王娘这么长时间不见他，王娘是死了心了；王娘死心了，而天鉴该怎么办呢？雨淅淅沥沥下着，这下的是什么雨呢？如果那一次的雨季没有发生那场事，天鉴没有尝过女人的温情柔意，天鉴现在哪有这般愁苦？这是为什么呢？为什么呢？

　　想天想地也想不出个究竟的天鉴，他终于只能悔恨起自己是个男人，是长有尘根而就有了那种欲望的男人！男人为什么要生这柄

名家作品精选

尘根？生尘根是为了传宗接代，天鉴并不想有子女传递其脉。天鉴想不透的是上苍造人既有尘根又有了性欲，因此就对女人好感吗？梦魂牵绕演出这一场悲剧吗？天鉴对王娘是太爱了，爱到了世上所有女人皆无颜色，但他却无法与她相见。天鉴现在只有了结这份苦爱，便只有来断这份生之俱来的欲望了！天鉴越想越不可自拔，疯了一般褪下裤子，就用了那块油布包了尘根，一刀砍下去。他疼昏过去，醒来的时候，看见了那东西血淋淋在地上。天鉴冷笑了：王娘，王娘，咱们就这样完了吗？！

天鉴托病，睡倒了许多天日养伤。在他自残后，为了遮人耳目，故意又弄破了手臂。郎中为他敷伤药时他又索要了许多更换的，偷偷自个敷了下体。没了那柄尘根，天鉴再想到王娘的时候，浑身没有了那种异样的不可遏制的感觉。一旦失去这样的感觉，便冷静地只为王娘的命运而可怜同情，想着想着，也就想到王娘也就是一个女人罢了。天下的女人实在是多，那还不是一样吗？站在旁观的立场，考察这个王娘，她也实在是不大符合做女人的规范。尖舌利齿，风风火火，抛头露面，且不说她有那么多使人不能容忍的劣点，单那一举一动也不大是一个官宦人家妇女的模样。自己为什么那一阵里喜欢她喜欢得神魂颠倒呢？天鉴静下来想这件事，是自己看错了眼吗？是他和她都中魔了吗？那么，这男人和女人到底是怎么回事呢？最后的结论使天鉴坚定了他曾想过的认识：这都是上苍造人时所戏弄人的诡计，就是那个欲了。这如同人吃饭一样，如果没有口腹之欲，吃饭纯是一种维系生命的工作，这工作何等辛苦。要种要收，要磨要做，吃时牙咬舌搅喉咽，过胃穿肠还要拉屙。而有了食欲，人就只贪图饮食而甘心情愿地去从事吃的一系列劳作了。性欲不也是这样吗？不说繁殖的工作如何繁重，单让你干男女交合之事，那是多么痛苦的单调的事呀！偏偏上苍一个诡计，人就在短暂的欢乐中去出那一份苦力了。看穿了上苍的诡计，世情原来这般简单。天鉴为自己醒悟得意了，天鉴为自己苦苦去见王娘的事而好笑了，也为他自残后的清心而欣欣自慰了。

身如宦官的天鉴看穿了性欲的本相，又没有了性欲，但他并不想要进化觉寺去当和尚，他还有许多事要干。他是县令，这县令是他从盗匪归正后的结果，那么苦难的岁月终于走到这一步，如今没了那一分性欲，就更不分心思地从事他的政道了。

伤一愈合，天鉴明显地白胖起来。每日都去公堂，有事处事，无事读书，直累得浑身散了架似的歇回到"晚雨"院，躺在床上望着王娘送他的而他又书写悬挂的关于为官之道的四张条幅，一一自省当日哪一件以此做对了，哪一件还做得不够，就念叨一句"王娘是好人"，然后呼呼睡去。

忽一日发觉，自断了尘根后到现在，竟再没有出现过白狼的光团，没了王娘用苦楝木籽汤洗涤官服，官服也从未有虱子生出。那么，当初认识了王娘，是王娘化解了那时的愁闷呢，还是有了王娘而产生了那一系列的烦恼呢？

这时的天鉴就不禁为女人来到这个世间而颤栗了。男人如果是要征服世界，女人则是要征服男人的。狐精化变，愈是移人愈害人，如鸩酒之美艳，如渊酒之清柔。这么想着的天鉴还是要感谢王娘了，是王娘使他终于认识了女人。

于是，天鉴对于所有女人都感到鄙视和厌烦，看什么美丑都是一架骷髅，尤其憎恨那些不顾妇道做出了淫乱之事的女人，但凡断狱，必斩无疑。随后就颁发策令禁止雨雾之天说媒、娶亲、约会，甚至正经夫妇的房事。规定此日为祀天地之时。可以饮乡酒，可以逛庙会。民户在乡村的，百户为里，十户为甲，里长甲长巡查监督。民户在城镇的，巡检巡逻，有违犯者，收监勿论。如此整肃风俗，竺阳为之安静，天鉴就十分得意。天鉴已取消了夜里巡逻的习惯，却喜欢白天骑马上街。他讲究起来，走有走势，坐有坐相，要反复在镜前照耀帽端与衣整。叮嘱众衙役前后等距离地不远不近地相随。他端坐马背之上，昂头挺胸，目光远眺，一只手轻轻叩着鞍鞒，正合了马蹄的节奏，阳光下他瞧着自己的影子也踌躇满志了。

麦收之后，各村社百姓有闲，开始互走亲戚问候送礼，县衙里自然接收了许多贡献。先是零星私人送知县物品。一日三岔里敲锣

打鼓为天鉴抬来一页匾牌,遂又是龙生桥里、过风楼里、竹林铺里,一个地方一个地方都抬来匾牌。待到收了二十三页匾牌挂在了县衙议政厅里,天鉴笑着对一班公干说:"百姓真是好百姓,你做了一点亲民之事,他们就不会忘的。可惜还有十个里,我未尽职哩!"这话传到未送匾牌的十个里,里长就慌了,连夜又制匾抬来。

这一夜里,天鉴叫来县丞欲拨一些银款奖励乡里地方,县丞却为难银款难筹。天鉴便让仓史拿来账簿看额外课程,查了畜税、牙税、地税,乡典史的俸银和养廉银,再查县衙门子、皂隶、轿伞夫、库子、马快、禁卒、膳夫、马夫工食银,就让扣解各项一两一钱银子也就够了。这时巡检赶来,说:"大人为乡里地方筹赏银大不必这般费心,知县治理英明,地方感恩戴德天经地义,而大人是否考虑了把竺阳的半年盛景禀知给州里呢?"天鉴"哦哦"醒悟,遂取消给乡里地方的赏银,再从知县公费银中、铺司兵银中、孤贫口粮银中、文庙春秋祭银中、武庙春秋祭银中,以及四月内雩祭银、乡饮银、五月十三日武庙祭品银、儒学俸工银、廪生二十名的月粮银中,各扣解出一两五钱,就交由巡检开出要送的名单、礼单,一并办理。

五天后,十二匹驴驮由巡检押运着去州里,天鉴亲自在衙门口,看着一包包丝绸、兽皮、生漆、药材、酒肉负上驴背,双手执酒为巡检送行了。驴驮还未走出城门,跛腿的衙役来对天鉴悄声耳语,天鉴好生一愣。

天鉴说:"死了?"

衙役说:"是死了。"

天鉴说:"什么时候死的?"

衙役说:"今早发现的,却不知是什么时候死的?"

天鉴喃喃起来:"死了,她为什么要死呢?"

衙役说:"老爷,现在人已入殓,下午要浮丘到城河那边的山根下的,她不知是何时死的,街坊说死的日子不好,不能入土,要浮丘半年下葬,要么就会犯煞的。你要去见她,她是不会拒绝的了。"

天鉴说:"行的,见见她。"

月明星稀的晚上,天鉴没有骑他的白色大马,只带了跛脚衙役出城门过了西流河，静悄悄地来到了山根下。在一片黑松树林子，一个简易的土墙草棚里，一具棺木就封在那里。两人走近去，天鉴立在棚外，衙役挪开了干垒的门洞石头。棺木并没有钉，只是用绳索捆着，解开了，轻声唤道："老爷，你要进来吗？"天鉴没有回声走进去，王娘躺在揭开的棺具里。棺具并不长的，王娘却只有棺木的一半，酷似一个干枯的小孩。天鉴见过许多死亡的人，但从未见这种模样，她一定是死了十多天或者二十天，骨肉干缩成这样，但是在耗干了所有能量死亡这么久没有腐烂发臭，所以街坊四邻并没有引起注意吧？衙役说，直到今日早上一个老太太突然说：王娘的后门许多日不见开了，她不打水吃饭吗？人们才想起确实是那门很久未打开了，就去敲门，又敲不开，知道要出事了。搭了梯子翻过后院，王娘已经在床上干死了。

"听人说，王娘是躺在床上死的，床头有一面镜子，窗帘开了一条缝儿，镜子正好能反映出窗帘缝外的街面。"衙役说："老爷，街坊都说王娘临死还爱美，整日要照镜子哩。我猜她是在等照见巡逻的你哩！"

"等我？"天鉴说，口里支吾不清。他天鉴自残之后就再没有巡逻过呀。这王娘真是，我见她时她不见我，我不去了，她又在日日夜夜要听那马蹄和等见我的身影吗？

天鉴一双手伸进去，捧起王娘的脸来，脸皮枯皱，口眼塌陷，他看了看，又放下去。发现了王娘的身下正是那一件土豹皮。王娘在床上死的，街邻将她入殓时就势以她床上的被褥包裹了放置棺内吧？天鉴禁不住想起了过去的一切，侧了身在自己怀里掏，掏出一个用一片油布包着的什么，塞在王娘的身下。

衙役说："老爷，你带给王娘一包香粉吗？"

天鉴说："多嘴！"

衙役没趣，对王娘却说起来："王娘你也算造化，能得到老爷来看看你。"

天鉴说："半年之中，你暗中要多来看看，不要让野狼野狗毁了棺木。半年后，我掏钱，你雇人让她入土为安，修一个墓堆吧。"

名家作品精选

衙役就哽咽起来了:"老爷,你是县令,不该为一个平民女人下跪的,就让我给王娘跪了磕个头吧!"

天鉴沉沉地往树林子外走,说:"今日这事,不要对外人说起。"一边走一边用手在空中接接,发现天有了落雨,却不知什么时候月和星皆已消失,远处有闷闷的雷。

已到了梅雨季节,但雨终没有下来,零星了几点就住了。十天后,天鉴下令在城十字街心扩建严亭,移植各村社采集的最好的花木,显得十分可观。一年后夏天,天鉴于西流河畔迎了知州来竺阳避暑。知州十分欣赏严亭四周的花木,天鉴就征集税课,再次扩建。拆除了周围民房,将严亭广场扩大到方圆十八亩地,远运了洛西县虎头山的怪石造假山,又挖了天竺山的各种奇竹、花卉,俨然是一个大的花园。又一年,天鉴娶了巡检的小妹。但常陪州里来客、邻县同僚来园内赏玩,却未携过夫人。忽一日感觉这么一个如江南园林一般的地方,而当初严亭修造得太小,又粗糙土气,便重新翻修一次,修成十二柱的花亭。十二柱花亭修好后,天鉴来看,十分喜欢,却说了一句话:那个坟堆在这里有些不搭配了呢。巡检遂让人平了坟堆,砌了一个大花坛。自此,十字街心真正成为一座赏心悦目胜地,人们再不呼"严亭"而唤竺阳花园了。再一年,知府表彰天鉴治理竺阳"政绩显赫",呈报省巡抚欲擢升为州里十二个县的总巡检。天鉴得知,在县等候消息,无奈竺阳县境却淫雨绵绵,直下了三月,家家的衣物鞋帽皆生白毛,所有屋顶墙头都长了绿苔。天鉴下体旧伤复发,痒胀疼痛而死。

1991年12月21日下午草完
1992年1月12日午改抄完